谨以此书纪念五四运动九十周年

第二十辑

北大讲座

《北大讲座》编委会

北京大学出版社
PEKING UNIVERSITY PRESS

图书在版编目(CIP)数据

北大讲座.第20辑/《北大讲座》编委会编.—北京:北京大学出版社,
2009.5

ISBN 978-7-301-15164-8

Ⅰ.北… Ⅱ.北… Ⅲ.①社会科学-中国-文集②自然科学-中国-文集　Ⅳ.Z427

中国版本图书馆CIP数据核字(2009)第062082号

书　　　名：北大讲座(第二十辑)
著作责任者：《北大讲座》编委会　编
责 任 编 辑：胡利国
标 准 书 号：ISBN 978-7-301-15164-8/G·2602
出 版 发 行：北京大学出版社
地　　　址：北京市海淀区成府路205号　100871
网　　　址：http://www.pup.cn　电子邮箱：hlgws0380@sina.com
电　　　话：邮购部 62752015　发行部 62750672　出版部 26754962
　　　　　　编辑部 62765016
印　刷　者：三河市北燕印装有限公司
经　销　者：新华书店
　　　　　　650mm×980mm　16开本　18.5印张　285千字
　　　　　　2009年5月第1版　2011年9月第2次印刷
定　　　价：35.00元

未经许可,不得以任何方式复制或抄袭本书之部分或全部内容。
版权所有,侵权必究
举报电话：010-62752024　电子邮箱：fd@pup.pku.edu.cn

北大讲座

季羡林

《北大讲座》编委会

主　　任：周其凤
副 主 任：张　彦
成员单位：北京大学党委宣传部
　　　　　北京大学学生工作部
　　　　　北京大学教务部
　　　　　北京大学教育基金会
　　　　　北京大学科学研究部
　　　　　北京大学社会科学部
　　　　　共青团北京大学委员会
　　　　　北京大学艺术学院
　　　　　北京大学出版社

《北大讲座》(第二十辑)编委会

主　　　编：韩　流
副 主 编：郑清文
执 行 主 编：于家明
执行副主编：庄姝婷
编辑委员会：(按姓氏笔划排序)

丁雪晨	马天骄	马　畅	马梦璇	王大林
王玉珏	王怡丹	冯　丽	卢武习	申禹杰
刘　健	那　威	孙宪明	孙　硕	何方竹
李　可	李　果	杨　鹏	张友谊	陈　特
林清祥	周光照	胡　吉	胡　明	钱　涛
徐　杰	黄世哲	黄成玉	黄劲草	雷　蕾
熊　丹	薛　元			

目　录

北京大学与五四运动 …………………………… 欧阳哲生(1)

　　北大与五四运动是不可分割地联系在一起的。北京大学的历史是从戊戌变法这一年开始的；蔡元培的整顿使北大真正成为一所现代意义的大学；五四运动是中国近现代史上的一座里程碑。

五四运动：现代中国的新起点 ………………………… 耿云志(15)

　　五四运动是中国近代民族觉醒的新开端，开启了中国政治革命的新阶段；极大地推动了新文化运动的发展，造成了中国文化复兴的一大枢纽。总结五四以来的经验，我们应当充分注意克服激进主义、泛政治化和迷信群众运动给我们的事业带来的危害，以理性平和的心态面对一切问题，以目标和手段相统一的观念和方法去解决各种问题。

蔡元培校长与五四运动 ………………………………… 肖东发(31)

　　蔡元培出任校长之前的北大，确实腐败不堪，糟糕透顶。蔡元培出任校长之后，对北大实行整顿，改造旧北大，使北大面貌焕然一新。北大之所以成为新文化运动的中心、五四运动的策源地、宣传马列主义的基地，和蔡元培校长对北大的整顿是分不开的。

五四运动有多重要 ……………………………………… 杨奎松(55)

　　五四运动的背景：(1)当时有一大批留洋归国的留学生，如陈独秀、胡适、李大钊等，已在高校和文化界占到了举足轻重的地位；(2)国内有了大批新式学校，有数量庞大的青年学生群体；(3)有西方发达国家作榜样；(4)中国的城市化已经达到了相当的程度；(5)有了过去变革或革命失败的教训；(6)当时中国的现状与世界潮流和先进国家差距太大，对国人产生强烈刺激；(7)当时的中央

1

府是一个弱势政府,五四运动的发生不是偶然的,它是中国打开国门、走向世界和被迫从传统转向现代的一个必然会发生的历史环节。

新文化是如何"运动"起来的 …………………………………… 王奇生(88)
百年中国社会变迁与儒家文化的命运
——兼评五四 ………………………………………………… 卢晖临(113)

从历史的角度解读近百年来儒家文化的历史变迁,如何对传统文化,如何对待历史,值得我们深思。

五四新文化主题与李大钊的"物心两面改造"方案……………… 刘志光(125)

从文化的角度,演讲者就五四文化主题与李大钊的理论探索作了一个历史与思想的梳理:(1)中国文化中"大同"社会理想的导向作用;(2)中国社会与文化改造的双重任务:物心两面改造;(3)"物心两面改造"与道德主义。

关于五四运动的几个问题………………………………………… 沙健孙(136)

(1)五四运动的历史地位和历史作用;(2)对五四时期几个重要问题的认识;(3)五四运动与青年运动的方向,今天的青年应积极投身于建设中国特色社会主义的事业,贡献自己的智慧和力量。

决定中国命运的五四一代………………………………………… 张 永(151)

(1)五四青年的产生;(2)五四运动的萌芽、发生、发展和尾声;(3)五四青年一代的梦想和实践;(4)开辟中国发展新道路的五四一代。

五四背景下的中国民俗学…………………………………………… 王 娟(171)
从京剧舞台看五四思潮的社会局限性……………………………… 罗检秋(184)
中西价值观的渊源与比较:家—国—天下 ……………………… 辜正坤(199)

(1)文化概念:一切文化都是合理的,但在相当的层面上也有高低优劣之别;(2)判断一个文化先进与否的标准;(3)中西地理环境与中西社会结构的契合关系;(4)家族社会结构是人类最伟大、最理想的社会结构;(5)家族社会结构是解释文化先进与落后的最关键的谜底;(6)中西焦点价值观个案比较:义务与自由;(7)中西政治专制与经济专制同轴反向互构论;(8)家国主义与邦国主义;(9)人类文化的最高追求(最先进文化)及实现方式。

儒、道、佛三位一体与中国人的文化精神结构 ………………… 樊 浩(219)

(1)中国传统文化为什么需要儒、道、佛;(2)儒、道、佛一体的文化精神形态态与文化精神生态;(3)"入世中求出世"的文化境界与人格追求。

人道和自由:社会治理的最高道德原则 …………………… 王海明(236)
俄国十月革命后孙中山对辛亥革命的反思 …………… 徐万民(258)
成长·成才·成功 ………………………………………… 孙祁祥(268)

　　(1)打好三个基础,学好专业基础知识,学好数学,学好英文。(2)坚持五个原则:第一,学会放弃;第二,不轻易随大流;第三,开阔视野;第四,掌握正确的学习方法;第五,日积月累。(3)培养六个方面的素质和品德:第一,有一颗感恩的心,感激父母,感激生活;第二,懂得欣赏;第三,坚忍不拔,持之以恒;第四,关注细节,追求卓越;第五,信守诺言,一诺千金;第六,心态平和,善于合作。

北京大学与五四运动

■ 欧阳哲生

[**演讲者小传**]

欧阳哲生,1962年5月生于湖南省长沙市。现为北京大学历史学系教授、博士生导师。主要著作有:《自由主义之累——胡适思想之现代阐释》(上海人民出版社,1993年、江西教育出版社,2003年)、《新文化的传统——五四人物与思想研究》(广东人民出版社,2004年)、《欧阳哲生讲胡适》(北京大学出版社,2008年)、《科学与政治——丁文江研究》(北京大学出版社,2009年)等。编有:《胡适文集》(12册,北京大学出版社,1998年)、《傅斯年全集》(7卷,湖南教育出版社,2003年)、《丁文江文集》(湖南教育出版社,2008年)等多种文集。主编:《海外名家名作丛书》(岳麓书社版)、《人文中国书系》(百花洲文艺出版社版)、《京华往事丛书》(外语教学与研究出版社版)。

今年是五四运动九十周年,讲到五四运动,我们就会自然而然地、自豪地联想到我们的母校——北京大学。因为是北京大学的学生,在九十年前的5月4日带领北京其他高校的学生聚集在天安门广场,开始了一场震惊中外、被后人称为五四爱国运动的伟大事件。讲到五四新文化运动,我们也会首先提到当时北京大学校长蔡元培先生和一批著名教授,如陈独秀、胡适、李大钊、钱玄同、高一涵、陶孟和、周作人、刘半农、鲁迅等,他们是我们的"校宝",也是中国的"国宝"级人物。当然,回忆北大的历史,我们就不能不写到五四运动或五四新文化运动,这是北大校史上非常重要、光彩夺目的一章。北大之成为北大,是与五四运动不可分割地联系在一起的。今天我讲这个题目,就是对五四运动九十周年的一个纪念。

关于五四运动,一般有两种理解,一是从狭义上来说,它是指1919年

5月4日的五四事件和随之而起的、风起云涌的爱国救亡运动。它的时间范围相对短,一般是指1919年五六月这段时间。人们最初主要是从这一个角度来命名和理解这一运动。一是从广义上来说,它是指从《新青年》创刊或1917年"文学革命"以来种种革新运动,包括新思潮、文学革命、学生运动、工商界的罢工和罢市、抵制日货运动,以及新知识分子所提倡的各种政治和社会改革。它的时间范围比较宽泛。或指从1915年至1921年中共成立,到1923年12月科学与玄学论战止。这里的五四运动实际上也就涵盖了前此和当时还在进行的新文化运动。现在我们看到的周策纵先生的《五四运动史》、彭明先生的《五四运动史》这两部专著都是从这个角度来把握和撰著五四运动史的。

不管是从狭义的角度,还是从广义的角度去理解五四运动,或者五四新文化运动,都与北京大学有着密切的关系。北京大学是新文化运动的中心,也是五四运动的策源地,将北京大学与这两个运动联系在一起,从历史的观点看是一件当然的事。北京大学因为在这两大运动中所扮演的特殊角色,确立了它在近代中国知识界的特殊地位。而五四新文化运动、五四运动因为有了北大这个角色的领导,因此产生登高一呼、"一呼百应"、时代风气为之转移的效应。

今天我想借这次演讲的机会,与大家一起讨论三个问题:为什么北京大学的历史是从1898年戊戌变法运动开始讲起?为什么说是蔡元培先生在北京大学的改革奠定了北大作为现代中国大学的范型?为什么五四运动在中国近现代史上如此重要,以至被看成是一个具有里程碑意义的重要标志?

一、北京大学的历史是从戊戌变法这一年开始

关于北京大学的历史有不同看法,一种看法认为北京大学的前身是京师大学堂,京师大学堂于1898年创办,北京大学的历史自然应从戊戌变法这一年算起。这是民国以后新派的意见,也是一种主流的意见,蔡元培、胡适这些人就是持这种观点。民国以来北京大学就是沿用这种观点来办理自己的校庆活动,如民国六年(1917年)的二十周年校庆、民国十一年(1922年)的二十五周年校庆、民国十八年(1929年)的三十一周年

纪念、民国三十七年(1948年)的五十周年校庆,都是以此为根据举办校庆纪念活动,出版校庆纪念刊。1998年北京大学举办了举世瞩目、空前盛大的百年校庆活动,掀起了中国大学校庆的高潮,也是沿用民国时期的惯例。

按照这一说法,北京大学的历史并不长,至今不过110周年。在世界大学中,不要说与欧洲那些古老的名牌大学,如英国的牛津、剑桥大学,法国的索邦大学、巴黎大学,德国的柏林大学,俄罗斯的莫斯科大学,意大利的萨劳诺大学、博罗尼亚大学,奥地利的维也纳大学相比,就是与美国的哈佛大学、耶鲁大学,日本的东京大学相比,我们北大的历史也短得多。真是相形见绌!用胡适当年的话说,北大在世界大学中,只是一个小兄弟。1936年9月,哈佛大学举行三百周年纪念活动,盛情邀请世界上各大学派代表参加这一校庆活动,结果有五百多所大学派代表前往道贺。胡适代表北大参加这一活动。各校代表按校龄排座,北大排在第419号。作为中国高校龙头老大的北大排在这个位置,胡适感到很惭愧,他经常向国人谈及这个故事。1948年12月北京大学举办五十周年校庆,胡适感慨地说:"在世界大学的发达史上,刚满五十岁的北京大学真是一个小兄弟,怎么配发帖子做生日,惊动朋友赶来道喜呢!"

有一些先生不同意上面的意见,他们认为中国是千年文明古国,作为中国大学的老大——北京大学,只有不到百年的历史,这实在说不过去。早在西汉汉武帝元朔五年(公元前124年)中国就创办了古代的大学——太学,晋朝晋武帝建武五年(公元276年)设立了国子监,也可以说是那时的高等教育机构,北京大学的历史可以追溯到古代的太学或国子监,这样自然可以将北大的历史拉长。如依这种说法,北大的历史就有两千年,或者至少有一千七八百年。已故的哲学家冯友兰先生、健在的季羡林先生就持这种意见。冯友兰在《我在北京大学当学生的时候》一文中认为:"北京大学的校史应该从汉朝的太学算起。""我所以认为北京大学校史,应该从汉朝的太学算起,因为我看见西方有名的大学都有几百年的历史,而北京大学只有几十年的历史,这同中国的文明古国似乎不相称。"季先生在为郝平《北京大学创办史实考源》一书作序中也明确表示"北大的校史应当上溯到汉朝的太学"。如果这样算的话,北大就比英国的牛津、剑桥,德国的柏林这些欧洲大学历史要长了,美国的哈佛大学就更不在话下了。北大不仅是中国的老大,而且在世界大学中也位居前列。

也有学者认为应该将北大的历史追溯到晚清的同文馆。同文馆设立于1862年,最初只是一个语言学校,经过四十多年的发展,逐渐发展成为一所多种学科的、综合性的高等学堂。京师大学堂创办时,同文馆还存在,1902年并入京师大学堂。我以为京师大学堂与同文馆的主要区别在于:同文馆是以西学为主,而京师大学堂是中西并用或中西并举,这也是北大的一个传统。当然同文馆并入京师大学堂,对京师大学堂的学风有潜移默化的影响,京师大学堂对西方语言文化的教学高度重视,与此有一定关系。但京师同文馆是洋务运动的产物,带有一定的殖民色彩,北大人不认同它作为自己的源头。

我本人倾向于现在通行的意见。《诗经·大雅·文王》曰:"周虽旧邦,其命维新。"中国是一个古老的文明古国,作为中国文明精华承载体的北大,她的历史使命是在创新,北大精神贵在革新,北大的生命力正在于此。将北大的生日定在戊戌维新这一年,表达了对北大精神的这样一种理解。

大家知道,1898年这一年是戊戌维新。在康有为、梁启超等维新派的推动下,光绪皇帝在短暂的"百日维新"里就下达了上百条变法令,其中一条就是7月4日下达的设立京师大学堂的法令。京师大学堂按照梁启超所拟定的章程,有两个不同于中国传统学校和书院的重要特点:一是中西并用,不得偏废,表达了沟通中西文化的意向。二是讲究实事求是,不像过去的书院虚应故事。京师大学堂尚在议定酝酿之中,变法就因慈禧太后的镇压而中止了。在这不幸之中包含一个万幸,就是慈禧废除了新政,但唯独保留了京师大学堂。所以,胡适称北大是戊戌维新的遗腹子。1898年11月,京师大学堂正式开学。初办的京师大学堂分普通学科和专门学科两类,以经学、理学、掌故学、诸子学和初等的算学、格致学、地理学、文学、体操为普通学科,以高等的算学、格致学、政治学、地理学、农学、矿学、工程学、商学、兵学、卫生学为专门学科。初创时还带有一定的旧学气息,但一所综合性的大学毕竟粗具雏形。以后,北大又历经磨难,八国联军侵华时曾一度停办。

1912年中华民国成立,5月将京师大学堂改名为北京大学,严复任校长。严复是中国近代的启蒙思想家,也是传播西方学术思想的第一人。

严复在北大任期很短,他为北大争取经费,为使北大不致停办,做出了特殊贡献。民国初年,由于北京处于袁世凯的严密控制之下,北大虽有所发展,但校内的守旧气息浓厚。直到袁世凯复辟帝制失败,北京政府的人事发生新的更动,范源濂就任教育总长,蔡元培才被起用担任北大校长,北大才出现新的可能改观的契机。

二、蔡元培的整顿使北大真正成为一所现代意义的大学

1916年9月,正在法国流亡的蔡元培接到新任教育总长范源濂的来电,促其回国担任北大校长。蔡于12月中到达上海,他在沪征求友人的意见,有人主张他不要去北大,因为北京也好,北大也罢,都是腐败不堪的地方。也有人认为,腐败的地方总要有人去整顿,不妨试一试。当时孙中山先生就认为蔡元培应该去,说这有利于向北方传播革命思想。可见,蔡元培的上任,有秉承革命党人意旨的一面。1919年五四运动爆发时,孙中山先生更是致电北大的同志,呼请"率三千子弟,助我革命"。这是后话,暂且不表。

蔡元培走马上任后,采取了一系列措施,对北大进行改革和整顿。

(一)阐明大学教育的宗旨在于培养学术人才,而非使人升官发财,培养学生以钻研学术为指向的学习志趣。

京师大学堂的官僚习气很重,学生都把大学堂当作做官的敲门砖,无心治学。学生们都愿意做官品较高的老师的门生,因为这样可以在毕业后有好的出路。蔡先生在《就任北京大学校长之演说》中提出改造北大的三项要求:"一曰抱定宗旨","二曰砥砺德行","三曰敬爱师友"。揭破"大学学生,当以研究学术为天职,不当以大学为升官发财之阶梯"的旨意。[①] 他说:"外人每指摘本校之腐败,以求学于此者,皆有做官发财思想,故毕业预科者,多入法科,入文科者甚少,入理科者尤少,盖以法科为干禄之终南捷径也。"而"大学者,研究高深学问者也。""若徒志在做官发财,宗旨既乖,趋向自异"。

---

① 《我在教育界的经验》,载高平叔编:《蔡元培全集》第7卷,北京:中华书局1989年版,第199页。

提高教学质量的重要举措包括实行选科制,培养学生对所学专业和课程的兴趣。创办各种刊物,诸如《北京大学日刊》、《北京大学月刊》、《国学季刊》等,傅斯年等新潮社成员创办《新潮》杂志时,蔡先生从北大年度4万元的经费中拨出2千元资助,为师生发表学术研究成果提供园地。鼓励创办社团,开展健康有益的活动。创建研究所,为师生提供进一步研修的学术机构。通过这些举措,校园的学术空气逐渐浓厚起来。

(二)教师聘用视其才学为原则,聘请学有专长的人来校任教,这是对京师大学堂所积官僚旧习的一次重大改革。

为培养校内的学术空气,蔡元培在教员聘请方面,延聘学有专长者来校任教,辞退旧教员中滥竽充数者。蔡元培最先请到的是陈独秀,他当时正办《新青年》杂志,影响很大,是思想界的一颗明星。但陈独秀没有教过大学,又忙于办杂志,不愿意来北大。蔡元培就亲自登门拜访,他的诚恳约请打动了陈独秀。蔡元培为表示邀约的诚意,他说:你来北大,杂志也可拿到北大来办。陈独秀来北大任文科学长,《新青年》杂志也跟着他由上海搬到了北大。所以蔡请陈,等于是将新思想的重心由上海转移到了北京,这真正是高明的一步棋。

蔡元培还聘请了李大钊、周作人、刘半农、胡适等人来校任教,这样在北大文科就形成了一个新派阵营。其中胡适、陶孟和两人作为美国、英国留学生的代表,又向蔡校长推荐了一些在美、英留学且品学兼优的"海归"学生。蔡元培请人,主要是看其是否有一技之长。有一些旧派人物,如他确有专长,蔡也请他。这方面最典型的两例就是辜鸿铭、刘师培。辜氏以清朝遗老自居,到了民国,仍在脑后保留一根辫子,加上他是一个混血儿,他的出现是校园内的一道风景。但他的英文堪称一流,所以蔡先生仍然请他作英文教授。刘师培则因名列筹安会、支持袁世凯复辟帝制而被国人诟骂,遭到通缉后躲在天津闲居。刘的中古文学修养甚深,所以蔡先生请他来北大教国文。有些外国教员不学无术,滥竽充数,蔡元培顶住压力,把他们给裁掉了。有位被裁掉的英国教习与英国公使朱尔典有关系,朱出面干预,威吓蔡元培说:"蔡元培是不要再做校长了"。蔡先生不予理会,一笑置之。

为保证教学质量和改善教员的结构,蔡元培做出了六条特别规定:"(1)本校专任教员,不得兼他校教科;(2)本校教员授课以二十小时为度;(3)教员中有为官吏者,不得为本校专任教员;(4)本校兼任教员,如在他校兼任教员,如在他校兼任教科者,须将担任钟点报告本校;(5)兼任教员,如在本校任课十二小时者,兼任他校教科钟点,不得逾八小时以上。(6)教员请假过多,本校得扣其薪金或辞退。"①这六条中,特别是第三条,即"教员中有为官吏者,不得为本校专任教员"对旧的官僚习气是致命的一击。按照这一成规,如在教育部任职的鲁迅先生,在北京政府担任财政总长的罗文幹,因在政府部门任职,故均只被聘为北大的兼任讲师。

（三）为发展学术,给学术研究提供广阔的空间,特别提出"兼容并包,思想自由"的原则。

"大学者,'囊括大典,网罗众家'之学府也。《礼记·中庸》曰:'万物并育而不相害,道并行而不相悖。'足以形容之。如人身然,官体之有左右也,呼吸之有出入也,骨肉之有刚柔也,若相反而实相成。各国大学,哲学之唯心论与唯物论,文学、美术之理想派与写实派,计学之干涉论与放任论,伦理学之动机论与功利论,宇宙论之乐天派与厌世观,常樊然并峙于其中,此思想自由之通则,而大学之所以为大也。"这是蔡元培的一段名言,也是他治理北大的指导思想。正是本着这样一种精神,蔡先生对各种思想、各种主义、各种见解都取一种包容的态度,使北大成为新思想的生长地和外来思潮的主要输入者。蔡元培在北大的这一举措有力地推动了新文化运动的发展,使北大成为新文化运动的摇篮,使北大成为各种新思潮的源头活水。因此,人们把蔡先生看作是新文化运动的保护人。

（四）在校内实施"教授治校"的民主管理体制。

北大原有管理体制是师法日本,如设立学长,各学科称"门"。近代大学制度起源于德国,蔡元培曾在德国大学访学,对德国近代大学的精神有深入的体验。他主张学习德国,兼收美国、法国大学的优长。在管理方面,设立评议会、行政会议,其精神实质是教授治校。在教务方面,实行选科制,设立研究所,为学生进一步深造提供渠道。招收女生,实行男女同校,这在中国大学是开创性的。还有废门设系,调整学科结构,以利管理。这些都使北大真正从旧的官僚体制中摆脱出来,脱胎换骨,北大的整

---

① 高平叔:《蔡元培年谱长编》中册,北京:人民教育出版社1996年版,第8页。

个面貌焕然一新。

(五)调整北大学科,确立以文、理两科为重点的发展方向。

关于大学的学科设置,蔡元培有一基本看法:"学与术虽关系至为密切,而习之者旨趣不同。文、理,学也。虽亦有间接之应用,而治此者以研究真理为目的,终身以之。所兼营者,不过教授著述之业,不出学理范围。法、商、医、工,术也。直接应用,治此者虽亦可有永久研究之兴趣,而及一程度,不可不服务于社会;转以服务时之所经验,促其术之进步。与治学者之极深研几,不相似也。鄙人初意以学为基本,术为枝干,不可不求其相应。"因此,蔡先生强调大学,特别是像北京大学这样的高等学府应该以基础学科建设为主,民国初年他担任教育总长时制订的《大学令》第三条规定"大学以文、理二科为主",也是基于这样一种认识。北大原有文、理、法、商、工五科并立,学生为谋求仕途,都愿选择法科,文理科门庭冷落。冯友兰先生述及他报考北大时,当时大家都愿意报考法科,而冯先生则选择了哲学门,当时的招考官颇为奇怪冯友兰的这一志愿,但冯友兰义无反顾地坚持要入哲学门。这样,中国少了一位法官、一位律师,但多了一位大哲学家。冯先生在自己的回忆录中详细谈及这一故事。蔡元培原来设想:(1)扩充文、理两科,(2)法科预备独立,(3)商科归并法科,(4)截止办工科,(5)改革预科。实际推行者有(1)、(3)、(4)、(5)项。蔡先生这种以文、理科为主,重视基础学科研究的构想对北大以后的学科建设影响深远,北大学科的发展基本上沿承了蔡先生指定的这一方向。

纯正的学术志趣、浓厚的学术空气、自由的思想氛围、民主管理制度、重视文理科建设,这些是近代大学的基本要件,也是蔡元培整顿北大所追求的目标。蔡元培先生的上述改革,主要是受到了西方教育思想(特别是德国大学制度)的影响。蔡先生在北大的改革,从根本上说是为了确立现代大学教育制度。京师大学堂"自开办至民元,十数年中经过好多波折。这个时期,学校的制度大概是模仿日本的"。开办之初,学校方针取"中学为体,西学为用",所教所学偏于旧学。民元以后,将经科并入文科,学长全用西洋留学生,"大有完全弃旧之概",然旧之官僚习气依然浓厚。蔡先生全面整顿北大,不仅荡涤了学校的旧习气,而且取法欧美的大学办学方法,建立了具有现代意义的大学体制,成为中国大学的一个范型。正因为如此,蔡元培虽然不是京师大学堂的创办人,也不是北大的第一任校长,但是他为北大所进行的改革,使北大真正成为一所现代意义的大学。

三、五四运动是中国近现代史上的一座里程碑

在20世纪上半期,五四运动与辛亥革命、抗日战争并列,是三个重要而伟大的历史事件。辛亥革命创建了中华民国,从政治制度上改变了中国的面貌。抗日战争打败了日本帝国主义,是近代中国第一次取得对外战争的胜利。夹在这两大事件中间的五四运动,其意义何在?她为什么也被人们不断追怀、纪念?这是值得我们探讨和解答的一个问题。

第一,五四新文化运动将中国现代化事业推进到精神、伦理的层面,标志着中国现代化发展到一个新的阶段。

中国近代史是从1840年开始,中国早期现代化运动迟至1860年洋务运动兴起以后才起步。由于两次鸦片战争的惨痛失败,清朝统治集团认识到西方的"船坚炮利",主张学习、引进西方的军事技术,从而启动了洋务运动。洋务运动荏苒三十余年,先搞军事工业,后逐步发展到民用工业,为中国建立了第一批近代企业,中国现代化迈上了第一个台阶。1894—1895年中日甲午战争,李鸿章苦心经营的北洋水师毁于一旦,洋务运动宣告破产。康有为、梁启超、严复等维新派人士认为,中国仅仅停留于技术层面学习西方是不够的,还要在教育、官制等方面模仿日本的明治维新,学习西方的政制,受维新派感动的光绪帝决心进行"变法"。"百日维新"下达了上百道变法法令,引起以慈禧太后为首的后党和顽固派的恐慌,他们发动政变,使这场轰轰烈烈展开的维新运动流产。但要求制度变革的呼声并没有因此停止。1905年孙中山联合各省革命志士,成立中国同盟会,树立反清革命的大旗。1911年辛亥革命推翻了长达二百多年的清朝统治,结束了两千多年君主专制的历史,中国现代化又往前推进了一步。袁世凯凭借其手握的军事实力和积累的政治资本,夺取了民国大总统的宝座。但民国这件新衣披在袁世凯的身上,很快就褪色了。袁世凯不断修改民国宪法,导演复辟帝制的丑剧。袁氏的倒行逆施,激起了革命党人及有识之士的反抗。陈独秀在沉闷的政治环境里,创办《青年杂志》,将革命的锋芒直指伦理领域,称"伦理的觉悟,为吾人最后觉悟之

最后觉悟。"这就将中国现代化运动从政治制度层面伸向伦理思想领域。新文化运动是一场思想、伦理、文学迎新去旧的运动。中国现代化向深层次的精神文明推进。

第二，五四新文化运动孕育了一批思想家、文学家，他们各展其才，使新文化运动成为继春秋战国之后中国历史上又一个"百家争鸣"的历史时期。

新文化运动的领导核心是《新青年》，这个杂志由陈独秀创办，最初给这个杂志投稿的主要是陈独秀的一些安徽同乡。陈独秀进入北大后，这个杂志的主要撰稿人就是北大的新派教授和受到他们影响的学生。因此，一般来说，新文化运动的主要代表人物大都与《新青年》和北京大学有着密切关系，就是基于这一缘由。

新文化运动的主要代表首先应推介的是陈独秀。他曾在日本留学，参加了辛亥革命。1915年9月，他在上海创办了《青年杂志》，这是新文化运动的开始。在运动中，陈的主要功绩为：（1）提出学习西方的民主与科学，打出了新文化运动的两面大旗。（2）号召青年进行"伦理的解放"，从旧家庭、旧习俗、旧制度的奴役中解脱出来，做一个时代的新青年。在这一点上，他对儒家伦理和传统的礼教给予了猛烈的批评。（3）推动"文学革命"，使新文学运动迅猛地展开。（4）宣传革命观念，提倡法国、俄国式的革命，使新文化运动向法、俄型的革命方向发展。陈独秀可以说是新文化运动的主要组织者，他担任的《新青年》主编和北大文科学长这两个职务，使他在新文化阵营中扮演了一个导演的角色。陈独秀的个性激烈，很快就成为中国共产党的创建者和早期主要领导人之一，但他后来对苏联的政治模式和斯大林主义越来越反感，对民主政治仍有不懈的追求。所以有人说陈一生都是反对派，少年时期反抗他祖父的权威，青年时反对清朝，中年时反对北洋军阀、反对国民党，晚年走向了共产党的反面。总的来说，陈属于反叛性的人物，这样的人物在社会大变革的时代往往显得特别活跃而富有思想活力。

新文化运动应该提到的第二个人物是胡适。他于1910—1917先后在美国康乃尔大学、哥伦比亚大学留学，受实验主义哲学思想大师杜威的影响。在新文化阵营中，他可以说是受美国文化影响最深的人。这一点使他成为现代中国主张向美国学习，主张中国按照美国模式走现代化之路的一个最有影响力的思想家。胡适在新文化运动中的主要贡献有：（1）提倡白话文，主张文学革命。他是文学革命的第一人。他本人在新诗创作、用白话文写文章方面也做出了表率。五四以后，中国通行白话文，这一功劳首先应归胡适。（2）提倡易卜生主义，主张个性解放。新文化运动是一场个性解放运动，其思想的源泉就是来自于西方的个人主义思想。这种思想并不是说要人人为我，自私自利，而是主张发展个性，让每一个人自由发展，以最大限度发挥每一个人的价值和潜能。（3）在哲学方面，宣传杜威的实验主义思想，主张怀疑，不要轻信传统的成见，提出重估一切价值。新文化运动是一场思想解放运动，与实验主义的影响有极大关系。五四时期，实验主义可以说是最有影响力的思潮。

接下来是周氏兄弟，也就是鲁迅和周作人。他俩都在日本留过学，是著名国学大师章太炎的学生，具有深厚的中国古典文学修养。他们的主要贡献是在文学和思想方面。鲁迅先生擅长小说创作，他在五四时期走上文学创作道路，撰写了《狂人日记》、《阿Q正传》等小说作品，在社会上产生了极大的反响，从此一发即不可收。鲁迅先生在他的作品中表述了要改造中国国民性的思想，这从一个方面充实了新文化运动的思想，显示了它深刻性的一面。周作人长于散文写作，他的思想随笔、小品文和翻译作品在五四时期有许多读者。周氏兄弟两人在个性上有很大不同：哥哥"热"，个性激烈，这使鲁迅后来成为20世纪30年代"左翼"文艺的一面旗帜；弟弟"冷"，相对温和，可悲的是，抗战爆发后成为投靠日本的汉奸，以后就失去了影响力。有人说，如果周作人在抗战以前死去的话，他也能成为与他哥哥一样对中国现代文学富有影响力的伟大作家。周作人一直活到1967年5月，抗战胜利后作为汉奸被捕，从此失去了自由，解放以后只能闭户写作、翻译，暮年赶上了"文化大革命"，免不了受到红卫兵的冲击，所以他晚年常有"寿多则辱"的感慨。

在新文化阵营中应该提到的还有李大钊。他在新文化运动中最突出的贡献是宣传俄国的十月革命和马克思主义，这对五四以后共产主义运动在中国的兴起有先导作用，因此人们习惯于称他是中国宣传马克思主义的第一人。据一位日本学者考证，李大钊接受马克思主义，在资料来源上与日本报刊有很大关系。许多中国共产党的早期活动家都自称是他的学生，事实上，他也是中国共产党的早期主要领导人，与陈独秀几乎拥有同等的地位,时人有"南陈北李"之说。李大钊在推动国共合作方面也发挥了重要作用。不幸的是,1927年4月他被奉系军阀张作霖在北京杀害。因为这一点,他受到各方面人士的同情和尊敬。

在新文化运动中,还有一些值得提到的人物,如钱玄同、刘半农,他俩曾是《新青年》前期的四大笔之一,可以说也是新文化运动的重要代表。另外还有一些人,如梁启超,梁漱溟等人也很活跃,虽与陈独秀、胡适的思想主张不尽相同,不属于新文化运动的主流,但对于当时中国新文化的建设也发挥了重要作用。

在五四时期,北大还流行"某籍某系"的说法,也就是说北大当时以浙江籍的教师为多,某系则指章太炎的弟子,他们在北大文科占统治地位。北大还有英美派、日本派、法国派之分。如胡适就是留美学生的代表,陶孟和就是留英学生的代表,周氏兄弟、朱希祖等是留日派的代表,李石曾、李书华则是留法派的代表。

第三,五四运动充分表现了中国知识分子"天下兴亡,匹夫有责"、"敢为天下先"的优良传统。

从汉末的太学生,到宋代的太学生,再到明末的东林党结社,直到晚清戊戌运动以前的公车上书,中国士人都有干预政治的传统,特别是国家处在重要关头,或遇有紧急事变的时候,这种情结表现得尤为突出。受到新文化运动洗礼的北京大学学生也表现了中国知识分子的这种传统。在北大教授的影响下,北大学生也活跃起来。他们组织社团,组织演讲,组织辩论,校园气氛非常热烈。北大真正是中国思想文化学术的中心。在北大学生中,当时有几个有影响的社团值得一提。

新潮社:它是北大学生第一个自动组织起来响应新文化运动的团体,主要成员有傅斯年、罗家伦、俞平伯、康白情、顾颉刚等,他们的主要兴趣是在文化革新,1919年初创办了《新潮》杂志。蔡元培、陈独秀、李大钊支持他们,在经费、活动场所方面给他们提供方便,胡适是他们的顾问。

国民社:其主要成员有邓中夏、许德珩、张国焘、高君宇、段锡朋等,他们的主要兴趣是在社会政治方面,他们创办了一个《国民》杂志。这个社团受到蔡元培等校方人士的支持,李大钊是他们的顾问。

在新派学生社团纷纷出现的时候,旧派也不甘寂寞,他们也起来组织了一个有影响的社团——国故社,创办了《国故》杂志,力图与《新潮》相抗衡。这个杂志的后台是黄侃、刘师培、陈汉章、马叙伦等老先生,他们的兴趣是在保存中国旧学,所写文章一律用文言文,不加标点,用直排印刷,与新文化运动的主流真正是反其道而行之。

五四运动主要是新潮社和国民社的成员发起。事情的起因是巴黎和会上西方列强决定屈服日本的压力,拒绝中国政府的要求,将德国在山东的特权转让给日本。中国外交失败的消息被蔡元培先生所获悉,他于1919年5月2日将此消息告诉北大学生。新潮社和国民社的成员遂开始活动,5月3日晚召开北大全体学生和其他北京高校的学生举行动员大会,提出拒绝在巴黎和会上签字,决定到天安门游行示威,通电各省游行示威以形成强大的舆论压力和声势,迫使政府拒签和约。

5月4日,北大学生和北京高校的学生三千多人到天安门集会。学生们高呼"外争国权,内惩国贼","取消二十一条","还我青岛"等口号,他们游行到东交民巷使馆区时遭到了阻拦,学生们被激怒了,然后转赴赵家楼,这里有亲日派官员曹汝霖的住宅,学生们痛打了正在此处的另一位官员章宗祥,火烧了曹宅。这就是震惊中外的"五四"事件。本来北京政府一些政要人士组织的"国民外交协会"也计划于5月7日在中央公园召开国民大会,抗议巴黎和会的决定,但由于北大学生提前行动,五四运动爆发,北大学生的行动改写了历史。北洋政府对学生采取了镇压措施,逮捕了一大批学生,引起了北大教授的愤怒,他们号召以更激烈的行动来反抗北洋政府。这样全国各地的学生都被动员起来,6月3日,上海工人、市民、商人也起来了,声援北大学生。在全国人民的强大舆论压力下,中国参加巴黎和会的代表遂拒绝在和约上签字,五四运动终于取得了胜利。这是中国自鸦片战争以来第一次在中外交涉中真正按照人民的意愿选择的一个结果。

第四,五四新文化运动促进了中国人民民族、民主意识的觉悟,反映了中国人民对民族主义、民主主义的认识达到了一个新的水平。

从民族主义的角度看,过去中国对外的运动多具有排外的性质。五四运动一方面坚决主张抵御外侮,主张维护国家主权,废除不平等条约;一方面又对西方文化能够抱持一种"拿来主义"的态度,向西方先进文化学习。这是一种新的民族主义,不是传统的义和团式的排外主义。从五四运动开始,中国人以一种比较健康的心态处理中西关系。从民主主义的角度看,辛亥革命虽然创建了中华民国,但没有彻底根除人们心中的帝王思想,民国初年出现袁世凯复辟帝制、张勋复辟的丑剧,实为旧思想的沉渣泛起。新文化运动对西方近代文化的一个最重要认识,就是发现个性主义是解放人的一个最重要思想基础,胡适特别提倡易卜生主义,也就是个性主义,这是民主社会的一种生活方式。蔡元培提倡兼容并包、思想自由,这是现代社会的思想规则。陈独秀反对孔教,以为孔教与现代思想自由原则不符,这都是对思想自由、民主政治的大力推进。民主之成为中国人衡量政治好坏的标尺,是新文化运动深入人心的结果。

每个时代对五四运动的认识会有所不同,每个历史学者对五四运动的理解也可能不一。今天我所做的这些解释,仅供大家参考,请大家批评指正。

(2009 年 3 月 11 日)

五四运动:现代中国的新起点

■耿云志

[演讲者小传]

耿云志,中国社会科学院学术委员会委员,中国现代文化学会会长,长期从事中国近代政治史、思想史和文化史的研究,尤其以思想史研究为主。著述二十余种,主要著作包括《胡适研究论稿》《胡适年谱》《胡适新论》《蓼草集》《蓼草续集》《耿云志文集》《近代中国文化转型研究导论》等。

主持人:

各位老师、各位同学,晚上好!非常感谢大家来到由校团委主办的"纪念五四运动九十周年"系列讲座的现场。今天我们非常荣幸地请到了耿云志老师为我们作以"五四运动:现代中国的新起点"为题的讲座。我们今天的主讲嘉宾耿云志老师是中国社会科学院学术委员会委员、中国现代文化学会会长,长期从事中国近代政治史、思想史和文化史的研究,尤其以思想史研究为主。

耿老师今天将从现代中国的角度全面审视五四运动,从宏观上把握五四运动对现代中国的重要意义。那么下面让我们以热烈的掌声,欢迎耿老师上台演讲。

耿云志:

发生在1919年5月4日的北京学生爱国运动,与1917年开始的新文化运动,有着非常密切的关系。简单说来,新文化运动首先唤醒了一代青年,因对专制主义的批判和个性主义的提倡,使他们获得精神上的解放;因文学革命、白话国语的通行,使他们获得参与社会、联系大众以及从事各种创造性活动最方便的利器。因五四运动,觉醒起来的青年又进一步唤醒广大的社会阶层,特别是工农大众,使新文化运动中所引进、所提倡的新思想、新观念得以广泛传播,造成一种前所未有的社会动员。因为有如此密切的关联,所以通常提到五四运动时,人们总是把它理解为包含新文化运动在内的。本次的讲座也是在这个较为宽泛的意义上使用五四运动这个概念的。但在讲具体的问题时,我会加以必要的区分。

长期以来,关于五四运动的历史意义一直有争论。我本人是一贯肯定它的积极意义的。但这不等于说,我们完全看不到这个引发出种种社会反响的运动所发生的某些负面的影响。本次讲座将用一点时间略为讨论一下这方面的问题。不过,我还是要先谈一谈它在中国近代历史上的积极意义。

一

五四运动是中国近代民族觉醒的新开端。

近代中国的民族主义是从清末逐渐形成的。那时,西方几个主要帝国主义列强的侵略和压迫严重威胁到中华民族的生存。为图自救,中国人的民族意识被激活起来。但因为所面对的威胁,是来自具有高度近代文明的西方各国,中国人不得不放弃原有的以"华夷之辨"为核心的旧有的民族观念,逐步导向以建立近代民族国家为目标的近代民族主义。卓越的启蒙思想家梁启超说:"民族主义者,世界最光明正大公平之主义也。不使他族侵我之自由,我亦毋侵他族之自由。"又说:"今日欲救中国,无他术焉,亦先建设一民族主义之国家而已。"从那时开始,无论是革命党人,还是立宪派,还是众多的主要在国内活动的开明官绅,基本上都是为争取建立近代民族国家而与帝国主义和国内专制统治者抗争。

但在五四运动以前,中国人的民族主义带有明显的被动性特征。只是在被侵略、被压迫到不能忍受的时候,民族意识才得以复苏,才有民族自卫的行动,如两次鸦片战争、中法战争、中日甲午战争、义和团运动、收回利权运动等等。从1917年中国正式加入对德、奥两国的战争时起,中国人开始主动地参与国际事务,开始在世界上主动地为争取民族权利而斗争。虽然此次参战,也曾受到几个外国政府的鼓动,但确实也是在中国内部许多有识之士的努力奋争之下才主动作出的决策。由于这一决策,中国在战后得以参加在巴黎举行的和平会议,有机会在涉及中国权益的问题上说出中国人自己的意见。而且,最重要的是,中国再也不像以前那样完全听从列强的摆布。中国作为第一次世界大战的战胜国,理应无条件地收回战前德国帝国主义在中国山东掠取的权利,但日本帝国主义蛮横狡辩,并事先私下拉拢其他帝国主义国家,强取德国从前在山东的种种权利。中国与会代表在中国民众的强烈要求下,拒绝在如此损害中国主权的和约上签字,为后来争取国家主权独立和完整而进行的斗争留下充分的合法性空间。

这点正是由五四运动激发起来的中国人民的民族主义的第一个新特点。

其次,在五四运动中觉醒起来的民族主义,已不再仅仅局限于自己一个国家的范围。由于中国人主动参与世界事务,他们对世界大局,对世界各国加深了了解,感受到世界规模的反帝国主义、反殖民主义的民族解放运动的伟大潮流,认识到世界各被压迫民族历史命运的共同性。所以,五四运动所带动起来的民族主义,是与世界主义或者说是与国际主义联系在一起的。从此,中国人民的反抗帝国主义的斗争,便与世界一切被侵略、被压迫民族的斗争紧密联系在一起了。例如,当时中国最重要的政治领袖孙中山解释民族主义是求"世界人类各族平等",是"健全之反帝国主义"。他在最后遗嘱中更明确要求要"联合世界上一切以平等待我之民族共同奋斗"。五四运动以后诞生的中国共产党,本身即是共产国际的一个支部,更是明确地以国际主义作为自己的一项基本原则。近代中国民族主义的第一位宣传家梁启超,五四以后,也对民族主义作出新的解释。他在他那本影响极大的著作《欧游心影录》中提出"世界主义的国家"的观念,强调在如今的世界上,作为爱国者"不能知有国家不知有世界"。他明确反对大国、强国操纵小国、弱国的命运,主张各国都应有自主发展其本能之机会。

所以我们说,五四运动把中国人民的民族主义推进到一个新的历史阶段。五四运动以后,中国人民反对帝国主义的斗争,其实质是对世界各国人民的民族解放斗争的有力支援。

二

五四运动开启了中国政治革命的新阶段。

五四运动的爆发,本来是同早几年就发起的新文化运动有直接的关系。由一批受过良好的西方教育的年轻教授,和一批经历过辛亥革命、对实行所谓共和制以来的种种混乱感到失望的老革命党人所引发的民族文化的批判与反省运动,给一代青年人注入了许多新观念。他们中的一些聪慧而又勇敢的人,决心要把从他们的老师们那里学到的新思想付诸行动。巴黎和会中国外交失败的消息猛烈地刺激了他们的神经,他们醒悟了,愤怒了。于是,首先是新文化运动的中心北京的学生们起来示威游行,发表宣言,喊出了"外争国权,内惩国贼"的口号。随后,全国各地的青年学生陆续加入到抗议的行列;再接着,工商业者、工人、店员、学徒,乃至一些乡村的农民,也都参加到这场规模空前的爱国运动中来。广大群众的奋起,立即把一场文化运动推进到政治运动的轨道上来,一场新的政治革命的高潮即将到来。

在新文化运动中被引进和借机涌进中国来的新思潮主要有无政府主义、自由主义、民主主义、国家主义、布尔什维主义以及实验主义、科学方法论等等。这些林林总总的主义,在当时都有一定的影响,都可以激动成千成万的青年们的心。但就政治上说来,无政府主义确曾一度获得先机。通常在一个专制主义传统异常深厚的国家,一旦旧的权威难以维系时,无政府主义最容易泛滥,它本身是对旧有的专制主义的一种反动,一种惩罚;同时它可以继续发挥令旧有的制度解体的作用。这就是为什么五四运动前后,无政府主义最为流行的缘故。它造就了无数摆脱旧制度、旧伦理束缚的个人,使他们在新的政治革命高潮到来的时候,能够不受羁縻地选择自己的道路。

在第一次世界大战结束的前夕,发生在俄国的布尔什维克革命,是令全世界都刮目相看的一种新事物,它的劳农主义给人最为突出的印象。而就在五四运动后不久,俄国政府宣布放弃沙皇时代强加给中国的一切不平等条约所赋予的权利。这使数十年来苦苦寻求中国自救的出路的中国人眼前一亮,他们以为终于找到了一位可信的老师,一种可靠的革命途径。于是许许多多热血充盈的青年纷纷以俄国布尔什维克为榜样,以他们所遵循的马克思列宁主义为指导理论,很快就组织起中国共产党。他们由十几个人发展到几十人,到几百人,再到几千几万人,像燎原的野火一样,迅速在布满干柴的中国大地上燃烧起来。中国共产党的诞生和迅速发展壮大,是五四运动后中国政治革命步入新阶段的最重要的标志。

辛亥革命推翻了持续两千多年的君主专制制度,结束了最令人痛恨的清王朝,因此领导这场革命的孙中山在中国人民中一直享有很高的声望。他的三民主义虽然有许多不够清晰之处,但它还是可以被一些自由主义者和民主主义者所接受,或至少可以被容纳。五四运动以后,孙中山吸收了来自苏俄的组党和动员群众的一些观念和方法,在此基础上,加上有苏俄和中国共产党的推动,孙中山着手改组国民党,使之获得新的生机和活力。由此,相当一批受过五四运动洗礼的青年被吸收到国民党的队伍中来。改组后的国民党顺理成章地实现了与中国共产党的联合。

我们知道,五四运动中最核心的口号是"外争国权,内惩国贼"。"外争主权"就是反对帝国主义列强的侵略和压迫;"内惩国贼"就是打倒国内反动军阀统治集团。随着斗争的发展,人们越来越清楚地认识到帝国主义和国内反动军阀统治集团,是人民求解放的主要障碍。所以在改组后的中国国民党的宣言中,在新诞生的中国共产党的纲领中,都明确地把反对帝国主义和国内军阀统治集团列为自己革命的主要目标。在此前,中国人民从来没有这样明确自己革命的对象和目标。清末以来,中国人一直习惯于"以夷制夷"的老套,总是指望联合一部分强国,以对付另外一些强国,结果总是牺牲国权而达不到自救的目的。在第一次世界大战结束时,中国曾一度很迷信美国总统威尔逊的"十四条",也很相信英、法等国家会支持中国收回战前被德国帝国主义掠夺去的山东权利。但最终是中国人被出卖了。巴黎和会决定把中国的山东主权拱手转让给日本帝国主义,这不能不令中国人大失所望,不能不令中国人重新认识帝国主义列强的本质。在国内的问题上也是一样。例如孙中山即长期希望联合一部分军阀势力打倒另一批军阀势力,逐渐接近革命统一的目标。但每一次都以失败和失望告终。当巴黎和会举行之际,国内在上海也正在举行南北议和的会议。当时中国最有头脑的一些知识领袖们在他们所办的刊物《每周评论》上,曾发表名为《两个和会都一样》的文章,指出,巴黎和会是国际帝国主义列强的分赃会议,上海的南北议和会议则是国内军阀的分赃会议。他们都不会考虑中国国家和人民的根本利益。中国人民被欺骗了。从而,中国人民认识到,要救国,要求得人民的解放,必须对外坚决反对帝国主义,对内坚决反对一切反动军阀势力。

明确革命的目标,认清革命的敌人,这是革命的第一大问题。正因为在这个重大问题上,国民党与共产党有了共识,这才为两党的合作创造了共同的基础。

1924年国共合作的实现,立即引导中国革命进入高潮。

革命之所以能够迅速进入高潮,还因为新文化运动造就的一大批觉悟起来的青年,他们深入工厂、农村、兵营,把广大的工农兵发动起来,为新的革命高潮准备了广阔而深厚的群众基础。当国共合作的国民革命军发动北伐的时候,由于有广大的工农群众的支持与支援,因而节节胜利,很快就结束了北洋军阀的统治。

三

五四运动极大地推动了新文化运动的发展,造成了中国民族文化复兴的一大枢纽。

我们前面说过,五四运动的爆发与此前已经发生的新文化运动有直接的关系,或者说,五四运动是在新文化运动准备好的条件下发生的。我们可以这样假定,如果没有新文化运动,巴黎和会使中国蒙受外交失败的巨大耻辱,也会使中国人有愤怒和反抗的表示,但决不会有那样大的规模,也决不会有那样对国际问题比较清楚的认识,更不会有拒绝在和约上签字的坚决态度。这原因不是别的,就是因为有了经过新文化运动洗礼的无数青年学生,这些学生不但能够找到表达他们的抗议的最好方式,而且有能力到社会上,到工厂、农村去宣传和组织广大的民众。因此,中国近代社会第一次出现了最广泛的社会动员,以社会知识精英、广大青年学生为先导,有社会各阶层首先觉醒的人士积极跟进,在新思想、新观念的指引下,进行政治运动和文化运动。试想,如果没有获得新思想、新观念的新青年,如果没有在新文化运动中受到白话文的良好训练的新青年,怎么可能有这一切呢?

下面,我就扼要地指出,在广泛的社会动员的基础上,新文化运动在几个重要方面所取得的巨大进展,以此来说明它是中国近代民族文化复兴的一大枢纽。

一、文学革命铸造创造民族新文化的利器

人们知道,新文化运动首先是从文学革命切入的。而文学革命最重大的成就是白话国语的形成和广泛应用。它极有利于推动新教育的发展;极有利于打破精英文化与大众文化之间的严格界限;极有利于各种人群之间、各种文化之间的沟通和互动,尤其是极有利于中国与世界各国特别是西方发达国家之间的文化沟通。这都是文化的创造与发展所需要的条件。所以,白话国语成为一种最方便的创造民族新文化的利器。我们认为,语言文字是一种精神生产的工具。历史上凡是生产工具的革新,都会大大地解放生产力和提高生产力,在物质生产领域是如此,在精神生产领域也是如此。白话国语的盛行,是五四前后一段时期文化繁荣的重要前提条件。

二、新教育的迅速发展

白话国语的推行和人们观念的更新,大大促进了新教育的发展。中国从清末开始办新式学堂或称新教育,事实上,大部分学堂的教育方式与教育内容并未发生根本的变化。因为许多学堂都是由旧的私塾或书院改成的,其教员、教材、教学方法,大多未发生实质性的变化。民国初期,这种情况仍没有太大的改善。但新文化运动使这种情况发生了根本性的变化。五四时期,由于引进了新的教育观念,使教育与社会生活发生较密切的联系,加上有大批受过新教育或留学归来的读书人充当教员,于是,教材、教学方法都有了不同程度的革新,受新观念影响的家长们也比较愿意将自己的子弟送到新的学校里去读书。特别是高等教育,由于作为新文化运动中心阵地的北京大学的示范作用,中国比较合乎近代标准的高等教育从此才有了较为规范、较为迅速的发展。尤其是,1922年中国的新教育家们为中国制定出一个比较合乎近代标准,又比较适合中国国情的新的学制系统,使中国教育事业真正走上比较健全的发展轨道,有力地推动了新教育的发展。据统计,1914年全国新式学堂学生有407万余人,在白话国语开始通行的1922年,全国学生总数达到680余万人,学生增加了273万余人,增长了67%。从这些新教育出身的学生中产生了大批

政治、经济、军事、学术、教育等各领域的新式领袖和骨干人才,成为推进中国近代化事业的主要力量。

三、在中西文化沟通中产生民族文化复兴的自觉意识和必要的精神条件

原来,自明清以来,中国传统文化中已逐渐地、隐隐地发生一些批评性的反省意识,但因为没有适当的比较参照,始终不能突破传统文化的核心——君主专制与儒家一尊相结合的主体架构。到鸦片战争以后,由于中国屡次的失败与耻辱,一方面有人强烈地排斥西方文化,另一方面,则有人产生深刻的反思,逐渐意识到中国固有文化可能存在某种根本性的问题需要解决。同时,由于中外交往的不断增加和西书的译介,一部分比较开通的人,逐渐认识到西方文化确有值得我们学习、借鉴的东西。于是,由科技工艺到议会制度,由民主共和再到深层的文化精神,都发现有可以向西方学习的地方,尽管这中间每前进一步都常常发生持久的激烈的论争。但中国社会毕竟是逐渐破茧而出,慢慢地走出中世纪,朝近代的方向发展。这个过程并不像某些人所担心的那样,把中国传统文化都抛弃了,或是破坏无余了。只是有些旧传统因为完全不适应现代生活而被淘汰了,如四世(或五世)同堂的大家庭,家族或宗族内部的严格统治制度,片面地强制女子守贞和在教育、财产等方面不能与男子平等之类的旧俗等等,不是被完全消灭,就是大大地被削弱了。另有一些传统,则因受到西方文化的影响以及新的社会生活的磨洗而改变了形式,如子女对父母或其他长辈的孝敬,学生对老师、学徒对师傅的尊重,下级对上级的态度等方面,都不同程度地发生了改变。尤其重要的是,中国人对世界的观念发生了根本的变化。一方面,再也没有人把中国看成是世界的中心,自以为是理当接受各国朝贡的天朝上国了;另一方面,也逐渐改变了清末以来形成的过分的民族自卑心理,逐渐比较自然地接受世界各国都只是平等的国际大家庭的一员,应该力求平等和谐地相处。由此造成了开放的、世界化的文化意识,使中国与世界文化相互密切和良性互动的局面之产生成为可能。再一个重要的变化,是个人的独立、个性解放的观念开始被承认。这是中国数千年来未曾有过的。人们逐渐对个人与集体、个人与国家的关系有了全新的理解,从而使人们认识到个性主义与民主制度之间的紧密联系。同时,个性主义的提倡直接导致人的创造精神和创造力

得到解放。这对于中国社会的进步、对于中国民族文化的振兴是极端重要的条件。

四、社会公共文化空间的进一步扩展

我在近著《近代中国文化转型研究导论》中首次提出社会公共文化空间的概念,用以表示社会文化传播、交流、汇聚与创新的公共场域。在旧的传统社会中并非完全没有公共的文化空间,如城市里的茶馆、剧场、市场等,乡间的各种赛会、节庆活动等等,但显然,其空间极为有限,且不具备近代的社会属性。近代社会公共文化空间是由有组织的社会群体造成的,例如新式教育系统、社会团体组织以及公共传媒系统等等。这种社会公共文化空间,从清末开始逐渐形成起来,到五四时期得到蓬勃发展。

前面我们已经讲到新教育的发展,新学堂和在校学生的数量都有极大的增加。学校不但是传播知识的场所,而且是积累知识、汇聚知识、促使知识更新的场所,它不仅直接关系到国民知识、技能的进步,而且是改变国民精神面貌和整体素质的重要机制。五四时期,青年学生在社会上发挥巨大影响,充分说明新教育系统在社会公共文化空间中的重要地位。

至于社会团体组织,在五四时期则有空前的扩展。遗憾的是至今尚无人对此进行仔细的统计研究,所以不能提出一个比较可靠的统计数字。但我们可以根据现有资料作出某种推论。大家知道,五四时期学生团体极为发达。各城市差不多都有学生联合会的组织,而各学校内部又有自己的学生团体组织。例如,北京大学校内各种学生团体就有30多个。其他学校自然不能和北京大学相比,但可以肯定,绝大多数中等以上学校,至少会有一个以上的学生团体。如此说来,单是各地、各学校的各种学生团体组织,就是一个相当庞大的数量。还有一个值得注意的新现象,就是五四运动发生后,各地的工人也纷纷组织团体,这是前所未有的。因此我们有理由推断,五四时期中国社会出现的各种社会团体,较之清末民初,会有成倍的增加。

不仅如此,我们还必须注意到,这个时期的社会团体,其团体的精神和奋斗的目标比以前的社会团体有很大的不同。从前,比如清末时期的社会团体,多半是针对特定的事件和特定的斗争目标而成立,如为争回利权、为实行立宪、为推翻帝制,等等。五四时期的社会团体,大多数都提出一个更为远大的目标,如变革人心、改造社会之类。这看似笼统,实际上

反映出组织者们有了很重要的觉悟。比如以当时一位重要的学生领袖傅斯年为例,他就提出,经过五四运动洗礼的青年们应当认识到,中国最缺乏的是"社会的结合",以前的中国只有"群众",而没有社会。只有社会成为有组织的社会,国家才有进步,民族才有希望。不然,一场轰轰烈烈的运动之后,不及结出成熟的果子,就凋落了。这是一种非常深刻的觉悟。这时期的社会团体的另一个特点是,团体的结合是建立在"个人自觉"的基础上。我们前面指出,新文化运动一个极重要的新观念就是个性解放,要每个人自觉到自己是一个堂堂的人,应有自己的责任,自己的事业,自己的价值。由如此觉醒了的个人结合成团体,其精神面貌,其追求的目标,其所释放的能量,就大不相同了。所以,我们说五四时期的社会团体在数量上、性质上及其所发挥的社会影响上,都与以前大不相同了。它是在更高的水准上,造就出一种新的社会公共文化空间。

最后,我们再稍稍谈一下社会传媒系统的发展。

由于新的社会团体大量增加,许多团体为宣传自己的主张,都办有自己的小报或期刊。当时人统计,新办的各种白话报纸、刊物至少有 400 种以上。此外,出现了许许多多新的出版机构和发行系统。至于其他公共文化设施,如公共图书馆、阅书报社、剧场戏院等都比以前有巨大的发展。所有这些,对于新思想、新观念的传播,对于人们之间的思想交流,对于各种思想间的互相辩论和催生新的思想萌芽,都起到很大的推动作用。

总结上面所讲的,我们可以得出结论,五四运动把新文化运动大大地激扬和扩展开来,它对中国民族文化的振兴,对于推动国民观念和精神的变革,对于推动中国社会的进步,产生了巨大的作用。研究五四运动和新文化运动的中国学者,包括海外的华裔学者,都不同程度地承认两个运动的重要历史作用。

四

最近数十年来,一直有人对五四运动、新文化运动持否定的态度。其实,我们肯定五四运动和新文化运动的人并非完全否认这两个运动负面的影响。只不过,我们不赞成因此否定这两个运动的积极意义,不赞成把其负面作用夸大成为主流。在这里,我想稍微系统地谈一谈这两个运动的负面影响的问题,并说明为什么不应夸大这些负面作用,以致否定这两个伟大的历史运动。

按我个人的思考,我觉得,五四运动、新文化运动发生的负面影响主要表现为三个方面:激进主义;泛政治化;迷信群众运动。

先谈激进主义。

在近代中国的历史上,激进主义实在有其深厚的社会政治根源。因为外受列强侵略、欺凌,内受专制主义的压制和摧残,有志救国和忧时之士,无不忧愤迫切,其情绪之激进,可想而知。所以,近代伊始,历次的政治改革与政治革命运动,都或多或少犯有激进的毛病。近代中国的基本历史课题是独立、民主、统一和富强,这就决定了政治问题的优先性。同时,这也就决定了,一切激进主义都首先来源于政治运动。我们看,在新文化运动领袖分子中,凡比较激进的,都与其政治背景有关。如陈独秀是清末的革命党,他曾组织暗杀团。在新文化运动中,他的言论总带有不容人讨论的气势,在对待东西文化的态度上是如此,在文学革命的问题上也是如此。钱玄同在清末有一段时间与革命留学生们在一起,又是激烈反清的革命家章太炎的学生。他在新文化运动中,也是出名的激进派,他曾主张废除汉字,理由是,汉字书籍绝大部分都是记载孔门学说和道教妖言的。他骂文学上的守旧派是"选学妖孽、桐城谬种";他责备胡适迁就旧派人物,反对胡适以讨论的态度对待反对文学革命的人。鲁迅也是大家公认的比较激进的人物。他在清末也参与了留日学生的革命刊物,也是章太炎的门生。他在新文化运动中发表的第一篇小说《狂人日记》,把中国历史、中国文化比喻为连续不断的人肉宴席。他主张掀翻这宴席。他的激烈言论当然不止于此。还有另一个著名的激进主义者吴稚晖,也是清末的老革命党,还是一个无政府主义者。他在新文化运动中所说,要把线装书都抛到茅厕里去、要求废除汉字等早已人所皆知。我举这些例子,就是要说明,新文化运动中及其后所表现的激进主义是跟中国的政治有密切的关系的。

中国是个后发展国家。在西方发达国家,它们由中世纪到近代的过渡,差不多都经历过三四百年的时间。它们在几百年的时间里,各种思想、思潮和流派以及各种社会运动从容发育、生长并且互相辩论,经受社会实践的检验和磨洗。但在中国,这些东西都是在非常短暂的时间里,一

下子就涌进来了。一方面,人们不暇检择,不辨其是非,往往陷于困惑;另一方面,凭兴趣所近,认定一种,便以为是绝对真理,极力排斥其他。于是呈现出异说蜂起、诸流并进、各逞意气、唯我独尊的局面,没有从容讨论的风气,没有妥协磨合的余地。在这种氛围里,激进主义自然是最容易滋生的。

在近代中国的思想文化运动中,号称稳健派的梁启超、胡适等人,他们在主观上,是了解思想文化的变动需要长期酝酿、涵容、互相讨论切磋的过程的。所以,胡适说过准备二十年不谈政治。他们在引介和宣传一种新的思想观念时,多半采取从容讨论和以理服人的态度。但他们同时也切身感受到保守力量的巨大。所以,他们常常不得不把注意力更多地放在批评保守主义的方面。梁启超和胡适两人都谈到过"取法乎上,仅得其中"的道理。所以,这两位被认为稳健派的领袖,有时也不免会讲一些激进的话,以对付守旧派。即使如此,胡适还是被认为"与旧势力太周旋了"(钱玄同语)。

有趣的是,有些保守派批评和攻击新文化运动的一个重要的理由,就是责备提倡新文化、新思想的人太偏激和太激进。但他们反对新文化的态度、手段本身却同样是非常偏激、非常激进的。例如严复是反对新文化运动的,尤其反对白话文。然而,这位以精神贵族自居的老前辈,却根本不屑于与白话文提倡者们作讨论,骂他们是"人头畜鸣",可以"春鸟秋虫"视之,"听其自鸣自止可耳"。另一位反对白话文的老前辈林纾,除了上书蔡元培,上纲上线地攻击白话文和新思想、新观念的提倡者之外,还编写影射小说,发泄自己的怨愤与痛恨之情。当时在北大读书的张厚载,也是一位反对白话文与新文学的干将。胡适曾邀请他,要他把反对戏剧改革、替旧戏辩护的理由写出来,由胡适把它发表在《新青年》上,以便展开讨论。但这个张厚载,却不愿写文章与胡适等人讨论,而宁愿偷偷地将他认为可以攻击新文化运动的材料提供给林纾去炮制影射小说,或直接给报纸提供不实消息,以达造谣惑众的目的,如他炮制的所谓当局要把陈独秀、胡适、钱玄同等驱逐出京的消息即是一例。此事真相大白之后,使处世最温和的蔡元培亦感到忍无可忍,乃布告全校,开除张厚载的学籍。后来由梅光迪、吴宓、胡先骕等人在南京创办的《学衡》杂志,其最初几期几乎是专门攻击新文化运动的。这份由受过西洋教育的留学生们主办的刊物,在对待新文化运动的问题上,却同样不讲忠恕之道,也不要什么绅士风度,也照样采用谩骂、攻击、无限上纲的大批判手法。例如该刊创刊号上最有代表性的文章《评提倡新文化者》,通篇只列罪名,没有罪证,很像是旧时文人为当道者讨伐异端而写的檄文的腔调。此外,更有人直接使用恐吓手段,寄匿名信,以炸弹相威胁。

守旧派的这种做法,对于像胡适这样既懂得中国传统的忠恕之道,又养成西方的绅士风度的人来说,或不致引起过度强烈的反应;然而对于那些较有革命精神的人,或年轻气盛、不肯居下风的人,就不可能不做强烈的反驳。人们知道,在激烈的争辩中双方都难免会讲出一些偏激和激烈的话。所以,我觉得,五四时期及其以后延续下来的激进主义,守旧派也是要负担相当一部分责任的。

激进主义在中国社会中、在中国文化中,特别是在近代中国的社会中和近代中国的文化中,长期延续,不肯退出舞台,甚至不肯退居边缘,左倾教条主义和极左思潮甚至把它变本加厉,为国家民族造成很大的损害,人们对它反感、痛恨,是非常可以理解的。我个人更是一贯反对激进主义的。但有些人把激进主义说成是新文化运动和五四运动种下的祸根,或把整个的新文化运动和五四运动归结为激进主义,则是我无论如何不能同意的。我有以下几点理由:

第一,中国近代的激进主义源远流长,不自五四始。早在维新运动时期就有所谓"一切尽从西法"之说(参见易鼐、樊锥在《湘报》上的文章),和谭嗣同的"冲决一切网罗"之说。而保守派反击时,也大作"诛心之论",满纸满篇充满愤激之词。在辛亥革命时期,则有批评所谓"醉心欧化"、"以不类远西为耻"的言论。

第二,在新文化运动中,比较激进的陈独秀、鲁迅、钱玄同、吴稚晖等人虽不时发表一些激进的言辞,但他们所提出的大多数主张,还是有道理的,不能一概称为激进主义而加以抹杀。更何况,作为新文化运动的中心人物,一些主要的新思想、新观念的提倡者和阐释者的胡适,经常是以非常理性的平和的态度,与大家进行讨论。他极力主张请反对派的人在《新青年》上发表文章。对于钱玄同与刘复杜撰王敬轩这个反面教员,再加以猛烈批判的做法,殊不以为然。这一做法很引起钱玄同等人的不满。

不仅如此,在五四运动以后,社会上,特别是青年学生越来越趋于激烈,胡适、蔡元培、蒋梦麟等曾多次发表文章劝诫青年要注意理性地对待各种问题。

应当说,近代中国的激进主义的根源是深藏在社会的内部,不是哪一个人或哪一群人可以单独承担起责任的。这里所说的根源,一是政治上,因国家民族面临的威胁,救国的任务十分迫切;二是中国长期处于极端专制主义的压制下,全无自由发表的机会,也没有各种力量公开较量,然后通过妥协来解决问题的机制。所以,一旦原有的统治机器面临崩坏之时,各种力量一下子如洪水泛滥,野火燎原,无法控制,各不相容,只认自由,而不知容忍。

为了克服激进主义,首先要使中国的政治走上健全发展的轨道,关键是要使民主在中国社会扎根落实。其次是在搞好教育的基础上,尽力恢复、弘扬传统的忠恕美德。忠与恕,其实就有自由与容忍的意味。什么时候,我们的同胞们都能充分领略并实行忠恕之道,什么时候,激进主义便不再行时了。

再谈谈泛政治化。

前面已经提到,近代中国所面临的问题是独立、统一、民主、富强。除了富强不完全属于政治问题,其他全都是政治问题。所以,政治在近代中国社会中无疑地具有明显的优先性和主导地位。我在近著《近代中国文化转型研究导论》中,曾设专章讨论这个问题。

发动和领导新文化运动的那些领袖分子,其中绝大多数,都是出于政治目的而为之的。他们因为多年的政治苦斗没有取得预期的结果,才反省到要变革政治,先要变革人心,变革人的思想观念,如此才不得不求助于文化革新运动。对此,陈独秀、鲁迅等人都有过明白的表述。然而,他们从文化上努力还只有短短的几年工夫,因五四运动的爆发,就急剧地被卷入政治运动中去了。还在五四之前几个月,陈独秀等人就已经感觉到有不得不谈政治的冲动了。为此,他们于1918年12月下旬创办起《每周评论》这个刊物。五四运动爆发后,陈独秀与李大钊都很快以谈政治为主业了。胡适想坚守不谈政治的立场,但到了1921年《新青年》分裂之后,胡适的立场也逐渐显现动摇的迹象,5月他酝酿成立"努力会",8月开始宣传"好政府主义"。但真正以很大的精力谈论政治则是从1922年5月创办《努力周报》时起。他1917年立誓二十年不谈政治,仅仅勉强坚持不到五年就不得不开始谈政治。这说明中国的政治确实是逼人的,是笼罩一切的,无人能逃出它的范围。

五四以后,政治成为大多数人认同的品评人物、品评学术趋向、品评文艺作品的第一标准,有时甚至成为唯一的标准。例如对于遗老遗少们的鄙夷不屑,对于与逊清皇室有瓜葛、与军阀有瓜葛的人士之敌视,对于与外国人打过交道的人士之怀疑与警惕,如此等等。在学术上,例如对于整理国故运动的全盘否定;在文艺上,甚至对像郭沫若这样的革命派作家仍有政治意义不够突出的责难。这些现象反映出来的高度泛政治化的倾向,足以证明我们的批评是有充分根据的。应当说,虽然清末已出现泛政治化的倾向,但五四运动后,这一倾向明显地大大被强化了。

至于对群众运动的迷信,其实是与上述两种倾向有密切关联的。激进主义的心理基础就是一切取最简捷的途径迅速获取成功,恨不得一切问题都在一夜之间得到解决。要这样,就只有最大限度地发动群众,五四运动就得益于群众的发动。后来的北伐和五卅运动也是如此。从此,人们误以为群众运动是万能的。而社会的无序状态、统治当局的无能与腐败、职业与生活的无保证,造成群众经常的不安心理,又正是群众易于被发动的客观条件。所以,五四以后的数十年中,群众运动成为政治家乃至各种社会活动家们最乐于采用的手段。他们宣扬"群众运动天然合理"论,对群众、对群众运动的态度,成为衡量一个人的政治立场的第一标准。事实上,我们所见到的群众运动有两种:一种是真正的群众运动,即群众被迫自发地起来为争取基本权益而斗争;一种是政治家们因迷信群众运动,而有意地发动一些群众起来,在他们的指挥之下,进行斗争。所以,这类政治家们在迷信群众运动的同时,又极力反对群众自发论。迷信群众自发论,自然也是一种片面性,但只要是群众运动,必须有群众自发的基础,否则就不是群众运动,而是运动群众了。

数十年来,因过分迷信群众运动,而导致时间和人力资源的极大浪费,误导群众迷失,妨碍了群众觉悟和人民素质的真正提高,并且往往给政治投机分子提供机会。

总结五四以来的经验,我们应当充分注意激进主义、泛政治化和迷信群众运动给我们的事业带来的危害,在和平改革的环境中,努力学会以理性的平和的心态面对一切问题,以目标和手段相统一的观念和方法去解决各种问题。

主持人：
好，由于时间关系，今天的讲座到此结束，非常感谢耿云志老师的精彩演讲。让我们再次以热烈的掌声向耿云志老师表示感谢。（掌声）

（2009年4月3日）

蔡元培校长与五四运动

■ 肖东发

[演讲者小传]

　　肖东发,男,1949年11月出生。1974年毕业于北京大学图书馆学系,1979年在职攻读中国书史方向研究生,1983年获文学硕士学位。现任北京大学新闻与传播学院教授、博士生导师,现代出版研究所所长,院学位委员会主席。社会兼职有中国版协年鉴研究会学术委员会副主任、中国编辑学会教育工作委员会副主任、北京志鉴研究院副院长。主要研究领域为中国书史、出版史、信息检索、出版经营管理、年鉴学研究、北京风物与传统文化等。出版著作、教材、工具书20余部,代表作有《中国图书出版印刷史论》《中国编辑出版史》《年鉴学概论》《出版经营管理》《藏书·中国丛书》,发表学术论文180余篇。1994年被评为"北京大学优秀中青年学术骨干",1995年被英国剑桥国际名人传记中心收入《国际名人辞典》。六次获北京市和北京大学优秀教学成果奖,十余次获全国、部委、学会及校级优秀科研奖。多次赴韩国、日本、美国、英国、新加坡、马来西亚等国讲学或出席学术会议。被聘为台湾南华大学、北京印刷学院、河北大学、山东理工大学、浙江传媒学院兼职教授。

主持人:

　　大家晚上好,今晚的讲座是北大团委"纪念五四运动九十周年"系列讲座的第七场讲座,我们非常荣幸地邀请到了来自新闻与传播学院的肖东发老师,非常感谢肖老师您今天的到来。

　　让我们以热烈的掌声欢迎肖老师给我们讲一讲"蔡元培校长与五四运动"这一话题。

31

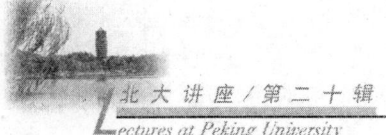

肖东发：

大家好，我今天就从美国教育家杜威的一段话讲起，他也是胡适的老师。杜威曾于1919年五四运动前夕来到中国，在中国各地讲学两年多，对五四新文化运动有较深刻的认识。他是这样称赞蔡元培校长的，他说"拿世界各国的大学校长来比较一下，牛津、剑桥、巴黎、柏林、哈佛、哥伦比亚等等，这些校长中，在某些学科上有卓越贡献的，固不乏其人；但是，以一个校长身份领导那所大学，对一个民族、一个时代起到转折作用的，除蔡元培外，恐怕找不出第二人。"这个评价多么高啊，我为什么把它放到开头？这是因为通篇都要论证这个问题，包括今天的主题——五四运动，包括众多学生社团。等我讲完了大家再看是不是这样。

北大成立于1898年。那个年代国家要救亡图存。亡是灭亡，存是存在，能否继续生存下来都成了问题，不是图强，那时候还谈不到强。现在我们是奋发图强，那时候是图存。那时候成立的京师大学堂，到今年111周年了。

在这110余年中，我们北京大学把自己的生命、把自己的命运，深深地嵌入在国家、民族之中。从1900年八国联军打北京，再到后来的抗日战争，北大跟国家同呼吸，共命运，休戚与共。

我们现在来讲90年前的新文化运动和五四运动。那个时候的校长就是蔡元培。蔡元培，字鹤卿，号孑民，1868年2月11日出生在浙江绍兴。他自幼好学，年少通经。"年少通经"，这是有出处的，这话是当时看他考卷的人说的，他不是死读书的人。他17岁就考中了秀才。1886—1890年，也就是说他18到22岁的时候在哪儿呢？在"古越藏书楼"校刊古籍，校书比读书要花功力。这古越藏书楼是绍兴首富徐树兰建立的,1903年对社会开放,2003年它开放一百周年的时候,我出席纪念大会,不远就是蔡元培先生老家,这个藏书楼在中国藏书楼历史上是开风气之先的。

这个徐树兰非常开明,一般藏书楼都是以藏为主,不以用为主,可是他这个藏书楼怎样呢?向社会开放,就是最早的图书馆。谁都可以上楼来读书,这个楼有两层,可以到楼上读书。他不但让你读,还供你吃的。他最多时雇了八个人,还需要不断购书,还雇人来保管、整理,蔡元培18—22岁就在开放前的藏书楼校书四年,代为校刊《绍兴先正遗书》,同时得以饱览群书,为后来打下坚实的学问基础。为什么他的乡试、会试、殿试,都是一考就中,就是因为那时候打下了扎扎实实的国学基础。所以大家一定注意博览群书,打好基础。

绍兴特别出人才,从越王勾践开始,到陆游、徐渭、鲁迅、秋瑾,那里还有周恩来的祖居,几位著名的北大校长像蔡元培、蒋梦麟、马寅初都是绍兴地区出来的,这里的名人可以列出几百人的大名单。人杰地灵,讲的意思就是环境与人才的关系,一方水土养一方人,这些人反过来也为家乡争光做贡献。

全国各地的藏书楼多了,像"古越藏书楼"那么开放的却不多,它是开先河的,当然也预示着时代变了,要求藏书楼向图书馆转变。我本科硕士学的图书馆系,所以对这些比较了解。我写了很多关于藏书楼的书,2001年执行主编的《中国藏书楼》获得国家图书奖提名奖。2009年出了一套书叫《藏书中国丛书》,贵州人民出版社出版的,共五本。不要小看古越藏书楼的嬗变。为什么最早的图书馆出现在绍兴,这也是一个环境条件,也能回答这个地区为什么能出人才。我觉得北大和蔡元培,北大与在座的诸位也有这样一层关系,相得益彰,相映生辉。

蔡元培跟张元济同年中举人。张元济是浙江海宁人。从前很多读书人,讲的就是"学而优则仕",但是1905年废除了科举,那么中国的杰出的知识分子哪儿去了呢?干两件事情:一是办教育,一是做出版。

我现在负责新闻传播学院编辑出版专业,刚才主持人介绍说了,是现代出版研究所。那么,中国的出版人里最杰出代表是谁呢?就是张元济。中国教育界最杰出的代表是谁呢?就是蔡元培。这是我的观点。1897

年成立的商务印书馆和1898年成立的京师大学堂,即后来的北京大学,乃是中国近现代文化史上的两座丰碑,双子星座,它们引领中国在最艰苦的1900年,一步一步走出低谷,走向现代化,走向辉煌。商务和北大,张元济和蔡元培功不可没。

下面我略讲一点商务印书馆,以张元济为代表。蔡元培也在商务工作过,任编译所所长。他俩那个时候首先抓教材,科举废了,读四书五经不行了,那最急需的就是编新式教科书啊,两位做了分工。你领几个人编小学课本,那我就编中学的。他们吸收了各国的先进经验并结合本国特点。这个功劳多大啊,是不是?商务印书馆出什么书呢?除了新式教学书外,还编工具书,《英汉辞典》《词源》,直到现在的《新华字典》《现代汉语词典》都是商务出版的。没词典行吗?能学好英语吗?还有两大类就是汉译世界名著和影印古籍经典。张元济有句话"昌明教育平生愿,故向书林努力来",与蔡元培称得上是志同道合。蔡元培讲的是教育救国,也有一段在商务印书馆工作的经历,从事大量的编辑书报刊的工作。

1898年戊戌变法,那时,张元济是积极参加,担任军机处章京,受过光绪皇帝亲自接见。后来被慈禧太后"革职永不叙用",张元济就回上海去了,后来到南洋公学教书,然后又到的商务印书馆。

那么蔡先生呢,蔡先生当时也有30岁了,怎么就没有参加变法呢?蔡先生不愿意去巴结权贵,后来罗家伦(北大五四时期的学生会骨干,后来当过清华大学校长)问过蔡校长,说蔡校长您怎么当时没参加戊戌变法呢?客观地说,他是一个持同情态度的旁观者。蔡先生的回答我觉得很深刻。他说:中国之大,积弊之深,岂是靠一个年轻的皇帝下几道诏谕就能改变得了的呢?要想改变中国这些问题,必须得从教育入手,得扎扎实实培养一些人才才行,靠几个人,靠一个皇帝,那是解决不了问题的。蔡校长还说了,你看那几个新贵,当时掌权甚是得意吧,彼此递条子的时候,不称西太后,而称"老淫妇"。这种做法,岂能成大事?太偏激了。其实这几个才俊,如果真正下力气办教育,培养人才就好了。所以,蔡校长一个很重要的观点是办教育,从根本上来提高公民素质,这是他的一贯思想。后来他果然弃官,返回老家,在绍兴中西学堂就任监督,就是校长,一直投身教育。

1902年他发起了中国教育会,参加了资产阶级革命,又建立了爱国学社,宣布排满革命。1904年他组织了光复会。光复会、中兴会、同盟会1905年就合并为中国同盟会,蔡元培任上海分会会长。蔡校长是光复会的发起人,也是同盟会的元老。但是1906年革命出现低潮,内部也分裂了,他就回到了绍兴。

这时候,清朝要派一些人,就是翰林院编修出国。蔡元培想这是个机会,他一直想到海外学习,就出去了,到北京了。其实很多翰林不愿意去欧美学习,朝廷要派人到日本,蔡校长不愿意去日本,就继续担任译学馆教授,教国文、西洋文,译学馆后来都并入京师大学堂。所以说,蔡校长很早就与北大结缘,京师大学堂一成立,蔡校长就在北大服务了。

到了1907年,担任驻德公使馆的孙宝琦,答应每个月资助30两银子供蔡元培做学费。商务印书馆的张元济是蔡先生终生的好朋友,他对蔡先生说,你出国以后,每个月给我供稿,我给你预支稿费,每个月100元。这样就有了经济保障,就实现了他出国的愿望。

这时候蔡校长已经四十岁了,咱们老说留学生是"洋插队",很苦的。一般出去都二三十岁是吧,蔡校长都已经考到翰林,担任了那么多职务了,还是不断学习,坚持学习了一辈子,他有这个劲头。他总觉得学不够,自己学,也带着别人学。这就是终生教育,这个劲头也是咱们的榜样。

1911年辛亥革命,建立中华民国,孙中山马上把他请过来做教育总长,中华民国第一任教育总长。这个很重要的,他有一套教育思想,要在中国实施很不容易。蔡元培要改革旧学制,要男女同校,废除读经,要实施西方的教育体系,精简机构,廉政建设,减少开支,每月几十块钱,一个教育部每月开支不过一千来块钱,这是奇迹,现在连想都不敢想。

这总长没当多长时间,当时国务总理唐绍仪跟袁世凯合不来,当时就是两派。袁觉得国民党碍手碍脚。他要复辟,当皇帝嘛,这怎么能合得来呢,志不同道不合。后来蔡元培不顾袁世凯的假意挽留,辞职南下。

蔡元培多次出国,先到德国,后来到了法国,他建立了华法教育会,法国方面的会长是欧乐教授,巴黎大学历史系的教授,蔡校长就是中方的会长。他提倡的是"勤于工作,俭于求学"。当时正是第一次世界大战,1914年就打起来了,我国间接参战,就派了几千个劳工到法国,法国当时缺人,劳工不足,去了光干活,待遇也低,生活也苦,更没有什么精神生活。这些人都是年轻人啊,就耽误了,蔡校长马上抓教育,首先编教材,《华工

35

学校讲义》四十篇,还有《哲学大纲》出了十多版,蔡校长主持这个教育会。当时的会计是吴玉章。大家知道这个人吗?他后来做了人大校长,他回忆当时,用"适值"这个词,就是正好赶上1917年俄国十月革命,前前后后到法国的有下面这些人:周恩来、李富春、罗迈、陈毅、王若飞、邓小平,还有赵世炎、陈延年、陈乔年,后面几位都牺牲了,陈延年、陈乔年是陈独秀的儿子。抗战时蒋介石要收买陈独秀,陈独秀破口大骂,说我跟你有杀子之仇,现在国共合作抗日,我也不反对你,要我投降你,不可能,忘不了这笔血债。陈独秀也是不错的,再苦再难,到最后也不肯投降蒋介石。

1916年,袁世凯称帝,蔡锷起兵反袁,袁焦头烂额,一蹬腿死了,洪宪皇帝梦破灭了。黎元洪当了大总统。很多社会名人又推荐蔡元培担任北大校长,这个时候有两派:相当多的人都不赞成蔡元培接管北大,说北大太腐败了,怕玷污了他的好名声;但是也有的人说,既然知道腐败,更应该进去改造和整顿,就是失败也算尽了心。蔡先生服从了后者,他目标非常明确,他还是爱国的,他要教育救国呀。

蔡元培认为"欲使国家富强舍教育而无他",除了教育以外没有别的办法,这话很深刻的。既然给了他主掌一个国立综合性大学的机会,他口口声声搞教育,教育救国,讲了这么多年,结果机会来了却不做,那成什么了?不成了叶公好龙吗?他这时借用的什么词呢?"我不下地狱谁下地狱",纵然是地狱,我也要下,当时的北大都成地狱了。越这么看,蔡先生再造北大的功劳越大,他是逆流而上。

12月22日,蔡先生先回南方,然后到了北京,1916年12月26日黎元洪下的任命书,然后他就来了。当时《中华新报》发表评论:"如晦雾之时,突睹一颗明星也"。社会对蔡先生多有期待啊!来了,到北大来了,知难而进。

然后呢,大刀阔斧,12月26日,大家猜蔡先生干吗去了?前门外西河沿有个旅店叫中西旅店,他请陈独秀来北大。陈独秀此前是在上海,这时候等于出差办事到北京,头天晚上因为看戏,睡得很晚,睡大觉呢。旅店茶房说喊醒他吧,蔡校长说别打扰陈先生,让他再睡一会儿,于是坐在板凳上静静地等候,你看蔡校长多体贴人。陈独秀醒后连说对不起,失敬失敬,与蔡校长原来也认识,也知道是老教育总长。他特别看了几期当时办的《新青年》,就知道陈独秀的号召力,要想教育青年,这是很好的导师,于是决定把他请来,请到北大担任文科学长,就不是教某一系某一科,而是管整个文科。那陈独秀当时还推辞,提出两条理由,说第一个我不熟悉教育,有个朋友胡适之比我合适。蔡先生说胡适之我们北大也聘,一起过来。陈独秀又说第二条:我在上海还有个杂志呢。蔡校长说知道,你办的《新青年》杂志也一块儿过来呀,你还愁没人帮你办吗,北大这么多人呢,你这个问题好解决。据说还"三顾茅庐"呢,去了不只一次,那真是礼贤下士,求贤若渴。陈独秀终于被蔡校长的诚心打动,答应带着《新青年》一起北上。

1917年1月4日蔡校长到北大,1月9日发表就职演说。1月11日就下一道委任状,任命陈独秀为文科学长,范源濂教育总长下的。当时冯友兰等学生一看蔡校长第一步是请陈独秀当文科学长,这路子就对了,这方向就对了,是不是?是除旧创新之路,改造旧北大呀!

当时,北大什么样子呢?有几个词人们老引用,这是谁说的呢?这是1916年考上北大的顾颉刚写的。说当时学生"带听差,打麻将,吃花酒,(吃花酒是逛妓院的别名),捧名角",就不爱读书。有的学生满脑子升官发财。针对这个现状,蔡先生在1917年1月9日就职演讲中讲了三条:

第一叫抱定宗旨。

第二叫砥砺德行。

第三叫敬爱师友。

这三条我一会儿展开讲。这期间蔡校长还干了一件什么事呢?他聘了一大批有真才实学的老师,辞退了一批滥竽充数的教员,特别是一些外籍教员,像克德来、燕瑞博、牛兰德。你看这一大批,这帮人能不闹嘛,闹,找大使馆,英国大使就来了,向蔡元培发难,说你不想当校长了?还有当时的外交部、教育部,反正都给施加压力。蔡校长办事有理有力:我当校长没这权力吗?你行我聘你,你没学问,滥竽充数,当然就辞退了。

当时就请了一大批有真才实学的人,陈独秀引进胡适,章士钊引进李大钊,还有钱玄同、刘半农、杨昌济、周作人。鲁迅当时在教育部做科长,按规定当了教育部的这种公职,就不能再在大学里任教,所以鲁迅是客座讲师,他是不在北大籍里的,但是北大常年请他来讲课,按课时给钱,那也是很亲近了。北大的校徽,外边三角里头有北大俩字,那是1917年,蔡校长刚一来就请鲁迅设计的。

周作人早期也是不错的,但后来当了汉奸。北大引进的教师还包括刘半农、钱玄同、辜鸿铭、梁漱溟、刘师培等。辜鸿铭尽管脑后拖个小辫子,但是他有真才实学,会五六国外语,那外语绝对一流,那些外国人来了,他就把他们骂一通,那老外都得规规矩矩的,都得听着。毛姆大家知道吧,很有名的学者,来到北京的一项日程就是拜见辜鸿铭。辜鸿铭也说了,跟他学生说,你们脑袋里那些小辫子,我告诉你真剪了才行的,不是那么容易的。

刘师培是谁呢?他有个错误,筹安会六君子之一,就是拥戴袁世凯当皇帝。当时领头的叫杨度,六个人吧,刘师培是其中一个,他劝进袁世凯当皇帝,这也是个污点。如果学问只是一般就不要了,但是蔡校长实在爱才,刘师培这个学问是古文字学,还是聘吧。不管他曾经的污点,就讲擅长的学术专长。

梁漱溟更有特点了,大家知道吗?压根儿没上大学,也被聘了哲学系讲师。蔡校长一看他文章写得好,研究印度哲学、因明学,对孔教有研究,就请到北大当老师。梁漱溟一辈子回忆起来都感念不已,说北大真是兼容并包,说蔡校长兼容并包,他不是做样子给人看,他真有那样的胸怀呀!还有很多我就不列,太多了,一会儿我会讲到。

那么当时有一场争论,林琴南给蔡校长写了一封公开信。这个林纾是跟严复齐名的一个翻译家,是不懂外语的翻译家。他不懂外语,但文字功底好,是桐城派古文学家,谁懂外语他跟谁合作,说你懂英语了,你说我记合作翻译。最有名的是《茶花女轶事》,这是法文的,大仲马的,他也译出来了,一下轰动了;后来又译《黑奴吁天录》,就是《汤姆叔叔的小屋》,反映南北战争的那部小说,林纾也译了。

不论你是意大利文,还是西班牙文、葡萄牙文,我一看还有挪威文、荷兰文,什么文他都敢译,其实他什么文都不认识,但是他有本事,他文字好。就八个字,"耳授笔追,声已笔止"。什么意思?就是耳朵听着,边听边翻译。他不是翻译,他是什么呢?写。你声音一停他笔就放下了,写完了,不改了。你说厉害不厉害,这文字也太厉害了。你那儿可能还没说太清楚,他这儿写好了,当然当时都是文言文,但你现在看也能看懂。

到后来他为了追求这个效果,他更这么译了,译了之后,当时张元济不是包了嘛。另一个是严复的,商务印书馆也都包了。林纾翻译的文字交来一看还是太粗糙,因为太急了嘛,达不到出版水平。张元济晚上还得加班校改,有的没改完搁到那儿。搁到哪儿了?上海闸北商务印书馆、东方图书馆。1932年"一·二八"事变,日子鬼子把那儿炸了。日子鬼子太坏了,就瞄着商务炸,印书大楼、图书馆,那里边多少善本书,当时张元济收集好的善本书数量超过国家图书馆。幸亏有点预感,把若干本宋版书,放到银行保险柜里了,所以躲过了这轰炸,但是大量的元明的版本都给烧了。日本还有一些地痞流氓,叫日本浪人,炸完了还不彻底,又到那儿点火去,所以好几天上海闸北都飘着纸灰。但商务印书馆是炸不垮的,第二年就做到了"日出一书",每天出版一本书。

所以,最近我也常跟出版界讲,现在这点经济危机算什么,上个世纪上半叶的时候,二三十年代,中国整天战乱不已,商务印书馆被日本鬼子炸平了,几乎烧光了,但又起来了,马上就恢复出版,那时候我们中国的出版,商务是世界第一流的,亚洲第一,世界第三。出的书非常好,张元济、王云五等一批出版人创造了奇迹,今天我们为什么不有点这个劲头呢?大环境有的时候有金融风暴、经济危机,那大环境总有点问题,去年地震也好,冰雪雹灾也好,2003年SARS也好,不要紧,这路在人走,事在人为嘛,奇迹靠人创造嘛,我就讲这个商务的例子。

不管怎么说,林琴南早期的翻译还挺好,但是这个时候他保守了,严复后来也保守了。他们真怪,就攻击蔡元培,甚至编出那些特别恶毒的话,对蔡校长含沙射影,然后又给蔡校长写公开信。蔡校长反复阐明:"我对于各家学说,依各国大学通例,循思想自由主义、兼容并包,无论何种学派,苟其言之有理,尚未达到自然淘汰之命运,即时彼此相反,也听他们自由发展。"(见《自写年谱》)你这个学说,你这个观点,你要不行了自然就会被淘汰了,你要是言之有理,自成一家,你就发表,我绝不打击你,决不说不许你发言,就是兼容并包嘛。

当时这个"思想自由,兼容并包"在与林纾的论战时也明确写在《答林琴南函》中,所以刚才我说这"抱定宗旨",蔡校长有多种表述:"大学者,研究高深的学问者也","大学学生当以研究学术为天职,不当以大学为升官发财之阶梯","循思想自由原则,取兼容并包之义","囊括大典,网络众家",允许、鼓励不同思想发表争鸣,这叫抱定宗旨。你学法科的,你不要说我将来一定当官;学商科的你也不要将来一定得发财。升官发

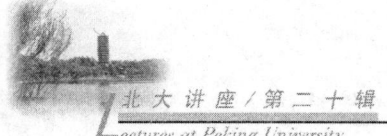

财都不是上大学的目的。上大学为的什么?研究学问。研究学问对国家、对民族、对人类都有好处,这是一体的。蔡校长总说这个,这是改造北大的第一条。

那么,第二条是"砥砺德行"。蔡校长自己就说了,一不做官,二不纳妾,三不打麻将,自己有这么几条。光自己这几条不行,他到北大之后组织了一个进德会。甲等会员的条件:不嫖、不赌、不娶妾,这是最低要求,呼啦啦好多人就参加进来,70多个教师,90多个职员,300多个学生,接近500人,将近占当时北大的三分之一都入进德会了。乙等的条件是不做官,不做议员。你看那个时候议员就这么臭。然后呢,丙等的最难了,不饮酒,不吃肉,不吸烟,等于八戒。梁漱溟能做到,他不吃肉,不抽烟,不喝酒。李石曾也能做到。你看丙等最高级还有一些人参加了,这一下这个校风就改变过来了。蔡校长就职时还说,要以正当的健康的娱乐取代那些不健康的娱乐,这样不仅对你身体有好处,对你德行也有好处,要以德治校。

蔡校长后来为什么那么提倡学生成立社团、办刊物?他想年轻人一团火,都有精力,办社团吧,鼓励各个系都办,有各种爱好尽情发挥,请蔡校长做会长,他都答应,欣然前往,那可不是风气就变了嘛。那边不健康的切断了,这边健康的渠道打开了,社团成立一大批,所以北大很快就变了。他又想,要想真正提高教学质量还得请高水平的教员,得有学识,得有专业特长的,陈独秀、李大钊、胡适、钱玄同这些人,然后像李四光、朱家骅、马寅初都被请来了。马寅初1918年就来了,是北大第一任教务长,解放后是第一任校长,很早就来了。李四光也是北大教师,创立地质力学,都是文理兼通、全面发展的杰出人才。

蔡校长对北大有成套的改革方案,教授治校不是空说,成立了教授评议会。学制有预科、本科、研究所。然后学分制,就像咱们现在学分制似的,40分学完了,预科毕业,再来40分本科毕业,选哪些课也很自由,可以唱对台戏。这边开着这个课,那边开着同样的课。黄侃也是教古文的,正好教室跟钱玄同对门,互相大骂,学生听着挺美的,上这儿听,再上那边比较一下。黄侃牛着呢,《康熙辞典》你打开随便翻页,保证挑出错来,你说厉害不厉害,那么厚的《康熙辞典》,随便翻,我告诉你哪儿错了,他就有这个本事,这是绝活。

当时最主要的是谁呢？陈独秀与《新青年》。当时，北大对外说《新青年》是《新青年》，北大是北大，别混了，实际还是北大的。为什么呢？一开始陈独秀自己办，后来陈独秀办一期，钱玄同一期，刘半农一期，陶孟和一期，还有胡适一期，一年比如说出六期，六个人分了。后来有的忙，陶孟和走了，李大钊、高一涵来了，他们都是编委，各负责一期。固定投稿的像鲁迅，鲁迅不属于这六大编委之一，但编辑部有什么事一开会，有时候他也来，讨论这个杂志怎么办，稿件怎么样安排。这个刊之所以影响大，是因为有这些北大人在共同努力，都给《新青年》投稿。

另外，北大还办了《北京大学日刊》、《北京大学月刊》。月刊等于学报，把李大钊也请来了。当时学生办的刊物最有名的是《国民》和《新潮》。蔡校长支持学生不是虚的，北大才四万元的经费，四万再乘5吧，相当于今天的二十万。这经费也不是太多，拨出两千元来给他们办杂志，学校负责印刷发行。李大钊再把图书馆一间房子腾出来给杂志社使用，胡适担任刊物的顾问，那都是实实在在地帮助学生。

当时把胡适聘来讲"中国哲学史"，他有自己的特点，从周宣王讲起，前面三皇五帝到夏商统统舍去，这在当时是很大胆的。他在美国写博士论文也写这个题目。可是有些人瞧不上他，怀疑他的学术水平。当时北大属兔的比较多：蔡先生就属兔，是老兔；陈独秀属兔，是中兔；胡适也属兔，他是第三代兔了，很年轻的。学生就报告傅斯年，傅斯年是学生会主席，说又来一个新教员，讲哲学史，你去听听，不行咱给他轰了。傅斯年来到课堂，一听，"这个人书虽然读的不多，但他走的这一条路是对的，你们不能闹"。大伙儿就不轰他了。胡适刚到北大，如果被学生轰下去后果会怎样？所以他特感激傅斯年，称他是自己的"保驾人"。

傅斯年后来一直到40年代末，也当过北大校长。在北大当校长最长的是蒋梦麟，蔡校长当校长时，他是总务长，蔡校长一辞职或一出国，他就代理校长，30年代一直主政北大，包括西南联大的时候，蒋梦麟当了17年的校长。

等到抗战胜利，1945年，当时西南联大在昆明，从西南联大迁回北京，当时官方让傅斯年继续当校长。傅斯年说不行，我这个人比较粗，脾气暴，山东大汉，这个校长我不当，还是请胡适来当，但是这一会儿我可以代理。当时北京有伪北大，抗日战争时期北大迁走了，从建制上迁走，你这儿就不应该再有北大了。结果日本鬼子在这儿又弄了一个伪北大,周作人他们还有一些老师又在这儿开课。傅斯年很生气,说学生念书很穷,那我们可以谅解,我们回来之后北京的学生,没毕业的可以接着念,你看他没毕业,也就是现在20岁,那抗战开始的时候1937年才12岁,12岁的孩子他知道什么。但是老师是成年人,凡给伪北大干事的,一个不留,坚决辞退,这得罪人的事傅斯年说我干了。有的教员原来关系不错也不徇私情,真跟他对着干,他也不信那个邪。

等到胡适回来当校长,傅斯年就回南京继续当历史语言研究所所长。他后来到了台湾,他高血压严重,有一次开会一着急,脑溢血猝发,1950年底就去世了。现在台湾大学的校园有一个钟叫傅钟,有个图书馆叫傅斯年图书馆,还在纪念他。为什么要讲他呢?他在五四的时候是北大学生会主席,学生领袖。

罗家伦也是很有才华的一个,学习好,外语特别好,翻译了很多名著,他和傅斯年主办的《新潮》在五四时很有影响。还有《国民》杂志社,创办人有邓中夏、黄日葵、高君宇,后来都成为共产党员了。还有许德珩,许德珩其实也几次要求入党,后来别人劝他说你在党外更便于工作,他是九三学社的发起人。咱们校园蔡校长和李大钊的塑像,题字都是许德珩,他当时是人大副委员长。五四时他是北大学生会的负责人,也是学生领袖,很多大会都是他主持,《五四宣言》是他起草的。一个罗家伦,一个许德珩,当时很多五四的文件,对五四精神的概括,罗家伦归纳了几条,到现在看也是很准确的,罗家伦后来也去了台湾,前几年在台湾去世。

哲学研究会,大都是老师发起。比如杨昌济,大家知道,是杨开慧的父亲,蔡校长从湖南长沙第一师范请来的。马叙伦,北大有"五马",这是其中一个,后来当了教育部长。梁漱溟是搞哲学的,还有胡适。多强的阵容!平民教育演讲团,邓中夏、廖书仓等一帮人,也是很有作为的。少年中国,李大钊发起来的,毛泽东也参加了。

马客士学说研究会,也用马尔克斯等词,当时为了打点马虎眼,实际上就是马克思,这是邓中夏他们办的。李大钊成立的叫社会主义研究会。这是两个会,前后差几个月,在当时都是很不容易的。

除了上面所列,还有学术研究会、教育研究会、新文学研究会、歌谣研究会、世界语研究会、书法研究会、画法研究会、音乐研究会、雄辩会、武术会、静坐会,这静坐不是静坐闹事的,是打坐,以锻炼身体为目的。这还没列各个系和专业办的社团呢,哪个系都有会。五四时期的北大真是生龙活虎,蒸蒸日上。

这么多社团,我怎么讲呢？我给大家举个重点案例——新闻学研究会,这就是我所在的专业,我现在是在新闻传播学院。这个学会是1918年10月14日成立的,我认为既有外因——强烈的社会需求和新闻报业的发展,还有内因——正在办报刊的北大学子的呼唤。另外又有可能,就是蔡元培大刀阔斧的改造整顿之后,新生而且充满活力的北京大学,提供了解决这一需求的可能。大背景是辛亥革命以后报纸特别多,北京一下就是80多种,这个数字是当时蔡校长说的。其实不止,到了1912年全国报纸就有500多家了。办报就得有人啊,就得懂新闻,这呼声就强烈了。蔡校长都编过这么多书报刊:《外交报》、《警钟日报》、《俄事警闻》、《旅游杂志》、《校园会刊》,还有《民德报》、《学风报》,那么多,为《新青年》也写了不少稿件。

当时北大学生也在外兼职办报刊,强烈需要新闻学专业知识。蔡校长对新闻有认识,另外有两位教授也发挥了很大的作用。北大当时有八九十个教授,最年轻的教授是徐宝璜,23岁当了教授。他是从美国留学回来的,学的就是新闻学,后来也写了一本新闻学的专著,在中国是讲新闻学第一人。另外,光有理论还不够,咱还得有个实践家,那就是邵飘萍,中国第一个特派记者。他也于1918年10月,就是新闻研究会成立前十天,创办了《京报》。现在北京有《新京报》,暗含着有继承邵飘萍《京报》的意思。他讲的是"新闻材料采集法"、"新闻记者外交术",后来又写了《实际应用新闻学》。邵飘萍、徐宝璜那些著作我都给收集齐了,去年纪念新闻学研究会成立九十周年,我在北大出版社就编辑出版了《邵飘萍新闻学文集》《徐宝璜新闻学文集》,这些都是开创性的。一个是理论,一个是实践,为新闻学教育和新闻学研究开辟了道路,两个人都是人世楷模,才华出众。

一个校长蔡元培,两个导师,一批学生骨干,有罗章龙、谭平山等,这一批学生一鼓动,新闻学研究会果然就成立起来了。有一个会刊,开了两门课,两本著作和一系列的讲座。新闻研究会成立后,徐宝璜一三五讲,然后星期六或者星期日邵飘萍来讲。你看徐宝璜不但是最年轻的教授,还是校长秘书,还是北大日刊的编辑部主任。这三个人形成一个铁三角,是多棒的组合啊!

蔡校长一到北大就鼓励学术研究,提倡社团。新闻学研究会成立之前,就有增设新闻演讲会的计划;蔡校长发现人才,请了徐宝璜、邵飘萍两位导师;蔡校长亲自起草新闻研究会的章程,详细列出九条,包括收多少会费,哪天活动,宗旨是什么,很多具体思想都是蔡校长的。然后蔡校长又在《北大日刊》上,连续五次以"校长布告"的形式开展宣传,为研究会招兵买马;成立时亲任会长,自始至终参加研究会所有的重大活动,包括改组、训话、颁发听课证书、给会刊和专著写序言、书评。你看这校长多棒啊!

另外,正是蔡校长为其他高校树立了标杆,肯定各校看北大,各大学校长看蔡元培,老教育总长这么热心新闻学,咱们也创造条件办新闻学吧,后来很多学校都办起来了,有的叫报学系。北大反而在蔡校长走后就没有再接着办下去。最初的目的是灌输新闻思想,培养新闻人才,然后就是讲新闻采集、编辑等等。1918年10月14日晚上研究会成立,蔡校长亲自发表讲话。1919年2月14号开改组大会,毛泽东到场,这时候已经系统听课了,北大日刊上都有名单,宗旨明确为"灌输新闻知识,培养新闻人才,增长经验",名称也由新闻研究会改为新闻学研究会。等到期满的时候,1919年10月,又发了听课证书,毛泽东是发了听课半年的证书,但是这时候他已经离开北大,回湖南去了。回湖南去干吗?办了《湘江评论》,那也挺厉害的。

这个研究会培养了很多人,这里头有高君宇、罗章龙等,他们都参加了《国民》《新潮》《光明》,还有的人参加了《新青年》。另外,这导师邵飘萍特别好,经常让学生到他那里实习,北大的学生那也是很得力的,给《京报》增加了新生力量。

李大钊也被聘到新闻学研究会来讲演。据罗章龙回忆,罗章龙、陈公博、欧声白、谭植棠、谭平山等,后来都参加了马克思主义学说研究会。他们中间有中共一大代表陈公博、毛泽东,还有共产主义小组的罗章龙、高君宇,还有广州共产主义小组主要负责人谭平山、谭植棠,他们都是新闻学研究会的会员。

在这些会员里头,我特别要说到毛泽东。他是1918年9月到北京的,是杨昌济的学生。在湖南第一师范的时候,杨昌济就说了,我这么多学生里有两个是国家的栋梁之材,一个是蔡和森,一个就是毛泽东。所以,等到杨昌济被蔡元培请到北大来当老师教伦理学的时候,他就招呼毛泽东也到北京来,到北大来,你不能老在湖南,你得走出来开阔眼界,毛泽东也就来北京了。

罗章龙报考了北大,当时正赶上9月份考试。你考不了本科可以考预科嘛,罗章龙考了个德语的预科。毛泽东没有考,他非常有主意,他想这四年要念下来,太费时间了,是不是?有很多大事要办。"一万年太久,只争朝夕",他没有考。当时还有成千上万的年轻人到法国勤工俭学,毛泽东明确说了,中国问题我还没研究好,法国那有点远,我要集中精力研究中国的问题。这也是对的。到后来,为什么王明他们背马列主义的书像流水似的,毛主席不管这一套,他就是强调马列主义要跟中国实践相结合,这就对了,中国革命不能照搬苏联经验,不能搞本本主义。

但是,我觉得毛主席也有一点偏颇,他在北京开始接触马列主义,第一本书是什么?考茨基的《阶级斗争》。他恍然大悟,说原来这世界上,关键就是阶级斗争啊,结果是一辈子都"念念不忘阶级斗争"。这下也麻烦了。当然,后来他也写了《实践论》、《矛盾论》、《人的正确思想是从哪里来的》等哲学著作。1918年他在北大参加了两个研究会,一个叫哲学研究会,一个叫新闻学研究会。这两个研究会都是他认为最重要的,我们从中学就学这些哲学著作,获益匪浅。现在遇到问题一说起来,什么矛盾的普遍性、特殊性,主要矛盾和矛盾主要方面,还有同一性,都是从这儿来的。

还有一个就是新闻学,他回湖南办那个《湘江评论》,办得多好啊,是不是?我记得有一篇文章的标题叫《民众的大联合》。"世界上什么问题最大?吃饭的问题最大;世界上什么力量最强?民众联合的力量最强。天不要怕,地不要怕,资本家不要怕,官僚不要怕,只要民众联合起来,浩浩荡荡。"那写的真是特别有气势。所以他的报纸拿到北京之后,胡适看了都说好。

当时毛泽东在北大学了新闻学之后,从1919年到1925年,办了多少报刊?七年时间他干了十项新闻工作,办了差不多十种报纸,包括国共合作时期的中央宣传部机关刊物《政治周报》,包括《湘江评论》等,他是学以致用。从1911年开始,一直到1927年,毛主席几乎每天都得看报

纸,毛主席说,他有看报纸的习惯。到北大干吗呢?看报纸,在北大图书馆报刊阅览室看报纸。这些架子上放15种报纸,毛主席就坐在那个位子,每天登记谁来看报纸,一看傅斯年、罗家伦,他就想跟人讨论问题。很可惜这些人来去匆匆,特忙,大忙人,没工夫听湖南土话,找胡适讨论问题也忙得很。但是不要紧,李大钊、邵飘萍,都是很耐心地跟毛泽东讨论问题。这是1918年在图书馆时的工资单。你们看清楚了吗?蔡元培工资多少钱?600大洋。文科学长陈独秀300元,理科学长300元,教授最低240元。在北大起码咱们发现了三个月的工资单有毛泽东的名字,1918年12月、1919年1月、1919年2月,他起码干了三个多月。另外他也参加了两个社团,看到毛泽东这个名字了吗?八块,毛泽东每月工资八块,跟校长600元差75倍。

　　大家也注意到了,李大钊这时候工资还比较少,120元。1918年,李大钊刚由章士钊推荐给蔡元培,章士钊不当这个图书馆主任了,请来李大钊。这时候他仅当图书馆主任地位还不是很高。现在图书馆馆长,地位

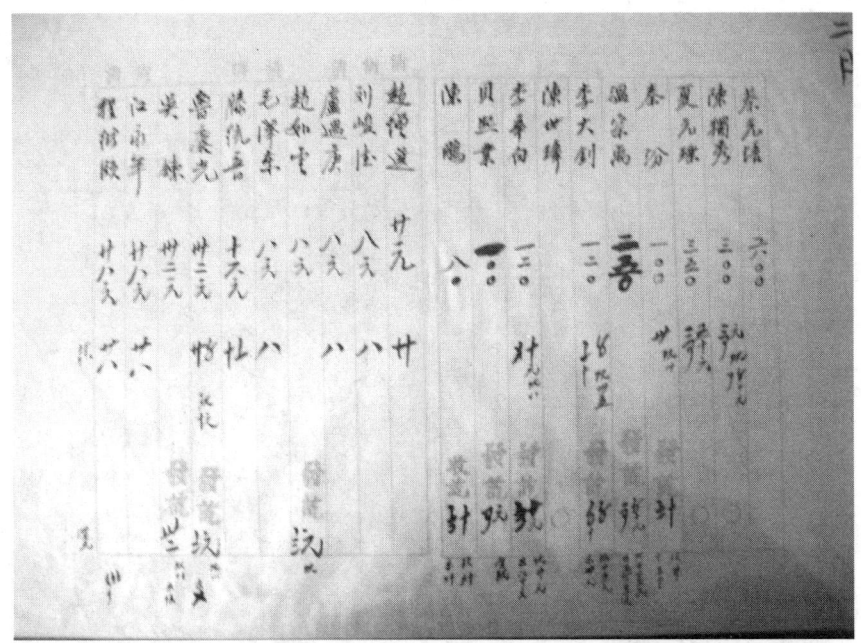

跟教务长、总务长一样高,在北大地位比较高,那时候图书馆主任地位不算高,还不如教授呢,教授最低工资240。后来他被聘为史学教授、经济学教授,工资涨到240,然后再涨。李大钊为人特别好,大伙儿都夸他,他的威信不断提高。不仅是教授会,教授会选评议会,他是评议会的委员,到最后再选的时候,投他的有38票,胡适才二十几票,明白吗?在教授评议会里获得高票。

你看毛主席当时这个气宇轩昂的照片,少年中国,少年气象,跟李大钊他们在一起。这是李大钊的办公室,这是1916—1918年建成的沙滩红楼,红楼东南角这个屋子是李大钊

工作室。刚才那个靠西边的几扇窗户,就是毛主席工作室。前些年一直开,这一年正在修。之所以修红楼,就是为了迎接五四运动90周年,所以等到今年5月份之前,红楼会重新开放,大家再去。

我记得郭沫若曾经写过一首诗——《咏红楼》,头两句我印象挺深,"毛李笔砚在,滥觞成大海"。这两句我觉得挺有意思的,原来郭老题写的这首诗,就在北大图书馆挂着,还有红楼照片。

对于学生参加政治运动,蔡元培开始不是很赞成,他认为学生在学校

里应以求学为最大目的,不应该过多参加政治活动,如果对政府有特殊需求,可以以个人资格参加政治团体,不必牵扯学校。但是他本人是个爱国主义者,从内心对学生的行动是同情的,所以到了1919年,巴黎和会严重损害中国利益,而北京政府竟然准备接受的时候,蔡元培对学生的爱国行动,不仅不再阻止,反而转为坚决的支持。

  现在咱们讲五四。本来在1914年开始的第一次世界大战咱们中国就参加了,前后有15万人去欧洲,最后也是战胜国,1918年11月第一次世界大战胜利结束的时候,全北京放假三天,在天安门搞欢庆,我们终于胜利了。八国联军打咱们那感觉还没忘记,现在我们终于战胜了德国。既然是战败国,它在青岛、在山东半岛的特权就该收回来了,可是传来坏

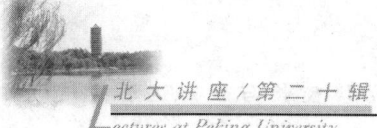

消息,什么消息呢?要转给日本人,这日本真是贪得无厌趁火打劫,所以人民要保卫青岛,反对二十一条。

这个消息是怎么传过来的呢?5月2日国务总理钱能训向正在巴黎参加和谈的中国代表团发命令,命令代表在和约上签字。国务院电报报告给总统府外交委员会事务长林长民,林长民赶紧就向外交委员会的委员长汪大燮汇报,当时的蔡元培和邵飘萍都是外交委员会委员。外交委员会曾召开全体会议,当时外交委员会的意思是拒签,发电报给了徐世昌,可这个时候又传来这个消息。汪大燮亲自坐马车来到蔡校长家告诉这个密电内情。蔡元培听了之后大为震惊,事情到这种地步,指望政府坚持立场已是不可靠了,他就把挽救国家命运的希望寄托在学生身上,依靠爱国学生救国。当天晚上九点,蔡元培召集傅斯年、罗家伦、康白情,还有段锡朋,到自己家里,东堂子胡同37号,通报情况。几位学生领袖当天就决定,第二天5月3日要在北大三院大礼堂开大会,不仅仅是北大,还要联系13所北京的高师、工专、法专、农专代表参会。5月3日蔡校长又召集全体教员讨论形势,又以欧美同学会总干事身份,召集会议与那些人一起发电报力劝中国使团首席代表陆征祥,劝其不要签字。5月3日那一天,蔡元培整天都在奔波忙碌,家里人流如梭,通宵未得安宁。

5月3日晚在北大三院礼堂开大会的时候,第一个上台讲演的是谁呢?邵飘萍。他不是北大正式教员,但是他的身份是北大新闻学研究会的导师,因为他是报人,他知道这个事件的详细经过,他报告中国外交失利的原因,慷慨激昂,在场学生无不热血沸腾。许德珩接着登台发言,许德珩是《国民》杂志社的,接着谢绍敏当场咬破手指血书"还我青岛"。还有一个刘仁静(曾参加了中共一大),拿出菜刀要当场自杀,要以死激励国人,后被人夺下。可见邵飘萍的这个演说,是如何打动了学生。大会决议:第二天5月4日在天安门举行集会游行。蔡校长特别嘱咐,行动时要守纪律,避免给政府造成口实。

邵飘萍连夜写出《北京学生界之愤慨》,五四当天发表。5月4日,数千学生在天安门游行示威,不断加入市民、工人、商人,蔡元培得到这么多支持。接着政府要他召回学生,他说学生爱国运动我不忍制止。政府召集各校校长到教育部商量办法,他也不予理会,不去。游行队伍冲破警戒线,本来是到东交民巷,到英美日大使馆递交抗议"说贴",结果被拦住了,在天安门,然后就往北,经过东单牌楼、米市大街、石大人胡同,就到了东总部胡同交通总长曹汝霖的住宅。当时已有200名军警把守,在混乱中一位学生勇敢地翻墙而入,从里面打开大门,学生冲了进去。据说那个勇敢的学生就是杨晦,当时的新闻学研究会会员,后来是北大中文系一级教授。没找到曹汝霖,却发现了驻日公使章宗祥,狠揍了一顿。进去的学生一看曹家卧室特别豪华,有人就点了窗帘(火烧赵家楼的版本很多,有说是高师学生匡互生,学生另有段锡朋,游行总指挥傅斯年还阻止过别人放火,群情激奋之时控制不了局势发展。)。

这个时候跟踪而来的军警逮捕了32个学生,其中北大就占了20人。当晚蔡校长来到学生聚集的三院大礼堂,从容登台说"你们今天所做的事情我全部知道了,我寄以相当地同情。"全场欢声雷动。蔡校长接着说"我是全校之主,我自当尽营救学生之责,"并表示"我保证三天之内,把被捕的学生营救出来。"蔡校长冒着危险,先是到一位段祺瑞敬重的前辈家,从九点坐到十二点。第二天又会同其他13所高校校长成立校长团多方营救,蔡校长大义凛然地表示"愿以一人抵罪"。校长团先后找到警察厅、教育部、国务院和总统府。迫于全国强大的社会压力,当局又担心5月7日"国耻日"酿成更大事变,在校长团答应不参加国耻日的游行和立即复课的两项条件后,5月7日被捕学生全部获释。

反动政府传出消息,要罢免蔡先生北大校长的职务,解散北京大学。为了保全大学,"保全此等无辜之学生",蔡校长选择了向大总统和教育总长辞职,并在辞呈中再次肯定并褒扬了学生的爱国热诚。北大又掀起轰轰烈烈的"挽蔡运动"。为了表示与蔡元培、北京大学共进退,北京各中等专科学校以上校长,也全部向政府提出辞呈。教育总长傅增湘因为同情和挽留蔡元培,不同意镇压学生,受到责难,也愤而辞职。5月19日,北京各高校一律罢课。全国都响应起来了,到6月3日他们南下,一直到上海、武汉等很多城市。6月10日罢免了曹、章、陆,6月28日政府拒绝在《巴黎和约》上签字,这就算胜利了。学生运动还是难以平息的原因就是挽留蔡元培回北大还没有实现。直到7月9日,蔡校长致电全国学联和教育部答应北上,7月21日再次致电全国学联"五四以来,学界牺牲很大,现在六条要求,均有相当解决。务望通电全国学生诸君,一律上课,以慰国民之望"。第二天,全国学联发布《终止罢课宣言》。所以这场

五四运动是以蔡校长回北大为标志胜利结束了。欢迎蔡校长返校,盛况前所未有,校长救学生,学生留校长,成为五四佳话。蔡校长对学生强调的是"读书不忘救国,救国不忘读书"。

90年前的北京大学,之所以能成为新文化的中心、五四运动策源地、宣传马列主义的基地,也是共产党的摇篮,和蔡元培校长整顿北大是分不开的。

下面讲北大红楼两俊杰,南陈北李。被毛主席称为"五四运动总司令"的陈独秀后来到上海建立了共产主义小组,我今天没有时间展开,他在五四运动中的表现也是很棒的。北李就是李大钊。他后来成立了北京共产主义小组。最初的小组在哪儿?就在北大图书馆李大钊那个工作室。邓中夏他们回忆,当时一到下午三点以后,那屋子是满的,经常在那儿讨论问题,说李大钊这个老师,这个教授,没有架子,非常平易近人,他讲的课程是唯物史观,后来还发现了一篇唯物史观的考试卷,那学生答得非常好。

另外,还有马克思学说研究会,还成立了亢慕义斋。亢慕义斋,大家知道,是共产主义小室的谐音,专门收集关于共产主义的图书文献,《新青年》还出版了"马列主义专号""列宁专号"。所以还有一个问题,那个时候北京怎么这么样的宽松,北大这么棒?应该说蔡校长主政北大的这10年,北方环境相对要好一些。从袁世凯一命呜呼到奉系军阀进北京,黎元洪、徐世昌、冯国璋、段祺瑞等北洋军阀你方唱罢我登场。冯玉祥的国民军在北京更好一些,把溥仪给赶走了,说你赖在故宫干什么,这故宫以后开放给国民是一件好事。那些军阀都在那里争权夺利,就不管大学在干什么,相对的不那么白色恐怖,管得不太严,所以才能像蔡校长那样兼容并包,李大钊才能开"唯物史观"的课程、成立马克思学说研究会,甚至共产主义小组。但是后来张作霖一打进北京,1926年"三一八"就被称作"民国最黑暗的一天"。奉系军阀打进北京大搞白色恐怖,邵飘萍由于支持冯玉祥和支持张作霖手下的郭松龄倒戈反奉,而且斥责张作霖亲日首先被杀。冯玉祥曾夸赞"飘萍一支笔,胜抵十万军"。张作霖就害怕,那笔头太锋利了,给30万大洋企图收买。这个奉系开进北京之后,凡是宣传共产、鼓吹赤化,不论首从一律处以死刑,白色恐怖!有人劝邵飘萍,他就躲进了苏联大使馆。过了几天,他觉得没什么事,回《京报》社取东西,一下子被埋伏的军警抓住了。

4月26日宣判,"京报社长邵振青,勾结赤俄,宣传赤化,罪大恶极,实无可恕,着即执行枪决,以昭炯戒。"当时他的腿都给打断了,站立都困难。他面无惧色,微微冷笑,一瘸一拐,在天桥刑场,临行时还向执刑者拱手,"诸位免送",枪手当即开枪,后脑勺打进的,右眼穿出。很多人都不敢收尸,几个朋友不错,有收殓时在棺材里面放上照片,是马连良照的,这真是革命先烈视死如归。

再说李大钊,1927年4月6日,在英、美、日等敌视苏联的国家默许下,数百名军警、特务不顾国际惯例,强行闯入苏联大使馆,将李大钊等80余人逮捕。入狱之后,他们遭受严刑拷打,李大钊的指甲甚至也被剥掉。4月28日上午,所谓的"特别法庭"秘密开庭,宣布对李大钊等20人判处死刑。李大钊第一个受刑。他毫不畏惧地说道:"不能因为你们绞死了我,就绞死了伟大的共产主义!……我们深信,共产主义在世界、在中国,必然要得到光荣的胜利!"刽子手使用的是刚从外国进口的绞刑架,当时李大钊才38岁。

到了1926年、1927年,你再怎么兼容并包,你再宣传共产主义,已经很难。北洋军阀对革命者不分首从一律枪毙。所以,北边又黑暗了,南边又起来了,革命火炬又开始转移到南方,北大最辉煌的十年过去了。这是大环境的问题。

另外,蔡校长本身学识广博,国学底子深厚,西文他也不断地学习,哲学、教育、文学、艺术、美学、新闻学等他都通,对新事物十分敏锐,视野开阔,特别适合当校长。他不是某一专科的,而是兼容并包,为人处世治学都是如此,道德文章,中外推崇。

1938年他70岁的时候,给北大四十周年校庆题词:"他日河山还我,重返故乡,再接再厉,一定有特殊之进步。"我觉得这个话对北大是很大的勉励,寓意深远,在国难当头的1938年希望"河山还我,重返故乡",祝愿北大"再接再厉,一定有特殊之进步"。1940年蔡先生在香港去世,安葬在香港。他去世的时候,毛主席送的挽联是:"学界泰斗,人世楷模"。周恩来送的挽联是,"从排满到抗日战争,先生之志在民族革命;从五四到人权同盟,先生之行在民主自由"。

我今天匆匆忙忙讲了这些,不一定对。蔡元培是永远的校长!就说这些,谢谢大家!

主持人:

经过今天的讲座,相信大家对于蔡元培先生,对于五四运动那个时代,都有了更深的理解。然后让我们以热烈的掌声,再次对肖东发老师的演讲表示感谢!(掌声)

谢谢大家。

(2009 年 4 月 16 日)

五四运动有多重要

■杨奎松

[演讲者小传]

杨奎松,1953年生于北京,籍贯重庆,中国人民大学毕业,研究方向为中国现代史。现为北京大学、华东师范大学教授。著有《毛泽东与莫斯科的恩恩怨怨》、《中国共产党与莫斯科的关系(1920—1960)》、《西安事变新探——张学良与中共关系之研究》、《抗日战争时期中国对外关系》(与陶文钊、王建朗合著)、《马克思主义中国化的历史进程》、《失去的机会?——战时国共谈判实录》等。

主持人:

各位老师、各位同学,晚上好!非常感谢大家来到由校团委主办的"纪念五四运动九十周年"系列讲座的现场。今天我们非常荣幸地请到了杨奎松老师为我们作以"五四运动有多重要"为题的讲座。我们今天的主讲嘉宾杨奎松老师是北京大学历史系教授。杨老师今天将从一个全新的角度全面审视五四运动,对其发生、发展以及所产生的影响进行阐释,回顾五四运动的历史,从宏观上把握五四运动对中国的重要意义。下面让我们以热烈的掌声,欢迎杨老师上台演讲。(掌声)

杨奎松:

首先要说明的一点是,我的主要研究方向并不是思想史,对五四运动的了解也很有限,但我之所以会来做这个讲座,很重要的一个原因就是,从好几年以前开始,我在讲课过程中就一直感觉五四运动研究中有一个问题。这个问题说起来很简单,就是五四运动究竟有多重要?

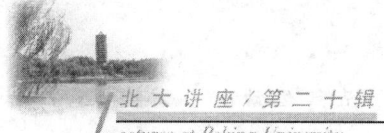

关于五四运动的研究,今天学术界有两种比较普遍的观点:保守主义和自由主义。保守主义观点认为,五四运动、新文化运动是破坏性的,是中国激进主义潮流的滥觞之一,因而应该对后来中国社会的一系列问题负责。与之相反,自由主义的观点认为,五四运动,特别是新文化运动起了一个很革命的作用,是中国思想解放、个性解放的一面旗帜,是中国革命思想运动的先锋。但同时他们又认为,五四运动特别是新文化运动本身又夭折了。用李泽厚的观点来说,就是救亡压倒了启蒙。那么,这里的矛盾就很明显:一方面,保守主义的观点认为五四运动起了很大的破坏作用,而另一方面,自由主义的观点又认为五四运动在造成一定影响之前就已经夭折。我一直在思考,这个矛盾究竟是如何产生的?内中是否还隐藏了什么深层的问题?今天,我就尝试着把这个问题梳理一下。

一、定义:五四是什么?

先讲第一个问题:五四的定义。对于定义,我想所有关心五四的人都多少有一些了解。今天我们谈的五四是指两个五四:一个是新文化运动,它的核心就是争人权;另一个就是通常教科书里讲得比较多的爱国运动。正如思想运动会有各种各样的提法一样,爱国运动也有几种不同的说法。我这里不对这两个运动本身的关系作具体解释,它们究竟是相互继承还是相互关联而带有矛盾,是不是救亡压倒了启蒙,在学术界仍有争论。我只给出一个基本的观点:两个运动其实都是一个动机,这个动机就是救国。大家知道,中国自1840年以来始终处于一个频繁动乱的时代,备受外国列强欺凌。这种背景直接促使了一大批知识分子开始探寻救国的办法,或者说真理。他们尝试过很多方法,新文化运动和五四爱国运动也是其中之一,只不过表现形式不一样。鉴于过去各种各样的经验教训,新文化运动首先从救人开始,想先把人解放出来,塑造新的人,然后救国。这种想法有点像梁启超20世纪初在《新民说》里阐述的观点。到五四运动,又从救国再回归到救人,实际上一个基本的目的还是救国。新文化运动强调思想上的除旧布新,对一切先进的东西,特别是西方的东西都要采取"拿来主义"的态度;五四运动偏重行动上"外争国权,内惩国贼"。其实我们知道,所谓的"五四爱国运动",只是在五四那一天发生的一段学生运动群众运动,过程很短。后来才影响到其他一些地方,并很快变成了一个寻找改革道路的思想大讨论。因此五四期间各种各样的讨论多半都集中在怎样进行社会改造和政治重建上。

二、五四好耶?坏耶?

那么第二个问题,:关于五四运动的评价。作为对五四运动定义的侧面解释,五四运动究竟好还是不好呢?在美国的周期瑞教授1960年出版过一本关于五四运动的专著,他归纳了三种评价。第一种是中国共产党人的解释:五四的主旨是爱国、反帝,五四的意义是开启了中国的新民主主义革命。这种说法我们现在在各种教科书和课外读物上都可以看到。第二种是所谓保守的民族主义者和传统派对五四或者新文化运动的一种批判,他们认为,五四是中国激进主义思潮的滥觞,中国近代以来革命不断、罪恶丛生、道德败坏、人性泯灭,都与激进思潮借五四盛行,从而破坏了中国的传统文化有着密切关联。第三种就是自由主义的观点,他们基本肯定五四运动是一场文化复兴运动,是宗教改革运动,是启蒙运动。这三种说法体现的是当年的观点,距离今天大概有40多年了,但它们与今天的评价并没有太大的区别,也就是说,今天比较流行的观点主要也是这三点。林贤至曾经对这个问题做过详细的解读,他主要是从两个层面上说的。第一个层面,他认为五四新文化运动是中国知识分子的创世纪,运动过程全面表现出了中国知识分子背叛民族文化传统的英雄主义行为。这个评价是很高的。我们可以看出,他对五四运动持全面肯定的态度。第二个层面,他认为五四爱国运动,也即新文化运动之后于五月四日爆发的学生运动,是新文化运动濒临结束的信号。换句话说,新文化运动到了五四爱国运动爆发时,基本上就要告一段落了。这个观点我们今天也可以在很多自由主义学者的讨论中了解到。基于上述种种看法,我想就它们之间的关系做一点讨论。讨论的问题是:五四真的那么重要么?是创世纪的英雄主义行为,还是埋葬了中国传统文化导致中国后来的一系列动荡、混乱发生的"祸首"?五四运动都太重要了,它可以说是中国近现代历史的分水岭。

那么,为什么会发生五四运动?它的发生究竟有着一些什么样的背景？这是我们评价五四所要首先回答的一个问题。从研究方面说，对历史事件的认识和评价都应当回到历史当中去。那么关于五四运动发生的背景，我觉得首先要注意以下问题：

第一，当时有一大批留洋归国的留学生，如陈独秀、胡适、李大钊等等，已经在中国的高等院校或其他相关的舆论界包括文化界占到了举足轻重的地位，他们已经是学者、教授、记者和编辑，具备了一定的社会影响力。

第二，国内有了大批的新式的学校，从而产生数量庞大的青年学生群体。五四运动时期，几个知识分子办了一个《青年杂志》，就立刻引起很多很多人的呼应，这在戊戌变法时期是不可想象的，即使到1900年、1904年清末的那段时间，也不可能引起这么大的反响。因为即使有人去鼓动、去鼓吹各种各样激进的口号，也没有听众，没有观众，没有响应者。何况他们本身的语言很多人是听不懂的，一般老百姓更不可能明白。但是这个时候不同，大批新式学校里大批的新式学生很容易听懂这些留学生所传达的各种信息，甚至也很容易与他们形成互动关系，因为陈独秀、胡适、李大钊等这些人就是他们的老师。

第三，有西方发达国家做榜样，有与之相关的众多的思想文化理论资源，还有大量有能力并且热衷于翻译传播这些资料的人。大量的思想资源必须要到海外去找，也只有在这样的时期这样的一些资源才能够被引进来。尽管过去有过师夷长技变法维新，但是几乎没有人注意到大量有关民主人权的信息。翻译传播人才的增多是引入这些资源的很重要的原因，如果像19世纪末只有严复少数几个人能翻译，而且翻译出来的都是文言文，那么根本不会多少听众，也没有多少学生能够呼应。所以，我们能够看到这个时代的背景非常重要。

第四，中国当时城市化已经达到了相当的程度。过去中国实行科举考试制度，大量的知识分子和士绅基本都集中在农村，城市化的程度很低；同时其他各方面条件，比如交通条件、信息传播条件都非常差，一个信息要经过很长时间才能到达相当的距离以外。但五四时期有了城市化，大量集中的人口不仅仅是经济的市场，也是文化的市场，特别是还集中了相当多的知识分子。这样，城市就形成了一个特殊热岛。而且城市之间有了铁路，有了电报，还有了报纸杂志这样一些信息传播的工具，这些工具当时其实已经相当普遍。我们可以注意一下,1914年、1915年包括《青年杂志》创办的时候,城市中杂志数量都非常少,因为读者太少。但是到1919年杂志报纸的发行像爆炸一样,所有的地方都会办报纸,都会出杂志,连一个学校本身都可以出杂志,为什么?就是因为有读者,有很多的读者。

第五,有了过去变革或者革命失败的教训。这个"过去"指的是从早期一直到五四之前。1840年中国鸦片战争失败,大家认为是由于洋人的船坚炮利,于是就"师夷长技",想办法引进西方的技术,但后来发现引进技术解决不了问题。于是就搞维新变法,维新变法最后也行不通,保守的势力的确非常强大,这就促使一部分人意识到了整个社会的问题,后来发展到推翻政府,于是就出现了辛亥革命。辛亥革命结束以后还是不解决问题,怎么办?于是就有了新文化运动。经过这么多次的尝试,大家普遍认识到,改造社会先要从人改造起,只有人解放了、自由了、能够去思想了,才能接受新事物从而去推动新的改革。把社会变革过来才能达到救国的目的。

第六,当时中国的现状与世界潮流和先进国家差距太大,深陷不平等地位的现实产生着强烈的刺激。因为中国从1840年到这个时候,一直处在列强环伺、弱肉强食、自身四分五裂的情况下,各种各样的外交危机不断出现,多次地割地赔款。要想跟列强抗衡,要想维护国权,要想解决中国发展的各种各样的问题,首先必须要有一个统一的国家、一个强大的政府,要有雄厚的实力,可是中国当时处在一个四分五裂的局面之下,深陷于不平等的地位,根本无法在世界中占据一席之地。所有这些内外危机,都对国人形成了强烈的刺激。

第七,这个恰恰是我们必须注意到的一点,五四运动或者叫新文化运动,在中国就发生了一次。百家争鸣,或者我们称为思想解放,以后再也没有发生过。为什么会这样呢?这里其实有几个很重要的条件。其一,当时中国处在比较和平稳定的时期。尽管南北对立,各种各样的问题很多,中央政府的力量也很有限,但是毕竟当时还是大致统一的。相比于中国后来爆发的一个接一个的内外战争,当时还是比较安定的。其二,当时中国中央政府是一个弱势政府,没有很强的统治力量,还不能实行后来国民党政府的那种统治政策。正是由于不能实行这样强有力的统治政策,不能封闭舆论,比如查禁报刊等等,所以各种各样的新思想就得以不断地向外膨胀。当时有很多直接批评政府的言论,陈独秀1919年就曾经因此被抓过,但是抓了几天就被放出,弱势政府不会对青年知识分子和青年学生形成很强的心理压力。

以上七个方面是五四运动得以发生的重要条件。接下来进一步要问的就是:"为什么当时会有那么多留洋的知识分子,会有那么多新式学校和青年学生?""为什么会有那样便利的交通条件和信息传播条件以及那样水平的城市化规模?"……这些条件是怎么来的?

归根到底这都是由于1840年中国被迫打开国门以来发生的一系列社会变革。从1840年中国被迫打开了国门以后,中国的整个社会和历史都在发生翻天覆地的变化,尽管都是被动的,尽管在当时看起来是很慢、很渐进的,但这的确是一个根本性的原因。它跟救国是有联系的。从这个意义上说,我有两个结论:

第一,五四的发生不是偶然的,它是中国打开国门、走向世界和被迫从传统转向现代的一段不可避免的历史进程中的一个必然会发生的历史环节。这样一种启蒙思潮、一场思想解放运动,总有一天要发生,或迟或早,都不可避免。因为中国打开国门看到了自己与先进国家的差距,而仅靠自身又没办法问题,必须要向西方求经,要去引进、去拿来,结果就会不可避免地产生了对这种思潮的需求。一旦条件具备,这种思想的需求就会变成一种思想的传播,继而产生爆炸性的力量,形成这样一种运动式的现象。至于这种现象为什么会在1915—1920年这段时间内发生,并且以这样的形式出现,仅仅是缘于上述种种具体条件和具体环境的巧合。这当然有一定的偶然性,但也是建立在必然性基础上的。

第二,因为五四的发生具有十分特殊的具体条件和具体环境,因而,它的取向、内容、规模、深度,包括它的命运及历史作用,也注定要受到当时中国与世界种种特定历史条件与环境的局限。一场运动的发生并不意味着它一定能发展出我们后来所期望的那种作用,在这个过程中,它必然会受到一定历史条件的局限。

那么这些条件是什么呢?这就从另一个方面引出了问题,就是所谓"救亡"何以会压倒"启蒙"。的确,五四运动从新文化运动变成学生爱国运动然后变成救亡、寻找救国道路的运动,这个过程确实存在,不能否认。

但是我们要注意的是,五四运动发展过程中有两大线索:一个就是五四政治思想讨论重点的转移。这是有一个轨迹的,从人权的讨论转向民主的讨论转向阶级的讨论最后转向社会主义的讨论。就像西欧从1915年开始,不断地围绕政治问题发生的那个渐进相当性的变革。你会发现它所讨论的东西不断在变,人权问题后来基本不提了。另一个是五四政治诉求重点也在发生转移。最早的时候,也就是1840年以后,政治诉求的重点很长时间是救国,只不过那个时候救什么? 救大清国。那么后来出现了同盟会,孙中山和革命党要救什么? 要救族,要驱除鞑虏,要建立汉人国家。再往后辛亥革命成功了,中国的问题却没有得到解决,所以又回来救国,救中华民国,他们认为北京袁世凯政府不能代表中华民国,所以他们需要重新挽救重新建立重新恢复临时约法的那个中华民国。直到五四新文化运动爆发,很多知识分子开始意识到跟着这些政治家、这些军阀,决不能去救什么国。于是他们想着先救人,改造社会。但是在1919年,事情又发生了变化,大家觉得救人解决不了问题,而且也没有那么快的可能去救人,还是要先救国,因为恰在那个时候出现了巴黎和会上山东权益的问题。但是很蹊跷的是,这个事情过后没多久,1920年就逐渐出现了联省自治,很多省希望能够独立起来,我把它归纳为"救省"。很多当时的军阀、知识青年,包括毛泽东,都在做救省的运动,救他自己的那个省。他们都在想:"大中国解决不了问题,以后干脆搞一个联邦算了,把中国分成26个国。"

所以我们可以看到,整个运动本身无论是政治思想的讨论,还是政治诉求的讨论,一直在发生变化。同一场运动为什么会出现这样的情况呢?那么回到了前面讲的历史条件的局限性问题。我们可以设想达到一个什么样的运动目的,但是没有人能够预测,也没有人能够左右,特定的历史条件下如果相关条件不成熟,那就什么问题都解决不了。关于历史条件的局限,我简单举几个方面。

第一个当然是社会的,中国社会经济发展程度。西方的文艺复兴,特别是启蒙运动,都是建立在商品经济发展到相当程度的基础上的,而且当时资本主义也已经开始蓬勃成长。法国的启蒙运动中第三等级的存在起了很重要的作用,但中国却没能形成这样的一个阶层,只有少数几个知识分子在倡议,办几个杂志,然后几个青年学生跟着冲上去,仅此而已,背后

没有社会力量的支持。这是因为在当时的中国,除了官僚资本以外,民间的资本都很弱小,所谓的商人、资本家等等,都必须依附于官方资本、依附于政府才能生存,所以他们没有能够形成一个独立的阶级,也不可能发出一种独立的声音。

第二个是中国传统文化观念。如中国传统的家国天下观,个人要服从于家庭,要服从于国家。在碰到了国家的事变的时候,一定先把国家放在前面。

第三个,要特别注意到的一点,就是在陈独秀、胡适、李大钊这批留学生主导下的思想启蒙运动具有先天的不足,他们对西方思想其实也是一知半解的。他们尽管大部分是留学生,但是并没有在西方受过系统的训练,对西方的深层了解不多。胡适虽然在西方学了好多年,但是他去的时候是学农业,后来才转,而且他在美国待的时间其实也并不长,1917年就回来了。恰恰是这样一批人成为主导者,他们对西方新思想、新文化与新社会充满了渴望,希望把西方的很多东西搬到中国来。我们可以看出,他们对西方的这种"拿来",对西方的这种羡慕,带有一定的盲目性。他们当时并不可能严格地去区分哪些是好的、哪些是不好的,哪些适合中国的情况、哪些不适合。比如,他们在1915年发起所谓呼吁人权的问题,但是他们的呼吁、他们的愿望和中国当时社会发展的现状是严重脱节的。这个从根本上对整个运动的发展产生了很大的影响。

第四个,作为有效表现形式的文化载体及文化传统的匮乏。对比于西方的文艺复兴和思想启蒙运动,我们可以发现,西方本身有一种文化一种传统一种底蕴在起作用,从雕塑到绘画到戏剧到诗歌到小说等等,各种各样的东西都在发声音。文艺复兴最早是以文艺甚至宗教的形式出现的,而不是政治诉求;思想启蒙运动也是以理论、以文艺的形式出现的,所以它会直接影响到社会的许多阶层,而不仅仅在少数知识分子圈子、在少数一些激进学生当中发生作用,但中国却缺乏这样的文化载体和传统。

第五个,国民性格的影响。这个说起来好像有点不敬,但是我相信这是当年五四运动为什么会从思想的过程一步就跳到社会改革,从一点一滴的改良一下子跳到根本解决的重要原因。1919年到1920年期间,这种争论的势头很盛,很多人希望能够一步到位,彻底解决问题,用孙中山的话就叫"毕其功于一役",很多革命一块搞,一下子把它全搞成。孙中山1902年曾到过比利时,他找到第二国际,表示中国也要搞社会主义,并且坚持认为,中国搞社会主义要比欧洲快得多,只要能够得到支持,中国就可以成为世界上第一个社会主义国家。并不单是孙中山,我们可以注意到,中国的很多政治家很多知识分子在某种程度上都有一种相似的性格:急功近利。这一点我还可以举一个我们眼前的例子。大家都很清楚,很多外国人来中国做生意,都觉得中国人很不讲规矩,办事主要靠走关系。为什么要走关系,而不按照合理合法的途径做事情呢？就是因为要走捷径。中国人爱走捷径的这个特点,表现在很多方面,包括坐汽车不排队,包括绿地经常会被踩出一条路等等。这种性格不只体现在普通老百姓身上,政治家、知识分子其实也是这个样子的。

刚才提到,五四运动由于受历史条件的局限,救亡最终压倒了启蒙。之所会产生这个结果,除了上述中国自身条件的局限外,还不得不提到第二个方面的原因,就是在1919年前后所形成的内外刺激。要想好好讨论思想解放、个性解放,讨论妇女问题、贞洁问题等各种压迫性的问题、人性的问题等等,在当时根本没有这个条件。身边会有各种各样的东西不断影响你甚至强烈地刺激你。那么我们来看几个例子。1915年中日二十一条交涉,闹得沸沸扬扬;1916年袁世凯称帝,又闹得沸沸扬扬;1917年袁世凯死了,张勋来复辟,又是一场闹剧;1918年段祺瑞上台了,又搞什么中日军事密约,结果学生又上街了,仍是闹得一塌糊涂。

而对外呢,新文化运动没多久,就爆发了两次俄国革命,二月革命推翻了沙皇,当时中国的报纸曾得意地说:俄国人终于也跟着中国人走上了民主的大道。为什么这么说呢？因为中国早在1911年辛亥革命就推翻皇帝了,而俄国等到1917年才推翻皇帝,没想到过了几个月又爆发了一个十月革命,这下大家搞不清楚了。前几年我去查阅了当时的报纸,发现所有的报纸鸦雀无声了,不知道该怎么反应,因为那个革命和中国人的理解完全不一样,还弄出一个"劳农政策",一直到1918年无政府主义者吴稚晖他们才弄清楚,原来劳农是指劳动者,实际上也就是指工兵政府,因而这场革命是平民革命。中国从来没有爆发过平民革命,这就是为什么1917年革命爆发后,从北京政府到知识分子都吓得够呛,因为在中国如果也发生这样的平民革命的话,它一定会成为当年梁启超所说的"攘夺变乱之患",一定会出现一大批像太平天国、白莲教起义、义和团这样激烈的社会动荡。到时候富人一定遭殃,平民一定受苦。所以中国的知识分子从来都是反对革命的。虽然1918年7月以后,李大钊写了几篇文章,像《布尔什维克的胜利》等等,但我们今天去读他写的东西都会发现,他当时所想象的包括"布尔什维主义的胜利"在内的各种各样的革命,仍旧是一种和平的革命,而不是流血的革命。我们还注意到,毛泽东写过一篇很有名的文章《民众的大联合》,它里面讲的革命叫"无血革命",就是不流血的革命,叫"面包革命"。所以,大家希望中国有一个大的革命,但是千万不要流血,千万不要出现社会动荡。我们看到知识分子们在当时外部环境的刺激下,都在考虑中国的问题:外部变了,中国怎么办?紧接着1918年第一次世界大战结束了,作为协约国成员的中国也是战胜国之一,这个事情还直接影响到1919年的巴黎和会。1919年,大家满心希望利用巴黎和会把山东的胶东半岛从德国人手里夺回来,没想到巴黎和会偏袒日本,胶东半岛的权益收不回来,这就引发了五四爱国运动。

所以我们会注意到,在各种各样复杂的背景下,所谓救亡压倒启蒙,其实是有其必然性的。那么从这个角度,我们应当注意,一是,在当时中国的条件下,人权问题并不是也不能真正成为多数国民迫切要求解决的共同问题,只有几个知识分子在讨论,而且他们讨论的时间也不长,很快就变了,为什么?因为没有人能呼应,也没有人能完全理解。甚至就是在知识分子中间,对人权问题的重要性也很难达成普遍共识。我们注意到,当时讨论人权只是着眼于妇女问题、贞洁问题和传统伦理如孝道对青年的不合理压迫等,对人权的基本问题,比如人人得享自由权、平等权、财产权、反抗压迫权却极少有深入具体的理论阐述和讨论。大家只是谈人权不平等,很多问题不合理,只是在控诉。很多人在讲不合理不平等的状况,但是却没有像当年法国大革命之前的那样一种思想理论的阐述、讨论,对民众和普通知识界也完全没有做这方面的宣传。二是,国权问题迫在眉睫。这成了整个社会关注的重点,整个思想文化运动的讨论也会跟着发生转移。但国权问题的解决要靠政府,老百姓只能推动政府。而当时的政府达不到也不能解决这些问题,这就造成了对政府的不满,所以民主的问题、民智的问题又被提了出来,大家热热闹闹地讨论了一通。换句话来说,民权的问题之所以会变成民主的问题,与当时的内外形势是分不开的。第三,西方的政治民主根本上是以对人权理论的认同为前提的,因此,如果对人权问题的价值及意义,包括对人权的基本权利问题达不成真正的共识,那么所谓民主或民智之类的主张,也就只能流于空谈。当时中国连人权问题都没有讨论清楚,甚至都没有进行广泛的宣传,那么民主的问题从何解决?政治权利的问题从何解决?第四,为什么从民主民智问题的讨论后来一下子转到社会问题的讨论?这正是由于大家在1920年初就已经发现这是一个解决不了的问题。当时,很多人已经在相当程度上认可了俄国革命的成功,同时西方社会也开始有了关于劳动问题的宣传,因而,"劳工神圣"、"平民专制"和俄国革命的多数政治的逻辑也就不可避免地成为当时知识分子最看重的一个方向。所以在许多人的眼里"根本解决"中国问题的便捷之途就出现了。

　　从上述几个方面的情况可以得出这样几点看法:第一,新文化运动作为中国的思想启蒙运动,其夭折,在我看来,实属必然。那样的一些问题的讨论,那样的一些问题的宣传,没有基础就会不可避免地最终走向夭折。第二,由于思想启蒙的条件不足,新文化运动参与者的激进程度也必定不同,他们摆脱传统影响的能力和对传统的批判能力也注定会受到相当的局限。也就是说,并不是有了批判的意识,有了追求新思想的愿望,就一定能够达到目的。新文化运动对传统文化的实际冲击力是非常有限的。所以我不同意新文化运动造成了中国传统文化的断裂,毁坏了中国一系列的道德伦理和社会秩序的说法。第三,无论我们怎么谈五四运动的影响力,都不应该把它放大。因为中国城乡发展严重不平衡,即使在城市当中,社会底层还是占有相当大的比例,长期存在的传统意识对他们影响非常深,这不是仅凭报纸杂志在几年的时间里发表一些文章一些批判,或者写几本小说、几首诗歌就能改变的。更重要的是,少数知识分子的这些讨论和批判,不可能对广大农村造成重大的冲击,而农村才是传统文化的大本营。特别是民国那段时期,至少在1930年以前,中国的农村基本上还处在从农村向城市转化的过程当中,有很多士绅并没有到城市里来。所以农村的这种传统文化的基础是很牢固很扎实的。

三、五四破坏了什么?

　　第三个问题,我们根据事实来讨论,看看五四到底破坏了些什么。

关于新文化运动要破坏什么,陈独秀在《青年杂志》里面曾经有过一个答辩。在答辩里,他明确地讲:《新青年》杂志要破坏什么呢?第一孔教,第二礼法,第三国粹,第四贞洁,第五旧伦理,第六旧艺术,第七旧文学,第八旧政治。为什么我们要破坏这些?因为,我们"要拥护那德先生,便不得不反对孔教、礼法、贞节、旧伦理、旧政治;要拥护那赛先生,便不得不反对旧艺术、旧宗教;要拥护德先生又要拥护赛先生,便不得不反对国粹和旧文学。"所以,他已经把他们要破坏的东西都点出来了。但是我们要注意,在讨论新文化运动或者五四运动的破坏力的时候,我们应该实事求是地去考察:哪些被这次运动破坏掉了?哪些只是被这次运动局部地触动了,并没有真正被破坏?哪些是过去就已经被破坏或已在破坏中的?哪些是运动发动者想破坏,但并没有破坏成的?严格区分这些问题可以帮助我们认识新文化运动或者五四运动到底起了什么样的作用?它是不是造成了激进主义的泛滥?我们可以简单地对应一下。"被这次运动破坏了"的首推旧文学,但其实也有疑问,旧文学的范围很广,很多东西并没有真正被破坏;"被这次运动局部触动"的可以认为是旧伦理旧礼法,这些东西实际上并没有被破坏掉;"过去就已经被破坏或已在破坏中的"是文言文,之所以这么说,是因为白话文的流行绝非是从新文化运动开始的,也不是新文化运动第一个喊出白话文的问题。早在1902年,中国就有各种白话报纸出现,白话运动实际上从19世纪末就不断地发生,并不断地进行各种各样的冲击和改变。至于"发动者想破坏但并没有被破坏"的就是旧政治、旧宗教、旧国粹,对于这些,我们可以说它基本上没有起多大的作用。

接下来我们做一个具体的分析。

(1)孔教。新文化运动反对孔教,要破坏孔教,那么孔教被破坏了么?某种程度上是的,但在另一种程度上又不是。我们从鲁迅的日记里知道,他从1913年起就作为教育部官员参加北京政府的祭孔大典一直到1924年,过了五四运动。尊孔其实是权贵们争名夺利的敲门砖,没有几个官员真的尊孔。中国老百姓虽然称孔子为"圣人",但其实也并不真的把他当圣人看。换句话说,孔教的破坏早就开始了,它至高无上的权威地位早就已经动摇了。

(2)旧伦理、旧礼法。比如三从四德、贞洁、孝道等等观念,以及旧的礼法,确实都受到了部分冲击,但多数民众的观念和礼俗习惯并没有明显的改变。这个我们可以从很多民国小说,包括以后各种各样的文艺作品当中,像老舍的《茶馆》里看到,变化是有的,但是并不大。

(3)旧政治。毫无疑问,五四运动并没有改变中国的政治状况,旧的政治依然如故,就连传统儒教的核心内容,即所谓"三纲五常",其实也只是在某种形式上被统治阶级扬弃改造后当成了新的意识形态工具。表面上好像都不谈,甚至批判三纲五常了,但是统治方式、意识形态、教育各方面要求民众还是要遵从这一块,这些并没有变。

(4)旧宗教。首先要明确一点,汉人本身就没有多少宗教观,即使不破坏,本来也没有多少人信神信佛。那么那些本来就信的,信佛教的,信道教的,信基督教的,五四运动发生后他照样信。我们看到,中国的农村和城市里面各种各样的寺庙、教堂,经过五四,并没有什么变化。所以五四没有能够也不可能改变宗教在中国的地位。

(5)旧文学旧文艺。刚才已经提到,白话文日渐流行和新文化运动并没有直接的联系,它只是一个渐进的过程;而新诗确实是从五四开始登上历史舞台的,但是即使有很多人写新诗,旧体诗的地位也没有发生根本的动摇;五四运动以后,西洋话剧开始在学生当中流行,但是民众仍然偏爱传统的艺术形式。至于西洋画法,是被很多中国留学生学会后带回国的,虽然高等院校里边都开始出现西洋画的专门教育,但是传统画仍然有广泛市场和需求,没有被替代。

(6)国粹。这是最典型的一个方面,新文化运动时大家相信中国什么都不如人。但到了运动后一些运动的参加者就已经开始反省,开始着手从中国传统中找好的东西来继承。于是就有了所谓的整理国故、国学等各方面的回潮。同时,五四引发的救国热又从另一个角度刺激了国粹主义一发不可收拾的兴旺。20世纪20年代以后,我们就会发现一个很奇怪的现象:新文化运动破坏了那么多,喊了那么多打倒的口号,结果到现在却出来了那么多国字头的东西,国医,国术,国乐,国剧。今天可能很多同学搞不清楚,因为新中国成立之后很多东西改名字了,或者没有了,"国乐"变成"民乐","国剧"变成"京剧","国医"变成"中医"了。但是在二三十年代的时候,确实连政府都把它封为"国"。

所以我们注意到,新文化运动其实尚未对这个社会发生太大作用的时候,就已经被腰斩了。整个民国期间,我们都看不到新文化运动产生的重大效果。具体一些,比如说国医,五四甚至再早一点的时候,很多留洋的学生包括胡适、陈独秀等等,都骂中医,说中医不科学。但是五四之后,中医界马上就进行反击。到了1931年,国民政府就开始筹建中央国医馆,当年就正式成立了,然后全国各省开始筹办分馆,中医反而受到了相当的重视。国乐方面,五四以后刘天华在1921年首创了国乐研究会,举起国乐的大旗。后来蔡元培等人在北大创立了国乐改进社,中国的本土音乐得以继承和发展。国剧,五四以后,闻一多等一些人开始力倡国剧。国剧的意思是什么呢?倒不是专门指京剧,而是中国人自己演自己的故事给中国人看。他们认为,不应该老是演各种各样的西洋话剧,中国人要演自己的故事,要演给中国人看。后来经过梅兰芳这些人,最终把京剧变成国剧,而且还成立国剧协会,创办国剧画刊,迅速在中国形成了一个气候。国术,这个大家可能不太明白。最近在香港举行了第一届国术比赛,但是国术并不是我们说的武术,它包括很多,都是中国传统式的,像摔跤、击剑等跟西方的都不一样,比赛规则什么的都是中国式的。五四之后各界都开始提倡国术,到1927年,"国术"一词被正式提出,并且报中央政府批准,还成立了国术馆,在全国各地也有地方性的分馆,初步形成了自上而下的国术体制。中国最早出现的国家级别的体育管理机构就是国术馆,在民国期间举行过好几次全国性的比赛。至于国画,大家都知道,徐悲鸿等一批留学生学了西洋画之后,回国力倡西洋画,并且把国画与西洋画结合,后来在各大高校进行传授。然而国画的发展远远超过了西洋画。

看来破除旧的东西并不简单,并不是说谁喊出"打倒孔家店",它就一定能被打倒,一定能被破除,这里头有一些非常复杂的背景。下面我举几个具体的例子,有很多图片,可能会稍微轻松一点。

一个例子是关于吴虞。吴虞是被胡适誉为"只手打倒孔家店"的一个老先生,四川人。他因为在《新青年》上发表了《吃人与礼教》、《家族制度为专制主义之根据论》等文章,倡言"非孝",而受到胡适的重视。可你看他照片,绝对不是一个新派人物。他骨子里是一个深受旧传统、旧文化影响的旧文人。我这里举两个例子。

一个是旧礼法的影响。1920年吴虞要在《新青年》上发东西,给胡适写信,那么我们可以看看他的信。

> 适之先生道鉴:伏处西陲,钦仰　高风久矣。顷接女桓来书,敬悉先生起居曼福,又承介绍女桓,且为担保,感荷无量,叩头叩头。……弟前做《说孝》一篇,此间颇多反对,甚至于卫戍司令部控告弟同孙少荆为过激党,真可笑矣。此篇曾经邮寄　教正,不知到否。……《星期日》现改上弟编辑,先生如暇,敬乞赐稿一二,以光芜报,至感至盼。手此,即颂著祉。弟吴虞再拜

"适之先生道鉴:伏处西陲,钦仰　高风久矣。""钦仰"后边还要换行空格,表示我趴在……其实是躺在地上钦仰高风"久矣"。我们知道,中国的书信格式有非常多的讲究。他的这封信我们不再具体念了,大家一看就知道满篇都是传统的礼法,非常讲究。

第二,大家可以注意到吴虞老先生反对旧礼教,比如旧孝道什么的这些东西,但是我们看看旧文化旧伦理对他的影响究竟如何。看吴虞的日记,发现他从1915年开始就不断地买婢蓄妾,还挑三拣四,买到后还不许她们随便回家探亲。到1931年60岁、1939年近70岁的时候,还先后纳过两次妾,都不过十六七岁。他在北大做教授时,在北京逛八大胡同,逛窑子,争名妓的事情,在他的日记里也有很多记载。后来因为他身为北大教授还去干这些事,实在是闹得沸沸扬扬,没有办法就又回老家去了。

那么,人为破坏的东西是不是就被破坏完全了呢?其实这是不可能的,很多人为破坏的东西,经不住环境的作用和传统的影响,还是会回归,只不过可能是变相回归。我这里还是举一些当时作为五四代表人物的信件。我们可以注意一下信的礼法上的一些问题,很有意思。

胡适有一个小叔在农村,他们的年龄相差不多,也是很好的朋友,但是因为毕竟是叔侄辈,所以写信的时候还是要用各种各样的称呼。1907年胡适还没有离开中国时,他写信称"近仁老叔大人尊前","近仁"是名字,"老叔"是辈分,还要称"大人",因为是老叔嘛,所以称大人,还有"尊前",最后还有"此颂道安！侄驿顿首",还要顿首,一堆的讲究。对方来信要用"辱示",就好像你给我东西辱没了你,我要很谦卑地接受这个东西,等等。1914年胡适到了美国,就发生了一些变化,简化成了"近仁老叔足下",虽然还是"老叔",还是"足下",但是已经很简单了。最后的问候也变得简单,只写了"适顿首","顿首"当然还是必要的。1917年,他已经进到新文化运动中,写信就什么都没有了,直接写"胡近仁君",连老

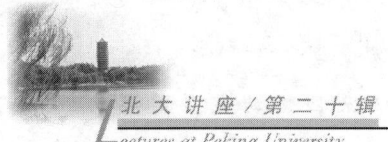

叔也不叫了。尽管他写信的称呼在改变，但还是有些东西改不掉，比如说他写到"见时乞代致意为荷"，你看他还是要用个"乞"字，还是很礼貌很客气的说法。1918年回北京了，在北大的这个氛围下，连"君"都没有了，干脆就是老友：我们俩既然是朋友了，就没必要再按辈分称了。"顿首"也没有了，只写了"适上"，这个"上"当然也还是客气的，但是简单了很多。1920年更加过分了，干脆用"老近"，信末的"适上"也没有了，留个名字"适"就行了，完全是白话。但是我们注意看，到1928年他又慢慢回去了，可能他觉得这个辈分还是不能丢，又开始叫老叔了。1930年叫"近叔"。他们的通信到这里就没有了，也不知道后来是怎么叫的，当然无论怎么变肯定不会变得那么复杂，不会变到1904年那封信的样子。我们可以注意到，胡适回国以后，必然需要跟方方面面的人交往，那么他必须要适应当时中国社会的环境。而中国社会其实当时大的环境、大的传统都没有变。你看看这些私人的交往就可以发现相互间还是遵从那些传统的礼数的，比如他跟胡汉民之间的那场"官司"。在双方这场"笔墨的口战"里，胡适认为胡汉民歪曲了他的意思，所以他写了一封信，解释自己的一些说法。但是他写信的时候，还是用中国旧传统的方式：写到对方的时候一定要称先生，一定要换行，要空格，等等。而且每次碰到"先生"都要换行，表示尊敬。1931年他给陈布雷写信，也是按照传统的礼数。他信中写："先生之不能赞同鄙见"，里边的"鄙"字，用的都是小字，表示把自己缩的很小，而对方是很高贵的。1933年给王实味写信，他也是用"先生"，用引用换行等方式。其实大家知道，王实味并没有很高的身份，他那时候只是一个翻译家。1935年给白崇禧写信，他也用了非常恭敬的敬语，比如"伏枕进言，伏乞考虑"，是非常谦卑的词。最后两封是给蒋介石和陈布雷的信，你可以注意到他对蒋介石非常尊敬，称他为"介公"，碰到"介公"的地方都要换行。"鄙""第"两字都是小字。让陈布雷代为转达意见也是用"乞"字。给蒋介石直接写信还要用"蒋总统介公赐见"。我们大量地去看国民党人的信件，就会发现他们之间的信件几乎都是这个样子的，全是传统格式，所有的尊称都非常完整，可见，在国民党的统治下社会的很多传统都是保留得很完整的。

以下附文中提到的胡适的信件

函一：1907年。近仁老叔大人尊前：半年之中通问殊少，吾叔或能谅我懒也。日前,乃以儿女之私,辱吾叔殷殷垂示,侄非草木,宁不知感激遵命。……辱示赠周卿诗,第四句甚佳。……此颂道安! 侄骍顿首

函二:1914年。近仁老叔足下:得六月十三日手书,喜极。此函之前,曾有一书,收到后已奉答,想曾达览矣。……近颇作诗否?有所作乞寄示一二。近读何书?亦乞见示。匆匆奉白,即祝珍摄! 并请菊坪夫人秋安! 适顿首

函三:1917年。胡近仁君:匆匆一别,已隔百余里。……承赠诗改稿,似更胜,可见诗不厌改也。……匆匆不及见湘帆一别,见时乞代致意为荷。菊夫人处亦望致意。适 十四日

函四:1918年。近仁老友:前得手书,极所感谢。冬秀出来时,请足下至吾家将一部《龙川集》,一部《王文成全集》检出令彼带来。匆匆即祝进德勇猛! 适上

函五:1920年。老近:谢谢你的信。我的病好些了。……你们修县志,修的怎么样了? 适

函六:1928年。近仁老叔:你的信已收到了。你太客气了! ……适敬上

函七:1930年。近叔:前托焕文信客带上药一箱,不知收到否? 如已收到分送,赐一信。如未收到,乞向信客询问收取……适之

函八:1930年致胡汉民。展堂先生:十一月廿五日曾寄一书,请先生指出我在何月何日的《伦敦泰晤士报》上发表一篇文字,其中有"废除不平等条约不是中国急切的要求"的一句话。迄今已半月余了,未蒙 先生赐答。特此再上一书,请 先生务必拨出几分钟的工夫,令秘书处给我一个答复。如蒙剪寄原报,更感谢。

函九:1931年致陈布雷。布雷先生:先生之不能赞同鄙见,我很能谅解。……鄙意"一个初步的共同认识"必须建筑在"互相认识"之上。歉怅之至,千万请原谅。胡适上

函十:1933年致王实味。实味先生:尊稿为审查所搁置,延误甚久,十分抱歉。现已取回,送呈 先生,千万乞 原谅。有几处有审查人校记,想 先生不见怪。匆匆,问安。胡适上

函十一:1935年致白崇禧。邕宁白健生先生:……因罗铎确是

最适宜的专家。今中道换人等于前功尽弃。此事效果关系全国,伏枕进言,伏乞考虑。匆匆敬问大安。胡适 敬上

函十二:1936年致周作人。岂明兄:读手示,知嫂夫人稍见好,闻之甚慰。……匆匆敬问大安,并祝嫂夫人痊安。弟适敬上

函十三:1939年致陈布雷。重庆陈布雷先生:以上各种情形,国内恐无人为 介公详说,故弟不敢避嫌疑,乞吾兄密陈供 介公考虑。鄙意以为倘能由 介公切嘱庸之屏除手下之贪佞小人,而令其仍任财长,实与光甫在美借款购货事为最有益,否则无论何人长财政部与贸易部,必须由 介公切实嘱令其与光甫诚意合作,力戒其邀功生事,贻讥国外而妨害事机。右电乞兄绝勿为第三人道,但乞陈 介公后略复短电以释悬念至感。弟适

函十四:1949年致蒋介石。蒋总统介公赐鉴:28日始得见子文兄上 公梗(6,23)电稿,及 公感(6,27)电,不胜惊惶。……子文梗电所说,千万请公勿加考虑。至为盼祷。胡适敬上

1909年的胡适　　　1914年留美的胡适　　1917年北大教授胡适

我们再从一个更轻松的角度来看,那么就是关于服饰。在服饰上中国人其实没有什么民族传统。日本人有和服,印度人有袍子,蒙古人有蒙古袍等等,中国人到今天为止好像也没有什么特别有特点的衣服。民国期间所谓的中式服装,其实就是旗袍,或者是旗人的马褂,这并不是传统的中国衣服。改革开放后国人发明了唐装,但是一直流行不起来,况且传

统上好像没有那样的唐装。我们可以从服饰上看看胡适跟传统的关系。作为五四运动的健将,他当年是主张西化或者叫世界化的,他被外界很多人看成是最新派的、具有最新思想的人物,但是我们看,他的服装基本上是传统的。你看1909年他是学生时穿的是长袍。1914年留学美国,他穿西服了。1917年他回到北大,马上又穿起长袍。1920年他还是穿着长袍。1923年他创办《国学季刊》,你看他的同仁们基本上都穿着长袍,只有一个人穿着西服上衣。1938年他在美国,那时候自然穿着西服,那么1946年回国以后任北京大学校长,还是长袍马褂。到了1948年,中央研究院开会的时候,院士们集体照相,你会看到里面只有三四个人穿着长袍,胡适就是其中之一。其他人都是西服,因为他们都是留洋的学生,胡适当然也是,但是胡适就是坚持要穿长袍。这不是像我们以为穿长袍是不是舒服,穿西服是不是太规矩了这样一个简单的问题,这与他对传统文化的观念有关。20世纪50年代胡适在美国的时间比较长,他在家里都穿西服,因为毕竟是另一个环境了。1960年到了台北,在公开场合有时候会穿西服,但是有时候还是穿长袍。

1923年与《国学季刊》同仁

(2009年4月5日)

1920年胡适与儿子祖望　　1946年任北大校长

1948年与中研院院士合影

1956年在美国　　　　　1960年在台北

蒋介石在胡适1962年去世后为他写了一幅挽联,很准确地概括出了胡适的特点,叫做"新文化中旧道德的楷模,旧伦理中新思想的代表"。"新文化中旧道德的楷模",是说表面上他是推崇新文化的,但是他对旧道德不仅熟知而且非常尊崇,大家最熟悉的一点就是胡适始终对他那个农村小脚老婆不离不弃,尽管他也有过不少要好的女性,但是他始终坚持不跟他那个太太离婚;"旧伦理中新思想的代表",是说他坚持旧伦理,但是他又是有新思想的,他在坚持旧伦理的人中是新思想的代表。他作为一个新文化领头人,却坚守旧文化,从哲学到后来研究国故,到他的衣着、他的书信、他的待人接物,都非常典型地反映出一个中国旧文人的形象。

四、五四后传统延续与反传统的较量

第四个问题,五四后传统延续与反传统的较量"。这个问题很大,现在时间有限,我们只举两个很典型的例子,蒋介石和毛泽东。

蒋介石早年和晚年对五四的看法有很大差别。我们看他的日记,他早年对五四基本上是认同的,特别是对《新青年》爱不释手,每期都要看。但是到了晚年,他的思想发生了很大变化,对五四的批判很激烈。这种变化是怎么产生的呢?我们从蒋介石自身成长的这个角度来看。他青年时期也很激进,思想也很"革命"。甚至在1919年前后,社会主义广泛传播的时候,蒋介石在大约一两年时间里,每个星期都在读马列的著作,甚至连《资本论》都看,当时蒋介石的思想其实比孙中山要激进。但是壮年以后就开始有了变化,一方面他经历的多了,另一方面他也担任了很多职务,特别是他后来执政了,他的思想就逐渐保守。1934年以后,蒋介石在全国普及以礼义廉耻教育为目的的运动,实际上是在推崇旧的儒教观念,同时还开始祭孔,并且由祭孔到尊孔,这都显示出蒋介石在新旧之间的选择意向。虽然早期的时候他很激进,但是后来他逐渐又回到传统的旧文化方面去了。

毛泽东对五四的看法应该说一直没变,基本上就是长期肯定。他是五四的受益者,是在五四期间成长起来的,以后逐渐走上了革命的道路,所以他对五四的破坏作用一直持肯定态度。同时毛泽东从年轻时到晚年,特别是晚年,批孔批得很厉害。执政前后毛泽东对五四的评价是有一点变化的。在延安的时候,他推崇五四学生运动,不遗余力写了好几篇文章来介绍,对五四运动破旧立新大破大立的精神,那个时候也是记忆犹新。但是建国以后,基本上不再谈新文化运动破旧的问题,不再谈学生运动的问题了,只是对破旧立新还是经常在谈。

这里我们对毛和蒋的衣着做一个对比。这是蒋介石17岁的照片,毛泽东17岁没有照片,在农村当时还没有这个条件。我们可以看到蒋介石是长袍马褂。

蒋介石17岁照　　　蒋介石20岁照　　　毛泽东20岁照

20岁的时候,蒋介石进入日本军校,已经是一个军人了。毛泽东那时候是中学生,穿的是立领的学生服。

蒋介石24岁的时候在日本,穿的是和服,他的同学有的穿学生服有的穿西服。毛泽东穿的是长袍马褂。

蒋介石24岁照　　　蒋介石26岁照　　　毛泽东26岁照

这是1919年五四运动的时候。

30岁的时候,蒋介石已经是黄埔军校的校长。毛泽东那个时候还在上海,还是穿长袍。

38岁的时候,蒋介石已经身居高位,而毛泽东去了中央苏区,从此开始穿军便服,这个军便服后来被改造成了改良的中山服。

40岁,蒋介石穿的是军装,毛泽东穿的是军便服。

43岁,蒋介石这个时候穿的是长袍,毛泽东穿的已经不是完全的军便服,已经有点中山服的样式了,只不过当时质量太差。

蒋介石30岁照　　蒋介石38岁照　　蒋介石40岁照

毛泽东30岁照　　毛泽东38岁照　　毛泽东40岁照

50岁的时候,蒋介石穿的是军装,毛泽东穿的是改装的军便服,又是中山装的样式。

56岁的时候,蒋介石在外交场合穿的是长袍马褂,毛泽东那时候春风得意,在天安门城楼上穿的是专门为他定制的中山服,以后叫毛服。

蒋介石43岁照　　　蒋介石50岁照　　　蒋介石56岁照

毛泽东43岁照　　　毛泽东50岁照　　　毛泽东56岁照

1947年,蒋介石穿的是长袍马褂,毛泽东穿的是中山装。从此毛泽东就一直没变过,不管什么时候都是中山装。

79

蒋介石60岁照　　　蒋介石61岁照　　　蒋介石62岁照

毛泽东60岁照　　　毛泽东61岁照　　　毛泽东62岁照

1948年,蒋介石荣任中华民国第一任总统。他认为这个时候是最庄重的时刻。所以他穿的是长袍马褂。毛泽东还是中山装。

蒋介石1950年到了台湾,你看宋美龄穿的是旗袍,蒋介石穿的是中山装。

68岁的时候,他们都穿了中山装。

这是蒋介石为宋美龄庆祝70岁生日的时候,蒋介石穿着长袍。毛泽东穿着中山装。

五四运动有多重要

蒋介石63岁照　　　蒋介石68岁照　　　蒋介石80岁照

毛泽东63岁照　　　毛泽东68岁照　　　毛泽东80岁照

还有两组照片,是他们成为国家领袖的时候拍的,蒋介石穿的是军装,毛泽东穿的是中山装。

1949年,毛泽东在开国大典上。

这个是他们的标准像,蒋介石穿的是长袍,毛泽东穿的是中山装。

我们做这个比较,是给大家一个提示。我们注意到蒋介石一生的着装主要有三种,一种是军装,一种是中山装,一种是长袍。早年的时候穿长袍,以后主要着军装,50岁以后主要穿军装。但是到重要的场合,他还是穿中式长袍马褂,这大概是蒋介石非常重要的特点。毛泽东一生主要的着装有两种,一种是长袍,一种是中山装,偶尔穿过军装,比如"文化大革命"时接见红卫兵。早年是长袍,从1927年以后,毛泽东一直穿军便服,也就是中山装,毛泽东一生从来没有穿过任何中式服装。从公开的可以看到的照片来看,两人着装的共同特点就是,两人都从未穿过西装。蒋介石把长袍马褂视为礼服和日常生活的便装,所以他在两种情况下会穿,一种是重大典礼的时候,不仅要穿长袍,还要穿马褂。在日常生活中他就穿长袍,所以我们看到他写的《中国之命运》等等,都非常重视民族传统的形式和内容。毛泽东多半是把长袍马褂视为封建社会的旧痕迹,因此弃之如敝屣,一直以改良中山装为正装,如果不出来,就是睡衣。在家里也好,接待外宾也好,在他的书房或卧室开会也好,他不愿意穿中山装就穿睡衣,甚至接见领导人,接见外宾的时候有时也不换。

蒋介石、毛泽东,国民党、共产党对着装的不同爱好,也直接影响到当时中国民众的着装。我也展示几个照片大家简单看一下,新旧中国民众着装的对比。

民国年间四川工厂的工人着装情况。大家可以看到,中间有一个人穿着西装,有一个人穿着中山装,其他基本上是穿长袍,或者穿旧的布扣的短褂。新中国工人基本上穿的都是中山装,或跟中山装有点像的工服。个别人也有穿旧中国上海的布扣子对襟。

民国年间工厂职工着装

新中国初期职工着装

民国年间初期的服装,基本上是长袍。新中国建国之后,可以注意到,大家都跟着毛泽东穿中山装。其他女同胞穿的是苏式的列宁装。但是没有人穿西服,穿西服象征着效鞶西方,穿苏式的衣服象征着比较靠近共产主义。

83

民国年间男女春秋着装　　　　新中国建立初男女春秋着装

这个是国民党1927年全代会代表的着装,大家看到五花八门什么都有。那么1949年9月中国人民政协协商会议的时候,一色的呢料中山装,大概是政府给做的,以后就形成风气了。

1927年国民党全会代表　　　　1949年政协中共代表

我们再看一下时代的变迁,大家可以注意一下民国前后的不同。这是一张20世纪20年代的阖家照,大家看他们穿的衣服,20年代已经是五四之后,但基本上还是最传统的中式服装,全家都是一样,只有一个孩子穿着西式的衣服还戴了领带。

20世纪30年代的这张,可以看到男女穿的都是旗袍或长袍,女孩子就穿旗袍,小孩子就穿中式的小衣服。

20世纪20年代阖家照　　　　20世纪30年代阖家照

这是40年代初期的阖家照,男主人穿的是西服,女主人是旗袍。

40年代后期这个大家庭的合影,可以看到男人穿的基本上都是西装,这些人全部都是留学生,女人们穿的全部都是旗袍。

20世纪40年代初期阖家照　　　　20世纪40年代后期阖家照

20世纪50年代初,这是一个孩子和他的父亲的合影,最典型地反映了新旧的交替。父辈的老人穿典型的中式长袍,布鞋,布袜。小辈的孩子,穿着干部服,也就是中山装。

20世纪50年代后期的全家照,这时处在一个过渡期。可以注意到男孩子穿的基本是中山装,女人穿的是对襟。

20世纪50年代初期阖家照　　20世纪50年代后期阖家照

这两幅全家照,可以看到,到20世纪60年代,服装的颜色或者是全白或者是全深蓝,男人一般穿中山装。

这是"文革"时期的一张全家照,可以看到所有的着装都带有很浓的"文革"色彩。

"文革"时期的全家照

那么,一个基本的结论就是,从五四到1949年,新文化运动所谓的破坏,并未对中国社会传统文化构成任何根本性的威胁,更谈不上普遍的破坏和摧毁。中国社会自身的变革依旧保持着渐进的步伐,并未因五四的中断而突然变得激进起来。实际上,对旧文化旧礼教旧传统等各种各样旧势力的破坏,主要来自于中共执政之后的新中国,由于时间关系,我就不再展开讲了。我的一个基本观点是五四运动本身对中国社会的影响是有限的。

主持人:

好,由于时间关系,今天的讲座到此结束,非常感谢杨奎松老师的精彩演讲。让我们再次以热烈的掌声向杨老师表示感谢,也请同学们继续关注校团委主办的"纪念五四运动九十周年"系列讲座活动,谢谢!

(2009年4月11日)

新文化是如何"运动"起来的

■王奇生

[演讲者小传]

　　王奇生,男,1963年生,1999—2008年在中国社会科学院近代史研究所任研究员,2008年9月以"百人计划"调至北大历史系。研究领域为中华民国史、中国现代政党史。著有《党员、党权与党争:1924—1949年中国国民党的组织形态》等书。

主持人：

　　各位老师、各位同学,晚上好!非常感谢大家来到由校团委主办的"纪念五四运动九十周年"系列讲座的现场。今天我们非常荣幸地请到了王奇生老师为我们作以"新文化是如何'运动'起来的"为题的讲座。我们今天的主讲嘉宾王奇生老师曾是中国社会科学院近代史研究所研究员,现在北京大学历史系任职。

　　王老师今天将从一个全新的角度全面审视新文化运动,对其发生、发展以及所产生的影响进行阐释,并以《新青年》杂志为视点回顾新文化运动的历史。那么下面让我们以热烈的掌声,欢迎王老师上台演讲。

王奇生：

　　大家知道,五四新文化运动是以 1915 年《新青年》创刊为开端,以"民主"、"科学"为旗帜的。这一说法,早已为学界认可。然而,在"新文化运动"这一概念最初流传之际,时人心目中的"新文化运动"多以五四为端绪,而且身历者所认知的"新文化"、"新思潮",不仅其精神内涵不一致,与后来史家的惯常说法亦有相当的出入。后来我们所推崇、所眷顾的一些思想主张,在当时并未形成多大反响,而当时人们十分关注的热点问题,却早已淡出了史家的视野。

数十年来,史家对以《新青年》为代表的新文化运动之历史叙事,日益趋同。与此同时,学界对《新青年》文本的诠释仍不绝如缕,更有历久弥新的趋向。依据留存下来的《新青年》文本解读其思想意蕴,是既存研究较普遍的范式。而思想演变与社会发展的互动关系,则多被研究者漠视。《新青年》并非一创刊就名扬天下,景从如流;"新文化"亦非一开始就声势浩大,应者云集。《新青年》从一个"普通刊物"发展成为"时代号角","新文化"由涓涓细流汇成洪波巨浪,实际上都经历了一个相当的"运动"过程。过去我们较多关注"运动"的结果,而不太留意"运动"的过程。对"运动家"们的思想主张非常重视,对"运动家"们的文化传播策略与社会环境的互动则甚少注目。今天我就以《新青年》为视点,从社会史的视角为大家描摹五四人所认知的"新文化"的面相,并考察这样一种"新文化"是如何被以陈独秀为代表的《新青年》同仁"运动"起来的。

首先,我们先谈谈早期的《新青年》。

今天人们的视线,早被"一代名刊"的光环所遮蔽,很少注意陈独秀于1915年创办《青年杂志》时,其实并没有什么高远的志向和预设路径。《青年杂志》没有正式的"发刊词"。创刊号上只有一简单的"社告",其中除申言"欲与青年诸君商榷将来所以修身治国之道",以及"于各国事情学术思潮尽心灌输"外,其他均属于编辑体例的具体说明。创刊号首篇是陈独秀撰写的《敬告青年》一文。这篇文章虽有几分"发刊词"的意味,但其所揭示的六条"新青年"准则("自主的而非奴隶的"、"进步的而非保守的"、"进取的而非退隐的"、"世界的而非锁国的"、"实利的而非虚文的"、"科学的而非想象的"),论旨其实十分空乏。创刊号中另有陈独秀答王庸工的信,声称"改造青年之思想,辅导青年之修养,为本志之天职"。一年以后,杂志改名为《新青年》,陈独秀也顺撰《新青年》一文。该文常被后来史家当作"准发刊词"解读,其实除了要青年树立正确的人生观外,更无多少实际内容。可以说,早期《新青年》是一个名副其实的以青年为拟想读者的普通杂志。在郑振铎的回忆中,《青年杂志》是一个提倡"德智体"三育的青年读物,与当时的一般杂志"无殊"。

就作者而言,《新青年》第一卷几乎是清一色的皖籍。第二卷虽然突破了"地域圈",但仍局限于陈独秀个人的"朋友圈"内。杂志创刊号声称"本志执笔诸君,皆一时名彦",大抵类似自我张扬的"广告"。论者常以《新青年》作者日后的成就和名望来评断其撰作阵营。实际上,早期《新青年》作者大多是在五四以后才逐渐成名的,有的则一直名不见经传。如第一卷的作者有高一涵、高语罕、汪叔潜、易白沙、谢无量、刘叔雅、陈嘏、彭德尊、李亦民、薛琪瑛、汝非、方澍、孟明、潘赞化、李穆、萧汝霖、谢鸣等人。内中高一涵当时尚在日本留学,1918年才进北京大学任教。高一涵在五四前后的知名度,可举一件小事为证:1924年,高撰文发泄对商务印书馆不满,原因是他觉得商务只知敷衍有名人物,自己因为没有大名气而受到薄待。

陈独秀本人在民初的知名度其实也不能高估。1915年10月6日,陈独秀的同乡好友汪孟邹致函在美国留学的胡适,介绍陈独秀与《青年杂志》说:"今日邮呈群益出版青年杂志一册,乃炼(引注:汪自称)友人皖城陈独秀君主撰,与秋桐亦是深交,曾为文载于《甲寅》者也。"可见两人此前并不相知。1916年底,吴虞第一次与陈独秀通信并给《新青年》投稿时,亦不知陈独秀何许人也。次年1月21日,吴虞才从朋友处打听到陈独秀的情况,并记在日记中。

陈独秀与蔡元培相知较早。当蔡元培决意聘陈独秀任北大文科学长时,陈独秀因"从来没有在大学教过书,又没有什么学位头衔"而缺乏足够的自信。为使陈独秀能够顺利出任北京大学文科学长,蔡元培在向教育部申报时,不但替陈独秀编造了"日本东京日本大学毕业"的假学历,还替他编造了"曾任芜湖安徽公学教务长、安徽高等学校校长"的假履历。

据汪原放回忆,陈独秀自主创办杂志的想法可以追溯到"二次革命"失败之后:"据我大叔回忆,民国二年(1913年),仲甫亡命到上海来,他没有事,常要到我们店里来。他想出一本杂志,说只要十年、八年的工夫,一定会发生很大的影响,叫我认真想法。我实在没有力量做,后来才介绍他给群益书社陈子沛、子寿兄弟。他们竟同意接受。"汪原放所称的"大叔"是陈独秀的同乡好友汪孟邹。汪孟邹于1913年春天到上海开办亚东图书馆,原本是陈独秀"怂恿"的。陈独秀最初有意与亚东图书馆合作出刊。而汪孟邹以"实在没有力量做"为托词拒绝了陈独秀,却接受了章士钊(秋桐)创办于日本东京的《甲寅》杂志。汪孟邹之所以在章、陈之间做出厚此薄彼的选择,显然是基于章士钊的声望以及《甲寅》杂志已具有的影响。当时陈独秀的名气不如章氏,新刊如果需要"十年、八年工夫"才能开创局面,显然是一个处于初创阶段的书局所不敢冒险投资的。

1916年9月,《青年杂志》改名为《新青年》。改名的原因,是上海基督教青年会指责《青年杂志》与它们的刊物在名称上有雷同、混淆之嫌,要求改名。作为办刊者,陈独秀显然不便直白地将改名的真实原因告诉读者。他向读者解释说:"自第二卷起,欲益加策励,勉副读者诸君属望,因更名为《新青年》。"后来史家据此推断说:"添加一个'新'字,以与其鼓吹新思想、新文化的内容名实相符。"这一推断正中陈独秀的圈套。为了扩大杂志影响,陈独秀刻意声称:自第2卷起,将得一批"当代名流"相助撰稿。检视名单,尚在美国留学的青年胡适也赫然在列,显有虚张声势之嫌。一年之后,陈独秀故伎重演,将一、二卷作者汇列于《新青年》第3卷1号上,并夸大其词地署上"海内大名家"数十名执笔。吴虞见自己也列名其中,不无惊诧。他感叹说:"不意成都一布衣亦预海内大名家之列,惭愧之至。"

因陈独秀协助章士钊编过《甲寅》,早期《新青年》的作者与《甲寅》有渊源,刊物形式也就继承了《甲寅》的风格。如它用来招徕读者的"通信"即是《甲寅》的特色栏目。《新青年》在形式上借鉴《甲寅》本在情理之中,但陈独秀有意将《新青年》打造为《甲寅》的姊妹刊物,在"通信"栏中通过真假难辨的读者来信,反复宣传《新青年》与《甲寅》之间的传承关系,就不无"假借"之嫌。

既无鲜明宗旨,又少有真正"大名家"执笔,早期《新青年》没有多大影响亦在情理之中。而且每期印数仅一千本。承印的上海群益书社每期付编辑费和稿费200元。以当时商务印书馆的例规,在不支付编辑费的情况下,至少需销2000本以上,出版商才有可能赚钱。群益之出版《新青年》,显然勉为其难。

鲁迅首次接触《新青年》并与陈独秀联系,大约在1916年底或1917年初。当时鲁迅在北京任教育部社会教育司第二科科长。可能是陈独秀赠送了10本《新青年》给他,他看完后,将10本《新青年》寄给了远在绍兴的弟弟周作人。鲁迅的这一举动,可以看作是对《新青年》怀有好感。

91

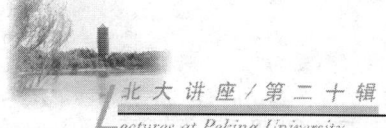

然而鲁迅后来在《〈呐喊〉自序》中却说:那时的《新青年》"仿佛不特没有人来赞同,并且也还没有人来反对。"周作人晚年也回忆说,印象中的早期《新青年》,"是普通的刊物罢了,虽是由陈独秀编辑,看不出什么特色来";"我初来北京,鲁迅曾以《新青年》数册见示,并且述许季弗(引注:即许寿裳)的话道:'这里边颇有些谬论,可以一驳。'大概许寿裳是用了民报社时代的眼光去看它,所以这么说的吧。但是我看了却觉得没有什么谬,虽然也并不怎么对。"

周作人到北京的时间,是1917年4月。3个月前,陈独秀到北京就任北大文科学长。此前《新青年》已经出版了两卷。在前两卷《新青年》中,颇不缺乏思想革命的"经典"之作,如陈独秀的《敬告青年》、《法兰西人与近世文明》、《东西民族根本思想之差异》、《吾人最后之觉悟》、《驳康有为致总统总理书》、《宪法与孔教》,高一涵的《民约与邦本》,易白沙的《孔子平议》,李大钊的《青春》,吴虞的《家族制度为专制主义之根据论》等文章,多为后来学界引述。胡适的《文学改良刍议》和陈独秀的《文学革命论》更被称作新文学运动之"元典"。然而这些在后来史家看来颇具见地的文章,在当时周氏兄弟眼中,既不怎么"谬",也不怎么"对"。整个杂志就是一个既无人喝彩,也无人反对的"普通刊物"。对此,张国焘晚年的回忆 也可以证明。张说:《新青年》创办后的一两年间,北大同学知道者非常少。既往有关《新青年》早期就已"声名远扬"以及"壮观的作者队伍"之类言说,多半是后来史家的"后见之盲"。

《新青年》随陈独秀北迁后,编辑和作者队伍逐渐扩大。第3卷的作者群中,新增了章士钊、蔡元培、钱玄同等资深学者。但也有恽代英、毛泽东、常乃德、黄凌霜等在校青年学生投稿。恽代英是私立武昌中华大学的学生,毛泽东是湖南省立第一师范学校学生。两人就读的学校,用当时恽代英的说法是"内地一声闻未著之学校"。恽代英投给《新青年》的文章是《物质实在论》和《论信仰》。毛泽东投给《新青年》的文章则是《体育之研究》。两人的文章平实无华,在当时不可能产生多大的阅读冲击力。这样的在校学生的课业式文章也能在《新青年》发表,大体可佐证周作人的"普通刊物"之说。

1917年8月,《新青年》出完第3卷后,因发行不广,销路不畅,群益书社感到实在难以为继,一度中止出版。后经陈独秀极力交涉,书社到年底才勉强应允续刊。学者陈万雄在《五四新文化的源流》中写道:《新青年》自第二卷起,接连发表了反孔文章,胡适、陈独秀进而提出了文学革命的要求,"新文化运动因为有这两个具体内容而引起了舆论的重视,也带来了强烈的反响。"这一结论显然与实际情况不相符。

其次,我们来看看《新青年》的"复活"。

1918年1月,《新青年》在中断4个月之后重新出版。与前3卷不同的是,第4卷起改为同仁刊物。《新青年》4卷3号登载编辑部启事称:

> 本志自第四卷一号起,投稿章程,业已取消。所有撰译,悉由编辑部同人,公同担任,不另购稿。

《新青年》如此自信地对外宣示,一个关键的因素是陈独秀出掌北大文科学长。杂志主编被教育部任命为全国最高学府的文科学长,本身就是一种无形的"广告"。那时的北大文科学长有多大分量,可以看胡适后来分析文学革命成功的因素时所说的:陈独秀担任北京大学文科学长后,其文学革命主张乃成了"全国的东西",成了一个"严重的问题"。当时北大在全国读书人心目中的地位由此可见。

当然,并非陈独秀一出掌北大文科,杂志即随之改观。更为实际的是,陈独秀入北大后,一批北大教授加盟《新青年》,使杂志真正以全国最高学府为依托。除第3卷的章士钊、蔡元培、钱玄同外,第4卷又有周作人、沈尹默、沈兼士、陈大齐、王星拱等人加入。与此同时,杂志的编务,也不再由陈独秀独立承担。第4卷开始采取集议制度,每出一期,就开一次编辑会,共同商定下期稿件。大约自第5卷起,编辑部开始采取轮流编辑办法。第6卷由陈独秀、钱玄同、高一涵、胡适、李大钊、沈尹默6人轮流编辑。6人均为北大教授。《新青年》于是从一个安徽人主导的地方性刊物,真正转变成为以北大教授为主体的"全国性"刊物。如果说之前的"名彦""名流""名家"执笔,多少有些虚张声势的话,如今由"货真价实"的"北大教授"担任撰译,对一般青年读者之号召力,当不难想象。一位署名"爱真"的读者给陈独秀写信说:"我抱了扫毒主义已有七八年了。无如寻小力微,所以收得的效果很小。先生等都是大学教授,都是大学问家,寻大力大,扫起来自然是比人家格外厉害。"正是"北大教授"的积极参与,使《新青年》大壮声威,以至于"外面的人往往把《新青年》和北京大学混为一谈"。《新青年》编辑部为此大加"辟谣"。此举虽有减轻校方压力的考量,但也不排除有反用"欲盖弥彰"策略之意。"学衡"派后来对《新青年》很不服气,除了理念不同外,认为《新青年》及其同仁之"暴得大名",在很大程度上是"借重"北大的教育权威和文化资源。

除了作者队伍、思想主张以及社会时代环境之变动外,《新青年》影响的扩大,与陈独秀等人对媒体传播技巧的娴熟运用大有关系。《新青年》以前,陈独秀曾独自主办过《安徽俗话报》,又与章士钊合办过《甲寅》杂志,按理积累了丰富的办报办刊经验。没想到《新青年》办了两年还无声无息,一度面临关门的局面。这实在大大出乎陈独秀的意料。

陈独秀对舆论"炒作"早有一套自己的看家本领。办《甲寅》杂志时,他就采用过"故作危言,以耸国民"以及"正言若反"等手法。《新青年》创刊伊始,即仿照《甲寅》开辟了一个"通信"栏目,发表读者来信。陈独秀开辟这个栏目固然有激发公众参与讨论的考虑,同时也是刻意营造"众声喧哗"的氛围,带有相当的"表演"成分。1917年7月,刚从美国留学归来的胡适在日本东京读到《新青年》第3卷3号,即在日记中写道:"《新青年》之通信栏每期皆有二十余页(本期有二十八页)。其中虽多无关紧要之投书,然大可为此报能引起国人之思想兴趣之证也。"刚从美国回来的胡适难免被陈独秀"忽悠",但在鲁迅这样目光老辣的读者面前,《新青年》"不特没有人来赞同,并且也还没有人来反对"的本相实在难以掩饰。面对这样一种冷清的局面,《新青年》编者们竟大胆而又别出心裁地上演了中国近代报刊史上一曲前所未有的"双簧戏"。

"双簧戏"上演的时间是1918年3月,主角是钱玄同与刘半农。先由钱玄同化名"王敬轩",以读者名义致一长函于《新青年》,肆意指责《新青年》排斥孔子,废灭纲常,尤集矢于文学革命。再由刘半农代表《新青年》逐一批驳。拟态的正方反方各尽意气之能事,指责者百般挑衅,批驳者刻薄淋漓,极具戏剧性和观赏效果。胡适将此事内情告诉好友任鸿隽后,任鸿隽担心伪造读者来信将有损《新青年》信用,而任的妻子陈衡哲则认为此举具有"对外军略"的意义。"双簧戏"显然取得了一定的"炒作"效果,聚集了受众相当的注意力。胡适最初提出文学"改良刍议"时,曾学究气地表示"甚愿国中人士能平心静气与吾辈同力研究此问题"。而陈独秀以"老革命党"的气势将其提升为你死我活的"文学革命",并以十分决绝的口吻表示"必不容反对者有讨论之余地,必以吾辈所主张者为绝对之是,而不容他人之匡正也。"从"双簧戏"的表演来看,陈独秀当初的决绝表示,大有"正言若反"的意味,即故意挑衅反对者出来论辩,以激发公众舆论的关注。"双簧戏"显示《新青年》同仁对于媒体传播的技巧运用得相当娴熟。

"王敬轩"来信发表后,真的引来了一批反对者。值得注意的是,当真的反对者出来辩驳时,《新青年》同仁却表现出无法容忍的态度。如北大学生张厚载批评《新青年》所发表的白话诗及对中国旧戏的看法不当时,不仅陈独秀、胡适、钱玄同、刘半农四人群起围剿,钱玄同甚至对胡适刊发此信十分生气,扬言要因此脱离《新青年》。胡适则认为"无论如何,总比凭空闭户造出一个王敬轩的材料要值得辩论些。"因为《新青年》同仁态度十分决绝,落笔时只求痛快,语调不无刻薄,遂激起部分读者反感。如一位自称"崇拜王敬轩"的读者来信说:"王先生之崇论宏议,鄙人极为佩服;贵志记者对于王君议论,肆口侮骂,自由讨论学理,固应又〔引注:原文如此〕是乎!"胡适的好友任鸿隽也劝《新青年》同仁"勿专骛眼前攻击之勤",更不应"徒事谩骂",立论"勿太趋于极端"。任鸿隽还特意提醒:"趋于极端与 radical〔激进〕不同"。

事实上,致函《新青年》表达不同意见者,态度尚属平和。激烈的反对者开始借助其他报刊加以攻击。其中以林琴南的攻击最为恶辣,也最具影响。1919年二三月间,林琴南于上海《新申报》接连以小说形式诋毁《新青年》同仁,继而在北京《公言报》以公开信的形式两度致书蔡元培,攻击《新青年》与北大。

林琴南的公开信发表后,蔡元培亦借助媒体复信驳辩。因林、蔡均系学界名流,两人的论辩迅速引发舆论关注。一时间,京沪各大报刊在转载林蔡往还书牍的同时,竞相发表评论。各报且将"林蔡之争"冠以"新旧之争"、"新旧思潮之冲突"、"新旧思潮之决斗"等火药味浓烈的标题。尽管当时以刘师培为首的"正统"旧派并不认同林琴南,新文化诸人也指称林氏"不配"代表旧派,仍然不妨碍媒体在"新旧之争"的名义下加以炒作。当时就有人指出,所谓"新旧之争"完全是媒体虚拟出来的:"从《公言报》登了一篇《北京学界思潮变迁之近状》的新闻及林琴南致蔡子民一信,京内外各报都当此为极好资料,大家发抒意见,至再至三。……各报所藉以评论的资料,只是靠着一篇《公言报》的新闻和林蔡来往的几封信(林也不是旧的,蔡也不是新的,信中也没有新旧的话),都不能算做事实。……令林琴南来了一封责难的信,我们看来虽然是胡闹,但在大学方面却不能当他胡闹。所以蔡的回答罢,也是尽大学一分子的责任。无奈偏偏被一般无知识的人给他一个'新旧战争'的名词。"

为了吸引读者,夸张的笔法、过激的言词,本是大众传媒的惯用伎俩。深悉大众传播心理和传媒特点的陈独秀又趁机将这些报道有选择性地转载于《每周评论》,无异火上浇油。仅《每周评论》第17、19两期就转载了14家报刊的27篇社评。在新闻媒体的大肆渲染下,原宥于学界的思想分歧,顿时喧哗为大众关注的公共话题。

令林琴南始料未及的是,他对《新青年》的攻击诋毁,招来媒体的广泛报道,无形中为《新青年》作了一次声势浩大的广告宣传。在此之前,新闻报纸几乎没有关注过《新青年》。陈独秀苦心孤诣未能实现的目标,无意中竟由林琴南一手促成。

"林蔡之争"之所以会有如此大的社会反响,还与《申报》的两篇报道有关。1919年3月6日《申报》报道说:"日前宣传教育部有训令达大学,令其将陈〔独秀〕钱〔玄同〕胡〔适〕三氏辞退,并谓此议发自元首,而元首之所以发动者,由于国史馆内一二耆老之进言,但经记者之详细调查,则知确无其事。此语自何而来,殊不可解。" 3月31日,《申报》又有消息说,参议院议员张元奇拟弹劾教育部,理由是北京大学教授"有离经叛道之鼓吹",而教育部总长傅增湘并不过问。傅因此乃致函北京大学校长,"令其谨慎从事"。

第一则消息《申报》虽然明示系不实之传闻,但仍为不少媒体辗转报道。第二则消息确有其事,更有媒体进一步透露张元奇的弹劾案系受林琴南幕后指使。一时间,舆论纷纷指责林琴南等人"欲借政治的势力,以压伏反对之学派,实属骇人听闻"。《时事新报》描述说:"自《申报》电传大学教员陈胡诸君被逐之耗后,举国惊惶,人人愤慨。"恰在这样一种情景下,林琴南致蔡元培公开信,立即使人联想到"旧派"有意借官方力量打压"新派"。"新派"一时竟成了令舆论同情的"弱者"。当时黄宗培致函胡适说:"弟非谓新党无可反对也,实以言论自由天经地义,旧党不循正当轨辙辩论真理,乃欲以黑暗手段取言论自由之原则而残之,此实世界之公敌,有血气者安可与之同日月耶。"

民国初年,中国知识界的思想环境,在趋新与守旧两端,其实很难断言哪一方更有市场。"新派"、"旧派"亦非泾渭分明,更多的是新中有旧,旧中有新,新旧杂陈。如柳亚子对陈独秀的"倒孔"主张十分推崇,对文学革命却很不以为然,他说《新青年》杂志中陈独秀君巨著,宜写万本,读万遍也。""唯近信胡适之言,倡言文学革命,则弟未敢赞同"。吴虞在反孔方面比陈独秀更激进,但对文学革命则持保留态度。他曾为此写了一篇《论文学革命驳胡适说》的文章,柳亚子读后"拍案叫绝"。可见对于新文学,反对者并非全是旧派,新派亦甚有持异议者。

对于《新青年》的其他主张,胡适在美国的一帮朋友也不乏异词。如张奚若即不客气地批评《新青年》同仁的学问强半是"无源之水",《新青年》的言论"有道理与无道理参半",其中有些"一知半解、不生不熟的议论,不但讨厌,简直危险"。后来备受称赞的李大钊之《Bolshevism 的胜利》一文,在张奚若看来,不过"空空洞洞,并未言及 Bolshevism 的实在政策。"

《新青年》同仁自然十分在意外界的反应。1919 年 1 月,陈独秀在《本志罪案之答辩书》中坦承:"本志经过三年,发行已满三十册;所说的都是极平常的话,社会上却大惊小怪,八面非难,那旧人物是不用说了,就是咕咕叫的青年学生,也把《新青年》看做一种邪说、怪物,离经叛道的异端,非圣无法的叛逆。"连"新青年"都未能普遍接纳《新青年》,难怪胡适的朋友朱经农要为"新思潮的潜势力单薄得很"而担忧了。

令新旧双方都有些始料未及的是,自大众媒体介入并炒作后,《新青年》与"新派"、"新文化"的声名与日俱增。其时有人投书上海《中华新报》说,听到陈、胡、刘〔半农〕、钱四君被逐的消息后,并不消极悲观,"至少言之,我知从此以后之《新青年》杂志发行额必加起几倍或几十倍。"成都《川报》亦发表评论说:北京政府驱逐陈、胡、傅〔斯年〕、钱四人出校,"从此《新青年》的价值,愈增高了!陈、胡、傅、钱的声名,也是愈增高了!"《申报》最初报道的是陈、胡、钱三人被逐,经辗转报道后,三人变成了四人,而新增的一位,又有刘半农和傅斯年两说,可见传闻之甚。

当时读书界显已洞悉"越受打压越出名"的社会传播心理。正是 1919 年春初的这场"新旧之争",使《新青年》及其同仁声名大振。杂志

的最高印数达到一万五六千份。对于这一变化,经营亚东图书馆的汪孟邹具有职业性的敏锐感受。他在1919年4月23日致胡适的信中写道:"近来《新潮》、《新青年》、《新教育》、《每周评论》,销路均渐兴旺,可见社会心理已转移向上,亦可喜之事也。各种混账杂乱小说,销路已不如往年多矣。"

汪孟邹以"渐兴旺"三字较为慎重地表达了《新青年》在五四前夕的社会影响。1919年5月,《新青年》决定重印前5卷。这无疑是《新青年》销路大开的一个重要表征,也是《新青年》真正成为"名刊"的重要标志。

下面呢,我们再说说《新青年》与和它同时期的一份杂志《东方杂志》之间的关系。

清末民初的报刊,基于不同的运作模式与风格,大致可分为商业报刊、机关团体刊物与学界同仁杂志三类。像《东方杂志》一类注重商业效益的刊物,立论力求"平正通达",尽量关照各个层面不同观念的读者;像《新民丛报》、《民报》一类刊物,因代表党派团体立场,立论力求"旗帜鲜明",甚至不惜"党同伐异";而学界同仁杂志,既追求趣向相投,又不愿结党营私,立论多据学理,运作不以营利为目标。

《东方杂志》始创于1904年,为商务印书馆所经营。栏目与内容十分广泛,包括新闻报道、时评政论、文化批评、学理文章、文艺作品以及翻译、图片等,形式既不拘一格,观念亦兼容并蓄,虽然缺乏鲜明特色,销量却相当可观,在都市文化界甚具影响。

五四以前,《东方杂志》在一般文化人群中流行的程度,可能大大超乎我们的既有认知。吴虞、恽代英等人在1915—1919年间的阅读记录,也许可以提供一些个体例征。

清末民初的吴虞是一个甚不得意的读书人,被成都士绅界目为"大逆不道"的人物。吴虞之"发迹"并上升为全国舞台上的知名人物,与《新青年》杂志密切相关。查吴虞1911—1916年间的阅读记录,他常年订阅的杂志有《东方杂志》、《法政杂志》、《进步杂志》、《小说月报》、《国民公报》、《学艺》、《甲寅》等。其中《东方杂志》又是吴虞最常订阅者。通过吴虞日记,我们看到他最早知道《新青年》并首次与陈独秀联系,是在1916年12月。吴虞向《新青年》投稿之际,亦开始订阅《新青年》。

吴虞反孔非儒与批判家族制度的文章,成都当地报纸多不敢登载,而陈独秀将其连载于《新青年》，吴虞大为感奋。但之后不久，他便开始嫌《东方杂志》"精神上之文字少也"。到1917年7月，吴虞即明确表示以后不再续订《东方杂志》、《青年进步》、《小说月报》等刊，独钟于《新青年》。

与吴虞相似，恽代英的阅读兴趣也有一个由《东方杂志》转向《新青年》的过程。青年恽代英十分爱看杂志。1917—1918年间，他常年订阅的刊物有《东方杂志》、《妇女杂志》、《教育杂志》、《科学》、《大中华》、《教育界》、《学生界》等数种，此外还零星购买过《进步杂志》、《青年进步》、《中华教育界》、《中华学生界》、《妇女时报》、《小说海》等刊。恽批评当时的青年学生多"不肯买正当杂志"，"亦多不明看杂志之利益"，而自己大量订阅杂志，显属特例。从订单看，恽代英的阅读兴趣与吴虞颇有不同，唯有《东方杂志》是两人都常订阅的刊物。

恽代英最早接触并投稿《新青年》，与吴虞几乎同时。但与吴虞不同的是，恽代英一直到1919年3月才开始订阅《新青年》。在此之前的两年间，恽代英仅零星购买和偶尔"杂阅"过《新青年》。1919年恽代英不再订阅《妇女杂志》、《教育杂志》、《科学》等刊，只有《东方杂志》仍在续订中。

恽代英坚持不懈地订阅《东方杂志》，却迟迟不订《新青年》，有些匪夷所思。1917年9月，恽代英在日记中对《新青年》有过如下一番议论：

　　《新青年》杂志倡改革文字之说。吾意中国文学认为一种美术，古文、骈赋、诗词乃至八股，皆有其价值。而古文诗词尤为表情之用。若就通俗言，则以上各文皆不合用也。故文学是文学，通俗文是通俗文。吾人今日言通俗文而痛诋文学，亦过甚也。

恽代英对《新青年》印象最深的是其"改革文字之说"，而他显然不认同这一主张。次年4月，恽在给一位朋友的信中仍坚持认为"新文学固便通俗，然就美的方面言，旧文学亦自有不废的价值，即八股文字亦有不废的价值，惟均不宜以之教授普通国民耳。"不仅如此，恽代英甚至对《新青年》同仁的"激进"倾向，亦整体不予认同。1919年2月10日，恽代英郑重致函陈独秀，"劝其温和"。

不过到五四前后，恽代英对《新青年》与《东方杂志》的态度在逐渐发生变化。4月24日，恽代英在日记中写道："阅《新青年》，甚长益心智。"6月25日，恽代英又在日记中转引好友的话说："旧日以为《时报》与《东方杂志》最好，现在仍作此语，有耳无目，可怜哉！"9月9日，恽代英在致王光祈的信中明确表示："我很喜欢看《新青年》和《新潮》，因为他们是传播自由、平等、博爱、互助、劳动的福音的。"

五四前后数月间，《新青年》与《东方杂志》在恽代英的阅读兴趣中，发生了一次角色转换。只是这一转换，比吴虞大约晚了两年。吴虞是《新青年》的重要作者。而恽代英虽然也给《新青年》投过稿，其身份更倾向于"读者"一边。从《新青年》"读者"的角度来看，恽代英的情形可能更具代表性。

《新青年》与《东方杂志》的角色转换，除了思想取向和社会时势的契合外，也不应忽视《新青年》同人在大众传播层面的策略运作。1918年9月，《新青年》发表陈独秀的《质问〈东方杂志〉记者——〈东方杂志〉与复辟问题》一文。在此之前，《新青年》与《东方杂志》的思想文化主张虽有不同，但两刊从未正面交锋过。陈独秀此次直接"质问《东方杂志》记者"，单刀直入，显得十分突兀。事缘于《东方杂志》译载日本《东亚之光》杂志上一篇名为《中西文明之评判》的文章。因该文征引了辜鸿铭的大量言论，陈独秀乃借辜氏维护纲常名教与复辟帝制的关联，趁机将《东方杂志》一并推上"复辟"的审判台。陈独秀在正文中虽然没有以"复辟"相责问，却以"《东方杂志》与复辟问题"为副标题，十分醒目。在当时国人对"复辟"记忆犹新且深恶痛绝的时候，陈独秀将"复辟"这顶沉重的黑帽子扣在《东方杂志》头上，无疑极具杀伤力。陈独秀全文以16个"敢问"相串通，甚少学理论辩，却充满浓烈的挑衅意味。这种轶出学理规则，甚至带有"诋毁""攻讦"意味的做法，在当时杂志界同行中显属违背常规，极为罕见。

学界对"东西文化问题论战"已有相当细致的描画，此处无意否认两刊在思想层面的严重分歧，只是对陈独秀以非常手段"对付"《东方杂志》的"非观念"动机，做一点探奇式的考察。对《新青年》主编陈独秀而言，刊物办了两年多，影响仍然有限，而商务印书馆所经营的《东方杂志》却在都市文化人中甚为流行，难免心生嫉妒。如何与《东方杂志》争夺读者市场乃至全国读书界的思想领导权，陈独秀不可能不加以考虑。《东方杂志》以迎合读者、推广销路、确保商业利益为第一考量。《新青年》显然不可能像《东方杂志》一样循商业模式来运作。《新青年》要与《东方杂志》竞争，必须以思想主张去吸引读者。就办刊宗旨而论，《东方杂志》力持"平正"，《新青年》则一味激进。但在民初的中国文化界，响应激进者的毕竟是少数。恽代英于1919年4月6日的日记中，尚认为办刊物"若取过激标准，则与社会相去太远，易起人骇怪之反感，即可以长进的少年，亦将拒绝不看。"张国焘也回忆说，1919年以前，他的北大同学中，尊重孔子学说、反对白话文的还占多数，无条件赞成新思潮、彻底拥护白话文者占少数。

　　陈独秀借"复辟"做文章攻击《东方杂志》，如同使出一个"杀手锏"，大有拔刀见红之效。《东方杂志》的声望和销量很快受到冲击。商务印书馆不得不以减价促销来抵制。但陈独秀仍不罢休，于1919年2月再次撰文诘难《东方杂志》。无奈之下，商务印书馆在报纸上以"十大杂志"为题，大做广告，力图挽回影响。《东方杂志》列名商务"十大杂志"之首，其广告词称："《东方杂志》详载政治、文学、理化、实业以及百科之学说，并附中外时事、诗歌、小说，均极有关系之作。"

　　"十大杂志"广告刊出不久，北大学生罗家伦在《新潮》杂志上发表《今日中国之杂志界》一文，一面对陈独秀主导的《新青年》与《每周评论》大加赞美，一面对商务旗下的几大刊物痛加批贬，如称《东方杂志》是"杂乱派"杂志，《教育杂志》是"市侩式"杂志，《学生杂志》是"一种极不堪的课艺杂志"，《妇女杂志》"专说些叫女子当男子奴隶的话，真是人类的罪人"等，用语十分刻薄。其中对《东方杂志》的具体评价是："毫无主张，毫无选择，只要是稿子就登。一期之中，上至天文，下至地理，古今中外，诸子百家，无一不有。……忽而工业，忽而政论，忽而农商，忽而灵学，真是五花八门，无奇不有。你说他旧吗？他又像新。你说他新吗？他实在不配。"罗家伦的批评虽有合理的成分，但言词充满火药味，褒贬之间不无意气夹存。《新潮》是在陈独秀、胡适指导下由北大学生傅斯年、罗家伦等人所创办。罗家伦之文是否受过《新青年》同仁之"指导"不得而知，但与此前陈独秀的"质问"文章无疑起到了唱和的作用。

　　《东方杂志》连遭陈、罗的炮轰后，声望暴跌。商务印书馆不得不考虑撤换主编，由陶惺存（又名陶保霖）接替杜亚泉。1919年7月，尚未正式接任主编的陶惺存以"景藏"为笔名,发表《今后杂志界之职务》一文,算是回应罗家伦。1920年7月陶惺存逝世,《东方杂志》主编一职由钱智修接任。

与时代潮流渐相脱节的《东方杂志》,在都市文化界独占鳌头的地位显然受到冲击,至少在青年读书界不得不暂时让位于《新青年》。张国焘回忆说,他在1916年秋入北大后,和当时的许多青年一样,以不甘落伍、力求上进的新时代青年自命,除了功课而外,还经常爱读《东方杂志》、《大中华》等刊物,希望从此探究出一些救国治学的新门径。后来看到了《新青年》,觉得它更合乎自己的口味,更适合当时一般青年的需要,转而热烈拥护。五四前后,像张国焘这样的"新时代青年"大都经历了一个从爱读《东方杂志》到爱读《新青年》的过程。郑超麟也回忆说,他在法国勤工俭学的时候,羡慕那些在《新青年》、《新潮》、《少年中国》等"新思潮"杂志上写文章的人,而对《东方杂志》则已没有敬意。

在恽代英、张国焘、郑超麟这一代五四新青年的阅读史上,大多经历了一场《新青年》与《东方杂志》此起彼伏的"权势转移"过程。

那么,新文化是怎么形成"运动"的呢,下面就讲一讲。

《新青年》由一个"普通刊物",发展成为"新文化"、"新思潮"的一块"金字招牌",经历了一个相当的历史过程。正是在这一过程中,"新文化"由涓涓细流逐渐汇成为洪波巨浪。1918年12月和1919年1月,《每周评论》和《新潮》的相继创刊,结束了《新青年》孤军奋战的局面。三刊同声协唱,同气相求,很快产生了群体效应。

与《新青年》相比,《每周评论》直接以"谈政治"为宗旨,言论更趋激烈,煽动性也更大。相对每月一期的《新青年》,以小型报纸形式出现的《每周评论》更显灵活也更具时效。

《新潮》的创刊,意味着学生辈正式以群体的形式加入到"运动"中来。在此之前,虽有青年学生给《新青年》投稿,但均是个体行为。《新潮》因系北大学生所创办,更能迎合青年学生的脾胃。时在浙江第一师范就读的施存统致函《新潮》编辑部说:"自从你们的杂志出版以来,唤起多少同学的觉悟,这真是你们莫大之功了!就是'文学革命'一块招牌,也是有了贵志才竖得稳固的(因为《新青年》虽早已在那里鼓吹,注意的人还不多)。"施存统的这一说法颇值得注意。因《新青年》自1917年开始倡导"文学革命",先后发表讨论文章数十篇。在《新青年》所有话题中,以"文学革命"的讨论最为热烈。但在施存统看来,在1919年以前,注意新文学的人还不多。直到《新潮》加盟鼓吹,"文学革命"的招牌才竖稳固。

1922年,胡适应《申报》创办50年纪念之约,撰写《五十年来中国之文学》一文。文中写道:虽然自1916年以来就有意主张白话文学,但白话文真以"一日千里"之势传播,是1919年以后。白话的传播遍于全国,与1919年的学生运动大有关系。因为五四运动发生后,各地的学生团体忽然办了约四百种白话报刊。

胡适的观察,实际上也是对整个新文化运动进程的描述。换言之,新文化真正形成全国性的"运动",与五四运动大有关系。施存统仅注意到《新潮》的加盟鼓吹,而胡适更重视各地数百种报刊的响应。数百种报刊的群体响应,意味着"新文化"由少数精英的鼓吹,发展为士庶大众的参与。正是在这一层意义上,"新文化"才真正成为一场空前规模的"运动"。

就《新青年》本身的传播而言,五四运动也是一个重要的契机。湖南要算是《新青年》较早进入的地区之一。但直至五四前夕,《新青年》在湖南仍"销行极少"。"自五四运动霹雳一声,惊破全国大梦,于是湘人亦群起研究新文化。"《新青年》的销量才大增。1919年8月长沙文化书社成立。半年之内,该社销售《新青年》达两千本。

据吴虞称,1916年底《新青年》初到成都时只卖了5份。3个月后,销数超过30份。但此后销数未见大的起色。直至五四运动爆发后,《新青年》在成都的销售才顿然改观。1919年底,吴虞在成都销售新书刊最有名的华阳书报流通处,翻阅其售报簿,内中有两处记录令他讶异:一是守经堂亦买《新青年》看;二是成都县中学一次购买《新青年》等杂志22元。吴虞感叹说:"潮流所趋,可以见矣。"

在浙江,新思潮虽在五四之前便进入到浙江省立第一师范学校,但当时杭州的其他一些学校"无论什么杂志都没有看的"。新文化刊物在杭州的集中出现,是1919年夏秋以后。杭州一地,在短短半年间,便出版了16种以教师学生为主要对象的刊物,总期数达到120余卷。

湖南、四川、浙江是全国新文化运动比较发达的地区。即使是这些地区,新文化真正形成"运动",也是五四以后的事。相对而言,其他地区就更滞后一些。据恽代英称,五四以后,武汉学生"看杂志的风气才渐开"。1920年初利群书社成立后,武汉才有了专卖新书报的场所。由于书社规模不大,以至于成立半年多后,在汉口明德大学读书的沈均还不知道有此书社。沈是湖南新民学会会员。1920年10月他致信毛泽东抱怨说:"学校(引注:指明德大学)除了几份照例的报纸外,想看看什么丛书杂志,那是没有的。最可怪的,以一个天下驰名的汉口,连贩卖新书报的小店子都没有,真是好笑又好急呢。"

新文化运动在福建又是另一番景象。据郑超麟回忆,1920年春,福建的学生才开始闹"五四运动",开始接触新思潮。1919年11月,刚从福建省立第九中学毕业的郑超麟前往法国勤工俭学。在上船以前,他"不知道五四运动有爱国以外的意义"。在船上,他第一次与"外江"学生接触,发现那些"外江"学生流行看《新青年》等"新思潮"杂志,而此前他只熟悉礼拜六派杂志,对《新青年》一类杂志闻所未闻。与他同船赴法的30多名福建学生也都是到法国以后,才开始阅读从国内寄来的《新青年》等杂志,在抵法半年乃至一年之后,才学会写白话文,学会谈新思潮。

新文化运动在省与省之间不同步,在县际之间更不平衡。作家艾芜、沙汀、何其芳均是四川人。艾芜的家乡新繁县,距离成都只有三四十里路程。他就读的新繁县立高等小学,校长吴六如是吴虞的侄子,五四运动前,学校图书馆就订阅了《新青年》等刊物。故艾芜较早接触到了新思潮。沙汀的家乡安县,地处川西北。直到1921年夏,沙汀还不知陈独秀、胡适、鲁迅是何许人也。1922年秋,沙汀入成都省立第一师范学校,才开始接触新思潮和新文学。与沙汀比,何其芳接触新思潮的时间更晚。直到1927年,在四川万县上中学的何其芳还不知道五四运动,当地教育界依然视白话文为异端邪说。

新文化运动在全国各地的进程既不一致,新文化刊物在各地的流行也不尽相同。在浙江,《星期评论》就比《新青年》更流行。如浙江第一师范有400多名学生,订阅《新青年》100多份,订阅《星期评论》400多份。后者几乎人手一份。

在湖南,最畅销的新文化刊物是《劳动界》。长沙文化书社在1920年9月至1921年3月间,共计销售杂志40余种,其中销量最大的是《劳动界》周刊(5000本),其次为《新生活》半月刊(2400本),再次才是《新青年》(2000本)、《少年中国》(600本)、《平民教育》(300本)、《新教育》(300本)、《新潮》(200本)等刊。《劳动界》于1920年8月创刊于上海,是上海共产主义小组向工人进行宣传的通俗小报。在长沙,一般新文化刊物主要限于学界购阅,唯有《劳动界》除学界外,工人购阅者也不少,故其销量颇大。销量排在第2位的《新生活》亦是小型通俗刊物,创刊于1919年8月,编辑李辛白是北京大学出版部主任,办刊宗旨是想将新文化普及于民间,以"平民"为对象,文字通俗简短,定价又十分便宜(一元钱32本),故而销路也很好。排在第3位的才是《新青年》。《新青年》能销2000册已相当可观,但在湖南仍不及《劳动界》与《新生活》之畅销。刊物的销售情形,反映了湖南新文化运动有由精英走向平民的趋势。

当"新文化"真正被"运动"起来后,"新文化运动"这一概念也应运而生。以往多认为"新文化运动"一词是孙中山于1920年1月29日《致海外国民党同志函》中最早提出来的。实际上,1919年12月出版的《新青年》第7卷1号上,陈独秀已多次提及"新文化运动"。1920年3月20日,陈独秀在上海青年会25周年纪念会上以《新文化运动是什么》为题发表演说。演讲稿随即同题发表于4月出版的《新青年》第7卷第5号上。陈独秀在演讲中提到"新文化运动这个名词现在很流行"。周策纵由此推断:"新文化运动"这一名词,大约在五四运动之后半年内逐渐得以流行。

对于这一名词的来历,鲁迅曾有过解释。1925年11月,他在《〈热风〉题记》中说:五四运动之后,革新运动表面上"颇有些成功,于是主张革新的也就蓬蓬勃勃,而且有许多还就是在先讥笑、嘲骂《新青年》的人们,但他们却是另起了一个冠冕堂皇的名目:新文化运动。这也就是后来又将这个名目反套在《新青年》身上,而又加以嘲骂讥笑的"。依照鲁迅的说法,"新文化运动"最初实出自讥笑、嘲骂《新青年》的人之口。虽然如此,陈独秀显然坦然接受了。而胡适最初称"新思潮运动",是否有意回避"新文化运动"这一称呼则不得而知。

对新文化运动与五四学生运动的关系,向来有不同的说法。与后来史家以《新青年》创刊为开端不同的是,在20年代初,知识界所认知的"新文化运动"多以五四为端绪。1920年6月,郑振铎在《新文化运动者的精神与态度》一文中写道:"中国的新文化运动自发端以至于今,不过一年多,而其潮流已普遍于全国。自北京到广州,自漳州到成都,都差不多没有一个大都市没有新的出版物出现,没有一个地方没有新文化运动者的存在。这个现象真是极可乐观的。"同年8月,陈启天在《什么是新文化的真精神》一文中,也申言"新文化运动已有一两年"。1923年4月,陈问涛在《中国最近思想界两大潮流》一文中更明确指出:"凡稍能看报纸杂志的人,大概都知道从'五四运动'以来,中国发生了'新文化运动',随着新出版物一天多一天,所鼓吹的,一言以蔽之,是新思想"。

就《新青年》和"新文化"在全国各地传播的进程而言,"新文化运动"以五四为开端,大体代表了当时人较为普遍的看法。亲身参与过运动的周作人在晚年回忆时仍坚持这一看法:"'五四'运动是民国以来学生的第一次政治运动,因了全国人民的支援,得了空前的胜利,一时兴风作浪的文化界的反动势力受了打击,相反的新势力俄然兴起,因此随后的这一个时期,人家称为'新文化运动'的时代,其实也是很确当的。"五四以前,孤军奋战的《新青年》显然尚未形成"运动"的声势。在郑振铎的语意中,新出版物的大量出现,是"新文化运动"的一大重要表征。郑振铎专门就1919年中国出版界的情形做过分析,认为1919年中国出版界的成绩,亦乐观亦悲观。乐观的是定期出版物的发达,悲观的是大多数文人还不够觉悟,中国思想界没有长进。后者主要指有价值的书籍出版太少。他说他看见许多朋友,每见一种杂志出版,都去买来看,他们的案头却不见有别的科学的书籍。杂志繁荣而书籍冷寂,大概是五四新文化运动的重要景观之一。

最后,我想说说各方视野下的《新青年》。

今人谈论新文化运动和《新青年》,印象最深的莫过于"德先生"和"赛先生"。但值得注意的是,自1915年9月问世至1926年7月终刊,《新青年》总计发表各类文章1529篇。内中专门讨论"民主"(包括"德谟克拉西"、"德先生"、民本、民治、民权、人权、平民主义等)的文章,只有陈独秀的《实行民治的基础》、屈维它(瞿秋白)的《自民主主义至社会主义》和罗素的《民主与革命》(张崧年译)等3篇。涉论"科学"的文章也不过五六篇(主要讨论科学精神、科学方法以及科学与宗教、人生观等)。

后来史家认定"科学"与"民主"是五四新文化运动两个最基本的口号,其主要依据是1919年1月陈独秀发表于《新青年》6卷1号上的《本志罪案答辩书》。"答辩书"中有这样一段话:

> 本志同人本来无罪,只因为拥护那德莫克拉西(Democracy)和赛因斯(Science)两位先生,才犯了这几条滔天的大罪。要拥护那德先生,便不得不反对孔教、礼法、贞节、旧伦理、旧政治;要拥护那赛先生,便不得不反对旧艺术、旧宗教;要拥护德先生又要拥护赛先生,便不得不反对国粹和旧文学。大家平心细想,本志除了拥护德、赛两先生之外,还有别项罪案没有呢?若是没有,请你们不用专门非难本志,要有气力、有胆量来反对德、赛两先生,才算是好汉,才算是根本的办法。

这段文字被后来史家反复征引。细察陈文之立论,意谓拥护德、赛两先生是《新青年》同仁的基本立场,反对旧伦理、旧政治、旧艺术、旧宗教、旧文学等具体主张,均以此为原则。事实上,自晚清以来,民主(民权、立宪、共和)与科学等观念,经过国人的反复倡导(各个时期的侧重点不尽相同),到五四时期已成为知识界的主流话语。1923年,胡适为《科学与人生观》一书作序时,曾说过这样一段话:

> 这三十年来,有一个名词在国内几乎做到了无上尊严的地位;无论懂与不懂的人,无论守旧和维新的人,都不敢公然对他表示轻视或戏侮的态度。那个名词就是"科学"。

"民主"在国人心目中的地位,也与"科学"相似。正是在这样的语境下,陈独秀才敢向"非难"《新青年》者"叫板"说:

> 要有气力、有胆量来反对德、赛两先生,才算是好汉!

陈独秀高悬"民主""科学"两面大旗,主要想震慑和封堵那些"非难"者,其潜台词是:《新青年》是拥护民主、科学的,谁非难"本志",便是反对民主与科学。正因为民主与科学的威权在中国早已确立,在无人挑战其威权的情况下,《新青年》甚少讨论民主与科学,自在情理之中。后五四时期的"科学与人生观论战"和"九一八"后的"民主与独裁之争",恰是有人试图挑战"科学"与"民主"的权威而引发。

当"新文化运动"这一名词流传开来后,对于什么是"新文化",知识界竞相加以诠释,却没有形成大体一致的看法。1919年12月,胡适在综览各种解释后指出:"近来报纸上发表过几篇解释新思潮的文章。我读了这几篇文章,觉得他们所举出的新思潮的性质,或太琐碎,或太笼统,不能算作新思潮运动的真确解释,也不能指出新思潮的将来趋势。"胡适所称的"新思潮"、"新思潮运动",与时下之"新文化"、"新文化运动"同义。胡适认为,陈独秀以"德、赛两先生"概括"新文化运动"的性质和意义,虽然简明,但太笼统。可能是回应胡适的批评,陈独秀又专门撰写了一篇《新文化运动是什么》的文章。在这篇文章中,陈独秀将"新文化运动"限制在"新的科学、宗教、道德、文学、美术、音乐等运动"之狭义范围内,而且完全将"民主"排除在外。阐述虽然具体,却远没有"拥护德、赛两先生"那样具有决绝的气势。亦因为此,陈独秀这篇专门诠释"新文化运动"的文章甚少为后来史家所提及。

由于不满意陈独秀的诠释,胡适提出了自己的看法。他说:"据我个人的观察,新思潮的根本意义只是一种新态度。这种新态度可叫做'评判的态度'。"而"'重新估定一切价值'八个字便是评判的态度的最好解释"。"这种评判的态度,在实际上表现时,有两种趋势。一方面是讨论社会上、政治上、宗教上、文学上种种问题,一方面是介绍西洋的新思想、新学术、新文学、新信仰。前者是'研究问题',后者是'输入学理'。这两项是新思潮的手段。"

就学理而言,胡适用"重新估定一切价值"来概括"新文化运动",比陈独秀的"德、赛两先生"更为精当切要。然而,胡适的诠释似乎也没有得到一致的认同。1920年8月,陈启天在《少年中国》撰文指出:

> "新文化",这三个字,在现在个个人已看惯了,听惯了,说惯了;究竟什么是新文化的真精神?现在的时髦,几乎个个人都是新文化运动家,究竟运动的是什么新文化?这个问题,如果自己不能解释出来,那不但不能消除反对派的误解,和疑虑,就是赞成的人,也惝恍不明真相,终究不能得什么好效果,甚至于厌倦,自己抛弃了。所以我们爱想的人,都有这个"什么是新文化的真精神"的疑问,很望那些提倡新文化的学者说个明白才好。然而闹了新文化运动已有一两年,说明新文化是甚么的却很少,只有胡适之的《新思潮的意义》一

篇,较为切要……可以稍解我们的烦闷了。却依我的推想,这个新思潮的意义,似乎偏重思想和方法一方面,不能算文化的完全界说。思想和方法,固然在新文化里面占很重要的位置;而人生和社会方面的新倾向,也是新文化里面的一种真精神。所以我解答这问题的意思,分两方面:一、是人生的新倾向;二、是思想的新方法;合起来,才是新文化的真精神。

当年新文化的"运动家"们对什么是"新文化"虽未形成一致的看法,后来史家们却相当一致地认同了陈独秀"拥护德、赛两先生"的说法。1946年,郑振铎在纪念五四运动27周年时即明确指出:"五四运动所要求的是科学与民主。这要求在今日也还继续着。我们纪念'五四',我们不要忘记了五四运动所要求而今日仍还没有完全达到的两个目标:'科学与民主'。我们现在还要高喊着,要求'科学与民主'!""科学与民主"(尤其是"民主"),显然比"重新估定一切价值",更具有历久弥新的现实意义,因而最终凝固为对《新青年》和新文化运动的永久记忆。

实际上,后来史家们在考察《新青年》杂志后发现:"《新青年》上发表的文章,涉及众多的思想流派与社会问题,根本无法一概而论。"《新青年》涉及的论题包括孔教、欧战、白话文、世界语、注音字母、女子贞操、偶像破坏、家族制度、青年问题、人口问题、劳动问题、工读互助团、易卜生主义、罗素哲学、俄罗斯研究以及马克思主义宣传与社会主义讨论等众多话题。陈独秀创办《青年杂志》时,显然不曾预想四五年后将引发为一场全国规模的"新文化运动"。故上述诸话题不可能是预先设计好的,而是在办刊过程中逐渐"寻觅"、"发掘"和"策划"出来的。话题中有的产生了重大反响,也有的并未获得成功。

对一个刊物而言,何种主张最为反对派攻击,往往意味着该主张在当时最具反响。蔡元培总结林琴南对《新青年》的攻击集中于两点:一是"覆孔孟,铲伦常";二是"尽废古书,行用土语为文学"。这两点,当时新闻媒体的报道亦可得到印证。如《顺天时报》报道称:"自大学校教员陈独秀胡适之等,提倡新文学,旧派学者大为反对,于是引起新旧思潮之冲突。"《北京新报》报道称:"近时北京大学教员陈独秀、胡适之、刘半农、钱玄同诸君,提倡中国新文学,主张改用白话文体,且对于我国两千年来障碍文化桎梏思想最甚之孔孟学说,及骈散文体,为学理上之析辨。"《民治

日报》报道称:"今日新旧之争点,最大者为孔教与文学问题。"

最值得注意的是《申报》的两次报道。1919年3月6日第一次报道称:

> 国立北京大学自蔡孑民氏任校长后,气象为之一新,尤以文科为最有声色。文科学长陈独秀氏,以新派首领自居,平昔主张新文学甚力,教员中与陈氏沆瀣一气者,有胡适、钱玄同、刘半农、沈尹默等,学生闻风兴起服膺师说者,张大其辞者,亦不乏人,其主张以为文学须应世界思潮之趋势,若吾中国历代相传者,乃为雕琢的阿谀的贵族文学,陈腐的、铺张的古典文学,迂晦的、艰涩的山林文学,应根本推翻,代以平民的、抒怀的国民文学,新鲜的、立诚的写实文学,明了的、通俗的社会文学。此其文学革命之主旨也。自胡适氏主讲文科哲学门后,旗鼓大张,新文学之思潮,益澎湃而不可遏。既前后抒其议论于《新青年》杂志,而于其所教授之哲学讲义亦且改用白话文体裁,近又由其同派之学生组织一种杂志曰《新潮》者,以张皇其演说。《新潮》之外更有《每周评论》之印刷物发行,其思想议论之所及,不仅反对旧派文学,冀收摧残廓清之功,即于社会所传留之思想,亦直接间接发见其不适合之点而加以抨击。盖以人类社会之组织与文学本有密切之关系,人类之思想更为文学实质之所存,既反对旧文学,自不能不反对旧思想也。……寄语新文学诸君子,中国文学腐败已极,理应顺世界之潮流,力谋改革,诸君之提倡改革,不恤冒世俗之不韪,求文学之革新,用意亦复至善,第宜缓和其手段,毋多树敌,且不宜将旧文学之价值一笔抹杀也。

1919年11月16日第二次报道说:

> (《新青年》提倡白话文)其初反对者,约十人而九,近则十人之中,赞成者二三,怀疑者三四,反对者亦仅剩三四矣,而传播此种思想之发源地,实在北京一隅,胡适之、陈独秀辈既倡改良文学之论,一方面为消极的破坏,力排旧文学之弱点,一方面则为积极的建设,亟筑新文学之始基,其思想传导之速,与夫社会响应之众,殊令人不可拟议。

综而观之,当时新闻媒体对《新青年》关注的焦点多集中于文学革命,其次是反对孔教。其他"新思想"甚少进入新闻媒体的视野。

三四年后,章士钊发表《评新文化运动》一文,其批评所向,仍集矢于白话文学。一个以政论为中心的思想文化杂志,真正引起社会强烈关注的,却是其关于文学革命的主张,恐怕也出乎陈独秀等人的意料。《新青年》同仁似乎更看重杂志在传播"新思想"方面的价值和意义。1919年底,《新青年》编辑部为重印前5卷,发布广告称:"这《新青年》,仿佛可以算得'中国近五年的思想变迁史'了,不独社员的思想变迁在这里面表现,就是外边人的思想变迁也有一大部在这里面表现。"1920年1月,《新青年》在《申报》刊登广告,其广告词亦强调《新青年》是"新思想的源泉"。1923年10月,胡适在其主编的《努力周报》发表他写给高一涵等人的信,信中写道:"二十五年来,只有三个杂志可代表三个时代,可以说是创造了三个新时代:一是《时务报》,一是《新民丛报》,一是《新青年》。而《民报》与《甲寅》还算不上。"胡适虽然没有具体解释《新青年》何以能代表一个时代,但从思想史的角度立论则是明显的。

1926年,戈公振撰写了中国第一部《中国报学史》。戈氏著书的时间,正好是《新青年》终刊之际。该书对《新青年》的介绍十分简约:"初提倡文学革命,后则转入共产"。五四以后,《新青年》转向提倡社会主义,1920年9月改组为上海共产主义小组的机关刊物,1923—1926年成为中共中央的理论刊物。戈公振看到了《新青年》发展的全过程。在今天看来,戈氏的归纳显然不大全面,但戈氏的简约概括,很可能代表了北伐前后人们对《新青年》较为深刻的记忆。

又过了十年,郭湛波出版《近五十年中国思想史》,内称"由《新青年》可以看他(引注:指陈独秀)个人思想的变迁,同时可以看到当时思想界的变迁",正式坐实了《新青年》同仁的自我期待和自我定位。从此以后,从思想史的角度评述《新青年》,日益成为学界的主流话语,而最为时人关注,也最具实绩的文学革命,则渐渐淡出史家的视野。迟迟未能实现的目标常常为人们所眷念,迅速达成的目标也迅速被人们所淡忘。

同一个《新青年》,办刊人的出发点,反对方的攻击点,与局外人的观察点既不尽一致,新文化人的当下诠释与后来史家言说的"运动"亦有相当的出入,更不用提后来各方政治力量有关五四的种种叙事。微拉·施瓦支在《中国的启蒙运动——知识分子与五四遗产》一书中说过这样一段话:"每当救国的压力增强时,他们更多地回忆政治方面的内容;每当社会气氛有利于实现知识分子解放的目标时,他们就回忆适应启蒙的需要开展的文化论战。"时至今日,仍有研究者倡导"根据现代化建设形势发展的需要,选择那些具有现实意义的问题和方面,进行更加深入的研究"。当事人的"选择性回忆"既属难免,史家再刻意"选择性研究",有关五四的叙事势必与其历史原态愈趋愈远。我们在综合考察《新青年》同仁、对手及局外各方的不同认知后,尽可能"重返"五四前后的历史现场,从新文化运动"过程"的描述中着力"还原"其本相。尝试虽然粗浅,做法或不无意义。

主持人:
好,由于时间关系,今天的讲座到此结束,非常感谢王奇生老师的精彩演讲。让我们再次以热烈的掌声向王奇生老师表示感谢。(掌声)

(2009年4月18日)

百年中国社会变迁与儒家文化的命运
——兼评五四

■ 卢晖临

[演讲者小传]

卢晖临,安徽人,北京大学社会学系副教授。曾在《中国社会科学》、《开放时代》、《社会学研究》等权威杂志发表多篇学术论文。他的主讲课程有:"中国社会思想史"、"社会学概论"、"中国社会:社会学视野中的百年变迁"、"定性研究方法"、"农村社会学"。

主持人:

各位同学大家好,非常欢迎来到团委举办的纪念五四运动90周年系列讲座的现场。今天我们荣幸地请到了卢晖临老师来为我们作"百年中国社会变迁与儒家文化的命运——兼评'五四'"的讲座。卢老师将带领我们穿越历史,用社会学的视角回望百年中国,考察儒家文化在五四浪潮中经历了怎样的风雨,思考如何看待历史及传统等问题。那么,下面我们就用热烈的掌声请卢老师为我们作讲演。

卢晖临:

大家晚上好!借这个机会跟大家分享一下我的读书心得和对近百年来中国社会文化变迁的一些想法。今年是五四运动90周年,可以说我们都是五四的后代。我们都知道,近代西方的面貌,很大程度上为发生在两百多年前的启蒙运动和法国大革命所塑造。但是当欧洲的思想和社会革命进行得如火如荼的时候,中国仍是自成一体相对封闭的状态,思想、观

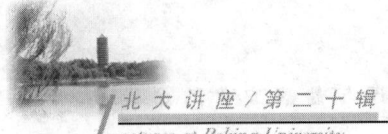

念和制度几乎没有受到冲击。一直到20世纪初,五四运动爆发,启蒙的理念才开始系统地传到中国来。今天要跟大家讲的其实是一个大的故事:以儒家为主体的中国传统文化在近代以来的兴衰变迁。

这个大的故事可以从一个人物开始,就是孔子。孔子是中国文化,特别是儒家文化的象征。过去被称之为"大成至圣先师","万世师表"。在一千多年的时间里,从朝廷到乡野,对孔子都普遍采用这个称呼。可是到了最近一百年,孔子逐渐地跟另外的一些称号联系起来。一个称号是"孔家店"。在《水浒传》里大家可以读到很多的店,比如菜园子张青和孙二娘开的黑店,卖人肉叉烧包,店主都有一种包藏祸心的企图。"孔家店"的称呼就在五四时期出现的,"打倒孔家店"在当时是一个响亮的口号。另一个称号是"孔老二",何人发明难以确定,主要流行于1970年代"批林批孔"时期。兄弟朋友之间称呼老大老二是亲密,但把这个称呼用在儒家文化的一代宗师身上,无疑带有很强的戏谑味道。从"大成至圣先师"、"万世师表"到"孔家店"、"孔老二",孔子称号的变化折射出以儒家为主体的中国传统文化在近代发生了巨大的变迁,或者说公众形象发生了巨大的逆转:由兴到衰,有正面到负面,由褒到贬。

对于这个变化应该怎样去看待?我向大家介绍我非常赞同的用来分析历史的两种方法或者说态度,一种是"同情式的理解",另一种是"批判性的反思"。同情式的理解是立足过去,看待一个历史事件,要尽可能地把自己投入到当时的社会环境当中去,将自己的精神意念置回到那个时代,对历史当事人所面临的危机、挑战做身临其境的理解。批判性的反思是站在今天,用某一种理论的角度来对某种历史过程进行独立的思考。我今天会花多一点时间来做同情式的理解,然后尝试着进行批判性的反思。

以儒家为主体的中国传统文化,在汉代形成,董仲舒"罢黜百家,独尊儒术",此后儒学成为中国正统的意识形态,也成为影响广大老百姓的观念形式。虽然这个主流意识形态遭遇过大的挑战和危机,比如在魏晋南北朝时期,但这个体系基本是从汉一直延续到清末。官方的意识形态又通过文化读本、戏曲、民俗等多种形式,影响到普通的老百姓,塑造我们先人的价值观。历经一千多年的发展,到了明代中晚期的时候,社会发生了很大的变化,研究中国经济史的学者提出"资本主义萌芽"论,是否准确有很大争议,今天不去谈它。重要的是,社会变化向传统的儒家文化提出了挑战,而儒家文化也迎来了一次变革的历史机遇。大家知道,传统的儒家文化是不太讲"利"的,以"义"制"利"。明代中晚期,一批学者开始在儒家体系里讨论"利"的问题,如王阳明的弟子泰州学派的王艮、何心隐等,并在民间产生非常大的影响。可以将泰州学派看做是儒家文化自新和转化的一种努力,尽管非常艰难,历经挫折(如何心隐就被杀了头),但蕴藏着生机。非常遗憾的是,这一自新和转化的历程被清入关中断。满人以百万之众统治百倍于己的汉人,除依仗军事之强力外,还特别借助文化象征的力量。清推崇儒学为正统意识形态,可以说是收复汉人知识分子及民众的一种妥协,但是却不允许思想创造活动。在文字狱的禁锢政策下,知识分子只能靠埋头于经书之中保全和消遣生命。在这样的时代氛围下,如果你想直面时代挑战、成为一个创造性的思想家是很困难的。清代晚期的龚自珍写过一首诗:

> 九州生气恃风雷,
> 万马齐喑究可哀。
> 我劝天公重抖擞,
> 不拘一格降人才。

好像大家觉得他纯粹在讲人才,是非常技术的话题。其实他是针对当时整个思想界一潭死水,不愿意面对新时代做出改变的现象而感到忧心。

中国的社会和中国传统文化在相对封闭的体系中独立发展,没有受到太多太大的外来冲击。但是进入18世纪发生了变化。18世纪在中国是"乾隆盛世",而在遥远的西方,以英国为代表正进行着朝气蓬勃的工业革命。正是在这个世纪的末年,两大帝国相会了!有人说,中西方早就相会了!没错,早在元代,意大利马可·波罗就到了中国,其后传教士商人到中国的还有不少,不过都是以民间的方式。我马上要介绍的18世纪末年的相会是一个重大事件,某种意义上讲可以视作是中国和西方现代工业世界第一次的正面接触。1793年,受英国国王乔治三世的派遣,马葛尔尼率一支庞大的使团,历经近一年的海陆跋涉,来给乾隆祝寿,当时乾隆80大寿。马葛尔尼来访的目的当然不仅是祝寿,而是借此机会寻求和中国建立正式的外交关系,开拓中国市场。后面的故事有的同学可能熟悉,围绕马葛尔尼的觐见,双方在礼节问题上争论不休。我们知道,中华的文化在某些方面讲具有很强的和平性,我们没有侵略扩张的欲望,可是另一方面看又非常自大,"天朝上国"(清代人自称)之外的,均为蛮、夷、狄、番等,认为这些地方的人是没有进化的,是野蛮人——这恐怕是所有历史悠久文化昌盛却又长期处于封闭状态的帝国的通病。在乾隆和负责外交的朝廷官员看来,马葛尔尼的到访和此前周边附属国的朝见没有什么两样。乾隆只知道他们是从很远很远的地方来,海上的岛国,但心里也很高兴,你们不远万里来跟我祝寿,还送来物品,其实我天朝大国什么都有,既然你这么远送来我就暂时收下,你回去告诉你的国王,好好管理你的人民就是我最大的安慰。所以完全是一种误解,英国人寻求建立两国之间的外交关系,而皇帝认为只是贡使,完全不能理解这种外交关系。中国人要求英国人对皇帝行三跪九叩之礼,马葛尔尼坚持不下跪,他说我对我的国王行使的最高礼节是单膝下跪,行吻手礼。双方争论达数月之久,最终马葛尔尼是见到了皇帝,见面时马葛尔尼到底是行了单膝跪礼还是双膝跪礼,事后双方有不同说法。现在回过头看这件事情,感觉有点荒诞,对不对?但它正反映了当时中国对外部世界如此大的变化的无知。英国人的出访没有任何成果,常驻使节、建立外交关系,英国人提的这些要求在乾隆听来如同天书。外国人来中国要么梳辫子,要么被隔离起来,像广州的十三行,特许一块地方给外国人做生意,他们不能和当地的中国人打交道,以免污染,因为他们是蛮族,没有进化。

四十年后发生了鸦片战争,近代史从这里开始。鸦片战争是中国的耻辱,西方帝国主义为了掠夺海外市场挑起了这场战争。我们中学的历史课本对这件事之前发生的事情交待得并不多。英国派马葛尔尼访问中国是第一次,第二次在1814年,当时皇帝是嘉庆。这个使团更惨,连皇帝的面都没见到,因为他们仍然不愿意下跪。中国官员吸取上次的教训,知道英国人是不轻易下跪的,就想把他们弄得很劳累,神志不清,身体崩溃,在早上一见皇帝,就可能会被龙颜所震服而双膝下跪,但是使者在早上四五点钟哪怕身心俱疲的情况下见到皇帝,还是不跪。这是两次外交事件。英国人斯当东参加了这前后两次出访,当林则徐虎门销烟后,他在英国国会"慷慨陈词",坚称发动战争的必要性。民国年间蒋廷黻写过一本很薄的《中国近代史》,里面有很多真知灼见。书中说,1840年以前,中国不愿意给西方以平等地位,1840年以后,是西方不愿意给中国以平等地位。

　　说到鸦片战争,一定就会说到林则徐,他被称作是"开眼看世界第一人",就是说当时中国对外部世界不了解,林则徐是先知先觉者。但即使是林则徐,对外部世界的了解也很有限。林则徐刚到广州的时候,他认为英国不难对付,他有几个理由:第一,英国军人都是绑腿的,屈伸不便,大家看类似的电影时就会看到这样的镜头,中国士兵用长竹竿去挑英国人膝盖,以为一挑就倒下死掉。第二,英国人嗜好大黄和茶叶,只要把这两样东西断掉,英国就活不下去了。茶叶只是嗜好品,更不用说还有其他的替代方案,从印度不也可以进口茶吗?而当林则徐真正与英国人接触之后,他才知道英国人很难对付,这场战争很难打赢。他被贬的途中给朋友写信讲起他真实的感受:这样的战争从来没有打过,枪可以连续地发射,即使是韩世忠、岳飞再世,如果没有这种枪械也会束手无策。林则徐特别叮嘱不要让别人知道他的这种想法,也许是担心打击国人的士气,更可能是顾及自己的气节形象。第一次鸦片战争中国虽败,但朝野上下普遍没有意识到中国的危机,普遍认为中华文明有着洋人不可比拟的优越性。国人将林则徐视作英雄,认为只要有林则徐在,就不会输给英国人。这样的看法直到后来太平天国初期才有所改变,清明的重臣在太平军打仗的过程中逐渐真切地体会到西方人的威胁。清军和太平军为提升战力,均想方设法从西方人那里买枪炮。在这个过程中,清重臣看到了西方人潜在的威胁。在湘军名将胡林翼眼中,太平军不足虑,洋人乃"膏肓之症。"《世载堂杂忆》中有这样一段记载,胡林翼在安庆有一次带着清兵去察看地形,"既复驰至江滨,忽见二洋船鼓轮西上,迅如奔马,疾如飘风。胡林翼变色不语,勒马回营,中途呕血,几至坠马。胡前已得疾,自是益笃,不数月,薨于军中。盖贼之必灭,胡已有成算。只是见洋人之势方炽,则膏肓之症,着手为难,虽欲不忧而不可得矣。阎敬铭每与胡论及洋务,胡总是摇手闭目,神色不怡者久之,说:'此非吾辈所能知也。'"

　　中国的河流基本上是自西向东流的,"鼓轮西上",就是逆流而上,中国船逆流而上要靠纤夫人力拉。胡林翼看到洋船,知道了眼前的敌人是太平军,但遥远的西方国家才是真正的敌人,他一时想不到对付的方法,怎样去面对挑战。所以后来再谈到洋务他就不说话了。

　　另外一个人,曾国藩,他在日记写道,"四更成寐,五更复醒。念夷人纵横中原,无以御之,为之忧悸"。和胡林翼一样,让曾国藩夜不能寐的不是眼前大患太平军,而是"夷人"。李鸿章也说:"数千年未有之变局,数千年未有之强敌。"这当然讲的不是太平军,像太平军这种运动几百年就来一次,一个王朝末年的时候就会出现。他看到了一个完全不同于中华文明的工业世界的兴起及挑战。

在镇压太平军的过程中,这些清朝的军事将领意识到了洋人对中国的威胁。在太平军快要被镇压下去的时候,也就是在鸦片战争败于英国人二十年之后,洋务运动开始了,它的另一个名称"自强运动"很好地体现了它的意图:通过兴办近代工业,增强中国国力,改变积弱之现状。洋务运动的干将们在中央有恭亲王奕䜣,在地方有曾国藩、左宗棠、李鸿章等,这些洋务派身上流淌的是纯正的儒家文化之血,就文化认同而言,朝中攻击者加诸于他们身上的"崇洋媚外"标签其实和他们没有任何干系。对于洋务派来说,洋务更多的是一种器物:坚船、利炮、铁路、工厂而已。在洋务派的问题意识中,基本上是不出现对中国文化传统内在问题的反思的,其局限性可想而知。不过,这对洋务派人士实在是一种苛求;说到底,他们不过是一些敏感有远见的行动者和实干家,本应有思想家配合,推动一个文化变革的更大的社会精神氛围,以与行动相互激荡。而清统治两个世纪以来的思想钳制已使得这种思想创造、文化变革的空间几近萎缩。张之洞提出"中学为体,西学为用",可以看做是对洋务派处理文化问题基本理念的总结。从字面意思上看,思路似乎和日本福泽谕吉稍早提出的"和魂洋才"没有区别,但在更细致的阐发和行动关联上则显得空洞。

洋务运动失败的标志性事件是1894爆发的中日甲午战争,战争的结果是北洋水师遭受重创,中国战败。尽管我们刚讨论过洋务运动的内在局限,但是甲午海战一役的失败却有着一定的偶然性。从军力来看,当时的北洋水师并不弱于日本海军,如果此一战胜利,那么洋务运动的内在局限性将在翻过的历史一页中被后来的历史进展湮没。而再往前推,如果洋务运动能够在鸦片战争战败之后立即开展,那么中日之间的对决定是另外一个结果,而中国儒家文化的近代发展必定是另外一个方向。这就是历史,一个我们可以追寻前因后果却又永远充满偶然性的过程。甲午海战,日本一个小岛国,突然战胜了历史上一直以宗主国自居的中国,这对于沉浸在"天朝上国"幻想中的知识分子来说打击非常之大。甲午海战后出现救亡图存的口号,康有为说,中国已经是"薪火之上""釜底之鱼",不变不行了,出现民族危机了。

但是,变,谈何容易!两个多世纪来的思想钳制遏制了思想创造和变革的源头活水。普通民众经历与西方世界和日本的一次次战败,屈辱、义愤,却找不到积极的出路。浮在"庚子事变"表面的,是民众对于洋人(洋教)的仇恨和反抗,而潜藏的却是民众(以及朝廷)无路可走的"逃避"心态。马克思在他的《鸦片贸易史》里有这样的评论:

> 一个人口几乎占人类三分之一的幅员广大的帝国,不顾时势,仍然安于现状,由于被强力排斥世界联系的体系之外而孤立无依,因此竭力以天朝尽善尽美的幻想来欺骗自己,这样一个帝国终于要在这样一场殊死的决斗中死去。在这场决斗中,陈腐世界的代表是激于道义的原则,而最现代的社会的代表却是为了获得贱买贵卖的特权——这的确是一种悲剧,甚至诗人的幻想也永远不敢创造出这种离奇的悲剧题材。

悲壮、荒诞!数万拳民凭着肉身和符咒去挑战西洋的枪炮利器,"战争"还未开始结局已可想见。

"庚子事变"后,中国作为政治意义上的"帝国"并没有马上死去,稍后帝国虽死,却又以转化的形态延续其生命。但帝国的文化体系很快就陷于风雨飘摇之中。

进入20世纪,激进的反传统成为时代的主题。我在讲座一开始提到的孔子公众形象的变化正发生在这个时期。在洋务运动中我们没有看到对传统的攻击,维新变法中也没有,而到了20世纪就不同了,从新文化运动、五四运动,到20世纪上半叶,反传统成为整个中国社会的基调。大家都熟悉鲁迅的《狂人日记》,里面有这样一段话:

> 凡事总须研究,才会明白。古来时常吃人,我也还记得,可是不甚清楚。我翻开历史一查,这历史没有年代,歪歪斜斜的每页上都写着"仁义道德"几个字。我横竖睡不着,仔细看了半夜,才从字缝里看出字来,满本都写着两个字是"吃人"!

"狂人"是鲁迅塑造出来的一个人格象征,代表的是不被主流思想所束缚的、有独立思考的人,尽管精神错乱,但恰恰具备儒家文化中成长的人所不具备的批判精神。打倒"孔家店"的一批代表人物,背景各不相同,却均具备"狂人"的这种批判精神,他们批判的重点各不相同,但却形成对中国传统的系统清算。譬如吴虞写过很有名的一篇文章《家族制度为专制主义之根据论》,被胡适称誉为"中国思想界的清道夫","四川只手打倒孔家店的老英雄"。"打倒孔家店"是清算传统,是"去旧",而"德先生"和"赛先生"则是学习西方,是"迎新"。1919年陈独秀在《新青年》上发表文章,认为现在只有两位先生可以救中国,就是德先生(Democracy)和赛先生(Science),也就是大家今天很熟悉的民主与科学。民主科学基本上都是外来的东西,过去中国也提民主这个词,但意义不一样。总结起来,五四人士认为只有全面接纳西方的文化才能化解中国的危机。"新"字在20世纪初非常流行,简单成为一种意识形态,像"新青年"、"新人"、"新民"、"新女性"等,西方的、陌生的,因其"新"成为时代共同的追逐。相对立的一面是"旧",传统的、熟悉的东西都是旧的。这样的做法甚至可以推到一个极端,举一个例子就是:废除汉字。

当时很多人都参与了这个讨论。1918年钱玄同率先在《新青年》上发表《中国今后的文字问题》称,"废孔学,不可不先废汉文;欲驱除一般人之幼稚的、野蛮的思想,尤不可不先废汉文","欲使中国不亡,欲使中国民族为二十世纪文明之民族,必须(以)废孔学,灭道教为根本之解决,而废记载孔门学说及道教妖言之汉文,尤为根本解决之根本解决。"钱玄同希望中国能废除汉字,因为"处处都足以证明(汉字)这个老寿星的不合时宜,过不惯二十世纪科学昌明时代的新生活"。陈独秀很快写文回应,支持钱玄同的观点。鲁迅说汉字是"愚民政策的利器",是"劳苦大众身上的结核","汉字不灭,中国必亡"。五四游行的总指挥傅斯年说:"中国文字的起源是极野蛮的,其形状是极奇异,认识是极不便,应用是极不经济,真是又笨、又粗、牛鬼蛇神的文字,真是天下第一不方便的器具。"瞿秋白说,"汉字真正是世界上最龌龊最恶劣最混蛋的中世纪的茅坑"。胡适的态度稍微温和一点,他出于马上废除汉字不现实考虑,主张先把汉字变为白话文,再谈消灭汉字。

大家知道语言是文化的载体,隐藏了文化的最核心的信息。新文化运动的旗手们为什么一致主张废除汉字?可以想象,只有到了对中国文化深度绝望的处境,才会产生那些在今天看来如此荒谬的想法。蒋廷黻说"中国的现代化是被揍出来的",这句话意味深长。前面说的这些人国学造诣都很深,他们都是在传统文化熏陶中成长起来的,中国传统是他们安身立命之所在,现在他们却要废除汉字、清算传统,这是在做一种痛苦的自我了断,就像武侠小说《笑傲江湖》里练习葵花宝典,"欲练神功,必先自宫",这个比喻有点俗,却非常贴切。只不过20世纪的葵花宝典换成了"富国强兵"、"救亡图存"。要把浸入到血脉骨髓里的东西去掉,只有到了认为不得不变,关乎民族存亡的时候才会有这样的决断。我们看鲁迅、胡适这些人,如此激烈地批判传统,其实他们内心是很挣扎很痛苦的,一方面是与传统的割舍不断的情感依恋,另一方面是救亡图存的现实考虑。在亡国亡种的压力下,他们不约而同地超越个人好恶,作出了抛弃传统的"理智"选择。尽管我们一会儿会谈到这所谓的"理智"有严重的历史局限性,但是丝毫不影响五四人士的伟大。

到此为止,我们所做的是"同情式理解"。下面我们试着花一点时间去"批判性反思"。我已经把历史梳理了一遍,一步一步这样走下来,我们能够看到历史的脉络和内在的逻辑。那历史是不是必然的呢?有人说已经发生的不可改变,千真万确,但以此来论证历史的发生是必然的,否定另外的可能性,这种历史观是非常糟糕的。缺乏"批判性反思"的"同情式理解",很容易走向历史必然论,即以历史结果来反证历史发生的必然性。我想要说的是,置身于历史情境中的当事人,没有谁能够拿出完美的方案,但批判性反思却在想象中创造了替代性方案。其意义自然不是玩益智游戏,而是寻找历史发展更多的可能性,从而对当下和未来的选择产生直接的影响。下面请大家思考这个问题:进入20世纪的中国,要走现代化之路,要避免亡国亡种的命运,一定要抛弃传统吗?

"从传统到现代",本是对于现代化历程最简练直白的表达,却经常被人们进一步发挥,理解为只有抛弃传统才能达致现代性。绕开应然层面的争辩,单从被人们奉为圭臬的欧洲现代化历史看,就知道这种理解是多么的片面。一部欧洲现代化史,就是一部资本主义发展的历史。根据韦伯的研究,资本主义的发展离不开资本主义精神的滋养,而后者又与新教伦理有着"选择性亲和性"。居功甚伟的新教伦理是路德和加尔文宗教革命的产物,虽然号称宗教革命,新教不过是和罗马天主教决裂,在接续西方文化传统的意义上，二者之间的相似性恐怕还要大于相异性——说到底，新教不过是对基督教传统的继承和发展。对于缔造现代西方世界影响巨大的两场政治革命，英国的光荣革命和美国革命，也无一不是建立在各自的传统之上。而稍晚发生的法国大革命，恰恰因其企图在传统废墟之上重构现代大厦的激进立场和做法，激起了以伯克为代表的保守主义者捍卫传统价值、尊重历史理性的更为坚定的决心。由此看来，西方的现代化理论，并不符合西方自身的现代化历史。

再看我们的近邻日本。作为一个现代化的后来者和成功者，日本在广泛向西方学习科学、工业和技术的同时，并没有抛弃固有的文化传统。著名社会学家贝拉（Robert Bellah）在《德川宗教》一书中指出，正是德川幕府时期的宗教，为驱动日本走向现代资本主义提供了"中心价值系统"的资源。大英百科全书主编弗兰克·吉布尼认为，日本取得经济成功的真正原因，乃是将古老的儒家伦理与战后由美国引入的现代经济民主主义两者糅合一起，并加以巧妙运用。日本是东西合璧的"儒家资本主义"。而日本学者Morishima则更将日本的成功明确归因于儒教的忠诚特质、民族主义以及社会集体主义。

西方、日本，还有我们没有提到的亚洲四小龙，它们成功的故事各有不同，但给我们的共同启发是，传统和现代性不仅可能共存，而且还可能是相互渗透和相互融合的。从传统到现代，不是如现代化理论所主张的以现代性取代传统，而是在继承传统的基础上，经由传统的现代转化发展出现代性。

反过来看中国的现代化过程，步履蹒跚，有很多值得总结反思的地方，但最应该记取的教训是对自身传统的抛弃。很多国家都有殖民半殖民的历史，但大国之中，像中国这样如此长时间、如此大范围地攻击自身传统的绝无仅有，因此，在中国的现代化过程中，文化受到的伤害也尤其深重。我们的一些"现代化事业"的发展，甚至直接就是以传统的物质形态的毁灭为代价。譬如，民国以来大力兴办新学、倡导教育，越来越多的乡村人口摆脱文盲处境，本为莫大善事，但大量的庙宇寺观正是在这一时期停止活动，成为最早一批乡村学校的校址。新中国建立以后，特别是"大跃进"运动中，农田水利设施大大改善，乡村工业形成初步规模；但大量的宗族祠堂也正是在这个时期被拆毁，用作兴修大坝和工厂的建筑材料。"教育救国","建设社会主义事业",在如此宏大的现代化计划面前,本已处于风雨飘摇之中的民间信仰、家族情感,要么被当作必要代价,要么被视作落后残留,没有得到现代化建设者们最起码的尊重。

当然传统有很强的韧性,不是说抛弃就荡然无存,但是持久的强力的批判已经使其碎片化。核心价值湮没,难以担当统摄的作用。各文化要素支零破碎,难以构成一个完整的体系。文化重建和复兴将是一个漫长艰巨的任务。

好,就讲这么多,欢迎大家批评指正。

现场答问

主持人:
非常感谢卢老师,他从历史的角度读了儒家文化的历史变迁,如何对待文化传统,如何对待历史有了更多的思考。下面就进入互动环节,有问题举手示意一下。

问:现在有一种说法就是我们回到"繁体字",您对这个有什么看法?

卢晖临:我们首先要明白提倡者的考虑。我们知道汉字是表意文字,字形结构反映了字义,但是简体字实际上把汉字的表意性这个特点给磨灭了,很多简体字你已经无法从字形结构上去复原它的意义。繁体字提倡者实际上是想恢复汉字的表意性特点。但是,时代在变化,今天要全面恢复繁体字是不现实的,要考虑到教育上的很多问题。对此,我没有太多心得。

问:卢老师,我想问一下您能不能从历史的角度,我们今天如何看待儒家文化和西方文化,有一种全球化背景下的全球文化思考。

卢晖临:首先,任何一种文化都是逐渐变化的文化。过去社会发展相对比较慢,但是儒家文化也一直在变化,如理学就是儒家文化吸收佛教和道家等多种思想的产物。我们今天说文化重建和复兴,不是说我们要回到宋明理学那个时候的儒家文化,也不是回到清末的儒家文化。而是因应时代特点,从传统中提取资源,在中心价值、规范及习俗各个层面上进行创造性的转化,这是一个激活传统活力的过程,同时也是一个更新传统的过程。与此同时,这样一个重建和复兴的任务不可能置其他文化(尤其是对现代世界产生重大影响的西方文化)于不顾,屏蔽那些已经成为人类普世价值的理念和原则。

主持人:

由于时间关系我们今天的讲座就到这里,再次感谢卢老师的讲座。

(2009年4月5日)

五四新文化主题与李大钊的"物心两面改造"方案

■ 刘志光

[演讲者小传]

刘志光,男,1957年4月出生,河北省迁安市人,北京大学马克思主义学院副教授,中国人权发展基金会特邀理事。研究领域:马克思主义中国化研究、中国和平社会与文化研究、"两弹一星"与中国共产党的科技战略研究、软科学研究等。出版个人专著:《东方和平主义:源起、流变及走向》(湖南出版社,1992年),《小康社会:中国特色社会主义理论与实践的解读》(北京大学出版社,2005年),《革命、建设与改革:马克思主义中国化进程研究》(民主与建设出版社,2008年)。自80年代以来,发表学术论文多篇,其中已有数篇被《新华文摘》全文转载;关于"公民社会"、"东方和平主义"和"小康社会"的研究成果被国内外学者所引述。在1992年首次提出"东方和平主义"范畴,比较早地关注中国发展中的文化资源和潜力问题,具有一定的原创性。科研成果获得北京市科技进步奖和北京大学优秀社会科学成果奖一、二等奖各一次。

主持人:

各位老师、各位同学,晚上好!非常感谢大家来到由校团委主办的"纪念五四运动九十周年"系列讲座的现场。今天我们非常荣幸地请到了北京大学马克思主义学院副教授刘志光老师,他为我们作以《五四新文化主题与李大钊的"物心两面改造"方案》为题的讲座。

刘老师曾经数次参与过北大团委的讲座活动。今天将引领我们重新关注五四新文化的主题,重新认识新文化运动的领军人物李大钊先生及其思想,从新的角度把握五四新文化运动和李大钊先生对中国的重要意义。那么下面让我们以热烈的掌声,欢迎刘老师上台演讲。

刘志光:

五四新文化是一个常说常新的话题。今年是北京大学教授李大钊先生的120周年诞辰,也是五四运动90周年。作为北京大学的著名教授和五四运动的重要领袖,李大钊在马克思主义的传播中具有独特作用。今天就五四文化主题与李大钊的理论探索作一个历史与思想的梳理。

五四时期各种西方思潮和流派很多,但其中特别突出的是社会主义思潮在中国先进人士的视野中凸显出来,并成为一时的理论热点。当时的社会主义各种流派几乎都可以在中国找到它们的代言人。其中的因素很复杂。我仅从文化的角度分析:社会主义理想的基本特征与中国传统文化的社会理想追求实际上有很大的一致性,这一点构成了社会主义在中国传播的重要的文化基础。可以说,从"大同"理想到选择社会主义,中国传统文化的历史延续性支配着中国的早期知识分子,以"大同"理想为核心所塑造的中国文化的社会理想追求,或多或少地反映在他们对中国社会与文化的改造方案之中。这可以说是从"大同"理想到李大钊提出"物心两面改造"的历史文化线索。

一、中国文化中"大同"社会理想的导向作用

向西方寻求理想的"主义"或理想的社会形态是1840年以来中国文化思想发展的主要趋势,当时人们视西方为一个整体,一个"王国"。第一次世界大战爆发以后,一方面,西方人的理想破灭了;另一方面,中国的先进分子开始接受既能超越和批判西方社会又使中国富强的社会理论。在这个思想变迁的过程中,中国人选择背后的历史文化因素起了一定作用,这一点在他们选择社会主义思想体系的过程中表现得尤其突出。

从社会理想的层面来说,中国文化在几千年来只孕育了一个理想社会的形态,即"大同"社会,它不仅是社会理想,也构成了中国文化乌托邦精神的支柱。古代的"大同"学说在近代中国的历史境遇中经过康有为的解说而具有新的意义。在康有为的影响之下,中国后来的各派知识分子和先进人士都从这里开始关注中国的命运和未来的发展途径,使中国

人民有了理解和接受社会主义理论的历史与文化基础,因而缩短了中国人民与社会主义理论之间的距离,这一点对于中国的马克思主义运动显得尤为重要。对此,我们可以首先对"大同"理想的特征进行三个方面的分析。

第一,我们必须明确"大同"理想是中国文化的产物,它反映了中国古代农耕文化的历史积淀和内涵。列宁曾经指出:"一个国家的自由愈少,公开的阶级斗争愈弱,群众的文化程度愈低,政治上的乌托邦通常也容易产生,并且保持的时间也愈久"。这反映了中国社会历史发展的政治与经济特征。从另一个方面来说,"大同"社会所憧憬的"天下为公"的社会理想与"人不独亲其亲,不独子其子"的道德伦理追求,也与中国的文化本性,特别是儒家的道德理想相一致。由于中国封建社会的长久延续性和文化的同一性,对"天下为公"与至善之德相统一的理想社会的追求长期影响着中国社会政治与文化的发展,制约着人们对理想社会的设计。

第二,"大同"社会理想包含着一种深刻的社会历史与文化意识。它反映了中国文化对人类发展目的的认识,即追求人类的同一性,期望人类社会在道德理想的基础上统一起来,达到"千里万里,一人一家"。由于注重人类道德的升华,而不是追求如西方的乌托邦理想中常有的那种宗教上的一致性,因此"大同"理想在本质上是一种"世界主义"的社会理想,是一个世俗的太平社会原型。这就使得"大同"理想中的民族主义与宗教冲突处于十分淡漠的地位,因而具有政治与文化上的开放性。

第三,中国文化所孕育的"大同"社会理想具有"向后看"的社会政治与文化特征,它基本上属于"向后看的乌托邦",因此,"大同"社会理想同所有的乌托邦理论一样,包含着强烈的空想色彩。

"大同"社会理想的上述三个特征无疑是近代以来中国人选择西方社会理论的一种基本的"支援意识",尤其是对他们在20世纪初叶介绍和信奉社会主义理论产生很大的推动作用,使他们把"大同"理想与社会主义联系起来:"天下为公"被理解为社会主义的"公有制";"道德理想"使他们痛恨资本主义、接受人道主义的社会主义理想;"大同"理想的"世界主义"使他们很容易接受并认同社会主义的未来目标和国际主义的原则。

当然,历史发展并不如此简单。实际上在中国文化的历史基础上去接受和认同社会主义理想并把它真正实施于中国社会的改造实践,中国人民走过了曲折的道路,也付出了沉重的历史代价。可以概括地说,这一过程是从康有为、梁启超和孙中山开始,再到中国早期马克思主义者才算完成了历史发展的一个环节,使中国开始了漫长的社会主义道路的探索与实践过程。因此,我们还必须厘清从康有为到中国早期马克思主者之间的历史文化发展线索。

康有为立足于发挥传统文化的精义,他清醒地看到"大同"学说的"向后看"的历史与文化特征并不适应近代中国社会所面对的世界政治局势和中国自身发展的要求,因此,他写了《大同书》等著作,系统阐释了古代"大同"学说,使中国古代的"大同"理想具有近代意义。康有为一方面接续了"大同"学说中"天下为公"的社会理想,同时也接受了西方社会政治学说的影响,对"大同"学说中的"道德理想"的意义有所修正;另一方面,康有为转变了"大同"学说的目标指向,使其成为一个"未来主义的乌托邦",试图使"大同"学说成为中国人理解现实世界和对未来社会理想选择与设计的文化依托。可以说,康有为试图把中国文化的"大同"乌托邦精神融汇到中国近代社会政治与文化发展的过程之中去。他的"大同"思想体系明显地包含了对西方空想社会主义理论的吸收,这使他对私有制持一种批判的态度,幻想建立一个"大同之世,天下为公,无有阶级,一切平等"的乌托邦社会理想。因此,康有为使中国古代的"大同"理想与近代西方的社会理论,特别是空想社会主义理论联结起来,成为中国人选择社会主义理论的重要文化基础和主观条件。

梁启超深受康有为的影响,他在最初也试图通过对经典的解说来寻求中国社会变革的途径和根据。梁启超认为《春秋》是孔子"改定制度以教万世之书";"春秋立三世之义,以明往古来今天地万物递变递进之理,为孔子范围万世之精意"。由《春秋》改制之说而引申到《孟子》的"大同"之义,梁启超认为:"孔子立小康之义,以治二千年以来之天下,在《春秋》亦谓之升平,亦谓之临一国之言,荀子所述皆此类也。立大同之义,以治今日以后之天下,在《春秋》亦谓之太平,亦谓之临天下之言,孟子所述皆此类也。大同之义,有为今日西人所以行者,有为今日西人所未及行,而可决其他日之必行者"。梁启超在 1898 年以《春秋》、《孟子》为基本经典,并用它们揣度西方政治及人类的未来发展。他的比附有些过于牵强,但他用中国古代的乌托邦精神去领会当代世界政治及中国在世界格局中的地位,的确影响着他的政治与文化立场。在强调人类和平、统一、平等的基础上选择西方社会政治理论必然会使他关注西方的社会主义学说。在梁启超的思想中,"世界大同"构成了他理解西方社会主义思潮的重要基础。他说:"社会主义者,近百年来世界之特产物也,隐括其最要之义,不过曰土地归公,资本归公,专以劳力为百物价值之源泉"。他认为"中国古代井田制度,正与近世之社会主义同一立脚点"。到了1920年,梁启超面对西方的政局纷乱与民主制"破产",开始进一步阐释中国传统的"大同"学说,他指出:"中华民国""已将全世界四分之一合为一体,为将来大同世界预筑一极强之基础"。他认为中国的文化与理想已经包含了中国人民走向成功的基础,"第一,我国民大成功之根本理想,则世界主义也"。"第二,人类平等之理想,又我国民成功一要素也"。在著名的《先秦政治思想史》绪论中,他将中国古代政治思想概括出三大特色:"曰世界主义,曰平民主义或民本主义,曰社会主义。此三种主义之内容,与现代欧美人所倡导者为同为异,孰优孰劣,此属别问题。要之三种主义,为我国人夙所信仰,无论何时代何派别之学者,其论旨皆建设于此基础之上。此三种主义,虽不敢谓为我国人所单独发明,然而最少亦必为率先发明者之一,此吾所不惮昌言也"。他甚至认为:"欧洲所谓社会主义者,其倡导在近百余年间耳,我国则孔、墨、孟、荀、商、韩以至许行、白圭之徒,其所列论,殆无一不带有社会主义色彩"。正是在这样的历史与文化背景之下,梁启超将社会主义理论介绍到中国来,并对中国的思想界和知识分子产生了很大影响,也使他在百日维新失败以后与孙中山等人走到了一起。

孙中山作为革命派的首领,始终信奉并竭力倡言社会主义,把社会主义与传统的"大同"社会理想结合起来,形成了他的理论框架之基础,即民生主义。1924年,孙中山说:"我们国民党的民主主义,目的就是要把社会上的财源弄到平均,所以民主主义就是社会主义,也就是共产主义",即"大同主义"。因此,孙中山认为中国人民富有社会主义传统精神,他信奉《礼记·礼运》中的"大同"社会理想,主张"天下为公"。在孙中山看来,社会主义与中国传统的"大同"理想几乎是一回事,他甚至用

"大同主义"去理解俄国十月社会主义革命的性质。

对于中国的早期马克思主义者来说,"大同"社会理想也是他们认识世界政治发展和选择社会主义理论的文化基础。其思想源流可以通过两方面的影响来解释:一方面是中国文化素养的熏陶与浸染,另一方面在于康、梁等人的影响。

李大钊从"调和"的立场出发,曾经认为,第一次世界大战以后人类开始了新的纪元,人类进化不在竞争,而在互助。李大钊在他的"世界联邦"构想中实际上融汇了中国"大同"理想的成分。他认为人类必然统一,而"民主主义、联治主义"等都只是通往"世界大同"的记号。在李大钊所设定的走向人类"大同"的程序中,反映出康有为"大同"思想的影响。从人类社会未来发展的前景去透视中国社会的出路,李大钊对中国文化的前途并不悲观。尽管陈独秀对传统文化持强烈的批判态度,但在他的理论境界中也相信"大同主义",极赞成"将来之世界,必趋于大同"。在其他一些早期马克思主义者中也不同程度地存在着"大同"理想的影响。青年毛泽东曾经认真研究过康有为的《大同书》,并说:"大同者,吾人之鹄也"。中国传统文化的历史延续性支配着毛泽东早年的世界观。

从我以上的论证可以看出,在现代中国早期所传播的社会主义思潮并不是由于历史的偶然机缘而出现的,其中包含着中国历史文化的深刻背景。从康有为、梁启超与孙中山,再到中国的早期马克思主义者,他们对中国社会出路的选择都深受传统的乌托邦精神的影响。前面我们所指出的"大同"理想的三个特征渗透于他们的思想与实践之中。这一点对于我们分析马克思主义中国化的历史文化基础是非常重要的,也符合历史发展的实际。另外,从解释学的一般原则来看,一方面是人们的固有观念构成了理解的基础,人们由隐藏的兴趣推动去行动,主体本身受欲望和冲动的支配;另一方面,理解的可能性在于"文本"本身。"文本"揭示了新的话语和指称的新现实,"文本"本身就有一种动力。一种文化能否被另一种文化理解接收,取决于理解一方的视界。理解不是灌输式的讲话,而是平等的对话,因而理解能否成功,就取决于被理解一方的内容能否进入理解者的视界,即能否引起理解者的共鸣。

总之,从社会主义理论在中国的传播过程及特征来看,中国文化的"大同"学说无疑是近代中国思想家们关注的重点,也是中国早期马克思主义者进行文化选择的心理基础和重要的文化导向。

二、中国社会与文化改造的双重任务：物心两面改造

从中国文化的"大同"学说出发,中国先进知识分子很容易接受社会主义的理想。中国早期马克思主义者李大钊所提出的"物心两面改造"的主张,是他从对社会主义的空想向科学的迈进,也是他对马克思主义中国化的理论贡献。

从文化本性来说,这一命题融汇了中西文化的合理成分,反映了李大钊思想所具有的创造性与开放性。在"物心两面改造"的主张中,"阶级竞争"被视为一种重要的手段和改造中国社会与文化的核心理念。对于中国的早期马克思主义者,特别是李大钊所主张的"阶级竞争"说,人们的评价颇多歧义：要么把它理解为是残存于李大钊思想中的"非马克思主义的杂质"；要么把这看做是李大钊对经典的马克思主义的偏离或误解。我认为"竞争"、"阶级竞争"的观念代表了中国早期马克思主义者的一种思考,其中包含着他们的主动创造精神和五四时代的智慧特征,也是他们从民主主义走向马克思主义的历史文化的重要契机。惟有把握这一点,才能使我们对马克思主义中国化的文化意义有比较深切的了解。

首先,对于生活在19世纪末20世纪初的中国人来说,"生存竞争"的意义不仅在于他们对西方文化的挑战所引起的文化震荡,同时也是他们对现代世界秩序变迁的一种切身体验。在这个意义上说,"竞争"的含义不仅是文化上的,其中也包含有社会历史的成分。中西文化的冲突,在本质上体现了两种文明之间的差异性,即生长于农耕文明小农经济基础上的中国文化与生长于工业文明商品经济基础上的西方文化之间的冲突。这样的认识早已包含在中国近代早期启蒙人士的思想观念之中。因此,"竞争"的观念反映了中国人对西方文化和世界历史发展的新的认识,其中含有真理性和客观性。对于中国的早期马克思主义者来说,这也是他们承继于前人的思想并向马克思主义过渡的必要的思想基础。

其次,在对中国传统社会与文化的认识上,基于对中国文化是"静"的文明的分析,因此,"竞争"被视为是改造中国社会与文化的重要方式与契机。这一点对于五四时期的先进知识分子显得尤为重要,特别是一

次次文化选择与社会改良失败的经验更加强化了这一点。在当时的知识界存在着一种共识,即中国文明属于"静的"或"安息"的文明,这一点不管是激进派、保守派还是折衷派都承认。不过,他们在对中国文化的生命力与前途上却抱持了截然不同的观点,因而也就形成了不同的中国文化改造方案。陈独秀在1915年12月15日所写的《东西民族根本思想之异点》一文中认为:"西洋民族以战争为本位,东洋民族以安息为本位"。陈独秀以激烈的言辞抨击了中国文化"尚安息"的本质。他把中国文化与西方文化做一番比较,认为如果能向西洋民族学习"万一","爱平和尚安息雍容文雅之劣等东洋民族,何至处于今日之被征服地位?"陈独秀把"安息"、"忍辱"等视为东洋民族"卑劣无耻之根性,尚有何等颜面,高谈礼教文明而不羞愧!"因此,改造"国民性"的目标无疑是以西洋民族的"优点"为基准。这样的认识对陈独秀后来的政治立场和对农民革命的态度有很大影响。李大钊在1917年4月写的《动的生活与静的生活》一文中也认为,东西文明之间存在"一绝异之特质,即动的与静的而已矣。东方文明之特质,全为静的;西方文明之特质,全为动的。文明与生活,盖相为因果者。惟其有动的文明,所以有动的生活;惟其有静的生活,所以有静的文明。故东方之生活为静的生活,西方之生活为动的生活"。李大钊将东西文明差异的根本点归结为"生活依据不同",即"东方之生计以农业为主,西方之生计以商业为主"。因此,李大钊指出在"今日动的世界之中,非创造一种动的生活,不足以自存。吾人又认定于静的文明之上,而欲创造一种动的生活,非依绝大之努力不足以有成。故甚希望吾沈毅有为坚忍不挠之青年,出而肩此钜任。俾我国家由静的国家变而为动的国家,我民族由静的民族变而为动的民族,我之文明由静的文明变而为动的文明,我之生活由静的生活变而为动的生活……以应兹世变,当此潮流"。李大钊在1918年7月写的《东西文明根本之异点》一文中又对他的上述观点作了进一步的论述。他认为,要消除东西文化的矛盾,对于中国文化来说"惟以彻底之觉悟,将从来之静止的观念、怠惰的态度,根本扫荡,期与彼西洋之动的世界观相接近,与物质的生活相适应"。从"调和"中西文化的立场出发,李大钊认为中国文化的改造有着十分艰巨的任务。因此,在他1919年开始接受马克思主义理论时,同时也强调了人类"物心两面改造"的重要意义:"这最后的阶级竞争,是改造社会组织的手段。这互助的原理，是改造人类精神的信条。我们主张物心两面的改造，灵肉一致的改造"。从"静"到"动"，从"安息"到"竞争"，反映了李大钊对中国社会与文化改造基本目标的把握。

当然这里涉及"文化"问题的复杂性，尤其是对于五四新文化运动的反思，人们存在着许多种看法与各种理论。我们认为应该看到的一点是，必须把问题放到当时特定的历史环境中去考察，看一看他们在解决所面对的问题时所采取的立场与步骤是否有效。以这样的原则来判断李大钊等人的文化立场，我们就会发现这样一条线索：以改造中国社会与文化的"静"的本性为目的，必须采取"阶级竞争"的手段与方法，实现中国由"静"的文明到"动"的文明的转变，在这一转变过程中必须进行"物心两面改造"，改造中国的社会经济组织，改造中国人的"国民性"。

这个分析表明，在中国早期马克思主义者身上，传统文化的影响和他们在五四时代所持的文化立场对他们选择社会主义和马克思主义的阶级斗争学说是非常有利的。他们对一般文化的阐释尽管有失偏激与表面化的特点，但在另一个侧面上他们却是正确的，即在把社会改造与文化改造联结起来这一层面上，他们对中国政治文化的把握是正确的。特别是李大钊等人的文化立场和文化观念，直接为他们选择中国社会"根本解决"的途径提供了重要基础，为他们接受"第三种文明"做了必要的准备。

三 "物心两面改造"与道德主义

在"物心两面改造"的主张中，人们似乎发现了李大钊在探索马克思主义中国化过程中的一个重要现象，即"物心"二元论，并且其中浸染了浓重的中国传统文化的道德主义特征。我们认为对这种结论应该加以具体的分析。

首先，在李大钊所阐释的"物心两面改造"的主张中，并不是从哲学本体论的意义上来论述"物心"之间的关系。他谈到人类的改造问题，而其中他所主张的"物的改造"具有决定性的地位，这一点与马克思主义所强调的社会发展过程中物质运动的第一位作用，即社会经济基础变化的决定作用的原理相吻合。在李大钊的"根本解决"思想中，始终认为"经济问题的解决，是根本解决"。显然，这是实现人类"物的改造"的首要步骤。在实现人类"物的改造"的同时，人类还面临"心的改造"的任务。这一任务的提出，对于当时的中国早期马克思主义者来说显得尤为难能可贵。我们认为"心的改造"主张的提出，无疑来源于中国传统文化中强调心性、文化、道德变革对社会发展所具有重要作用观念启发，也反映了五四的时代主题。因此，将"物心改造"统一起来并不是一种"二元"思维的结果，它符合马克思主义历史辩证法的内在要求，而且无论从历史还是从现实的层面上看，人类的确面临着"物心两面改造"的艰巨任务。

其次，道德主义作为中国传统政治文化的一大特征，主要体现为儒家的德治主义思想，它的基本精神在于把政治问题道德化，使社会政治领域难以产生独立的范畴。这样的理论特征在李大钊的"物心两面改造"中并未体现出来，相反，李大钊所强调的"物的改造"的重要地位，恰恰是要纠正中国传统文化的一个误区，也是对五四时期文化论战成果的吸收与发展。把"物心两面改造"统一起来，也并非是"以文化解决"为首要前提。"物的改造"无疑包括社会的经济结构、经济生活、经济组织等各方面，这一点与中国传统文化的德治主义已毫无共同之处。另外，在中国的早期马克思主义者身上实际上有两种文化的成分使他们向马克思主义靠拢。一个是中国传统文化的熏陶使他们具有一种神圣的道德使命感，关注社会文化与伦理道德变迁的历史作用；另外一个则是西方文化中的人道主义精神使他们关注人的自由、人的价值、人的解放。马克思主义不能归结为人道主义，但马克思主义本身的确包含有人道主义的精神，这就使得中国的早期马克思主义者能够在众多的理论中选择马克思主义理论。

考虑到上述因素，我们对道德主义对马克思主义中国化的影响的估计应持客观的态度。对照于道德主义和人道主义，我们或许能够在更广泛、更深刻的层次上揭示出马克思主义中国化过程中所面对的中西文化的差异以及马克思主义在中国未来发展的走向。

总之，对于"物心两面改造"的评价，应该考虑五四的时代特征和时代主题，注意这一命题本身所包含的马克思主义中国化的真正意义。把握这一点才能使我们理解中国早期马克思主义者的心路历程，才能使我们对中国的共产主义运动和"国民性"改造的任务有一个深刻的把握与体察。

因此，在中国先进人士对社会主义理想的追求过程中，中国传统文化所蕴涵的"大同"理想起到了很好的引导作用。对于中国的早期马克思主义者来说,从对空想社会主义的向往到迈向科学社会主义,他们所经历的历史空间并不很大。在这方面,李大钊所提出的"物心两面改造"的方案,反映了中外文化的有机结合,是马克思主义中国化的理论探索成果。

先贤的探索总是对后人有所启迪。我们在中国社会主义的道路上有了"中国特色社会主义"的理论体系、道路和旗帜,其中的逻辑和方法与李大钊那一代人是一致的。希望保持这种探索精神,并有所前进。

今天晚上我就讲到这里为止。

主持人:

好,由于时间关系,今天的讲座到此结束,非常感谢刘老师的精彩演讲。让我们再次以热烈的掌声向刘志光老师表示感谢,也请同学们继续关注校团委主办的"纪念五四运动九十周年"系列讲座活动,谢谢!

(2009年4月5日)

关于五四运动的几个问题

■沙健孙

[演讲者小传]

沙健孙,1934年生。北京大学教授。1950年参加工作。1955年入北京大学历史系本科学习,1958年提前毕业,留校任教。曾任北京大学副校长,中共中央党史研究室副主任。主要从事中国革命史、中共党史、毛泽东思想的教学与研究工作。

各位同学,大家好。今年是五四运动九十周年。怎样认识五四运动的历史地位?怎样评价五四时期的民主与科学精神?怎样评价五四时期反对封建文化思想的斗争?怎样继承和发扬五四运动的历史传统?这些问题是大家所关心的。下面我就相关的几个问题讲一点情况和看法,供同学们参考。

一、五四运动的历史地位和历史作用

1919年爆发的五四运动是一个划时代的历史事件,它是中国新民主主义革命的开端。

我们知道,近代以来,中国面临着两项历史性的任务:一个是争取民族独立和人民解放,一个是实现国家的繁荣富强和人民的富裕幸福。必须首先完成第一个任务,才能为实现后一个任务创造前提、开辟道路。而在争取民族独立和人民解放的斗争中,五四运动起着承上启下的作用,是这个斗争从挫折走向胜利的一个关节点。

中国人民反对外国侵略的民族革命,从1840年就开始了。从鸦片战争到五四运动爆发前的80年里,中国人民进行的反帝反封建斗争对于粉碎帝国主义灭亡或瓜分中国的图谋、推动中国社会的进步起过不可磨灭的历史作用,但是从根本上说还是失败了。而五四运动以后的90年间,虽然仍有曲折和反复,但是由于有了马克思主义的指导和共产党的领导,从根本上说中国人民的斗争走的是一条上坡路:经过30年的奋斗,中华民族和中国人民在世界上站立起来了;又经过60年的努力,一个极度贫弱的半殖民地半封建的旧中国,逐步变成了一个初步繁荣昌盛、充满生机活力的社会主义新中国。综观近现代中国的历史,我们可以清楚地看到,五四运动确实是中华民族走向伟大复兴的一个历史起点。

上个世纪初,中国发生过孙中山先生领导的辛亥革命。孙中山是民主革命的伟大先行者。他领导的辛亥革命,是一场比较完全意义上的反帝反封建的资产阶级民主革命。五四运动承接和延续了辛亥革命的反帝反封建革命事业,并把这个斗争推进到了一个新的高度。这主要表现在以下两个方面:

第一,五四运动表现了反帝反封建的彻底性。毛泽东说过,"五四运动的杰出的历史意义,在于它带着为辛亥革命还不曾有的姿态,这就是彻底地不妥协地反帝国主义和彻底地不妥协地反封建主义。"他指出,中国人民对帝国主义的认识经历了两个阶段。第一阶段是表面的感性的认识阶段,这典型地表现在义和团运动等笼统的排外主义的斗争上。"第二阶段才进到理性的认识阶段,看出了帝国主义内部和外部的各种矛盾,并看出了帝国主义联合中国买办阶级和封建阶级以压榨中国人民大众的实质,这种认识是从一九一九年五四运动前后才开始的。"五四运动的直接斗争目标,是坚决反对帝国主义列强强加给中国的、侵犯中国主权的《巴黎和约》,运动中提出了"改造强盗世界,不认秘密外交,实行民族自决"这样的口号;与此同时,这个运动还坚决要求罢免北洋军阀政府中的几个亲日派官僚,并且进一步主张进行社会改造,提出了"另起炉灶,组织新政府"这样的口号。所有这些都表明,中国人民反帝反封建的斗争确实提升到一个新的水平线上了。

第二,五四运动是一次真正的群众运动,这是它比辛亥革命大大向前跨进了一步的地方。如果说,辛亥革命的根本弱点之一,是没有广泛地动员和组织群众;那么,五四运动本身就是一场群众性的革命运动。

毛泽东指出:"五四运动,在其开始,是共产主义的知识分子、革命的小资产阶级知识分子和资产阶级知识分子(他们是当时运动中的右翼)三部分人的统一战线的革命运动。它的弱点,就在只限于知识分子,没有工人农民参加。但发展到六三运动时,就不但是知识分子,而且有广大的无产阶级、小资产阶级和资产阶级参加,成了全国范围的革命运动了。"正是在五四运动中,中国的无产阶级开始作为一支独立的政治力量登上了历史舞台,对于这场斗争的胜利起了决定性的作用。

为什么五四运动能够比辛亥革命大大向前跨进了一步呢?我想,这是因为五四运动是在新的时代和社会条件下发生的。这里有几个新的历史因素值得我们注意:

第一,1917年俄国十月社会主义革命对中国的影响。青年毛泽东当时就说过,俄罗斯以民众大联合打倒贵族、驱逐富人这个事实,使"全世界为之震动"。革命浪潮由此风起云涌,"异军特起,更有中华长城渤海之间,发生了五四'运动'"。这个群众运动向全国推广,使"天地为之昭苏,奸邪为之辟易"。

第二,新的社会力量的成长和壮大。在1914至1918年世界大战期间,中国的资本主义经济得到了进一步的发展。与此相联系,中国资产阶级和无产阶级的力量也进一步壮大起来了。中国的资产阶级民主革命由此出现了一个壮大了的阵营,这就是中国的工人阶级、学生群众和新兴的民族资产阶级组成的阵营。这样,五四运动就获得了比以往任何革命斗争都更加深厚的群众基础。

第三,新文化运动掀起的思想解放的潮流。以1915年陈独秀创办《青年杂志》(第2期起改名《新青年》)为标志,中国掀起了一场新文化运动。资产阶级民主主义乃至各种流派的社会主义开始在中国得到比较广泛的传播。受过新文化运动熏陶的年青一代知识界,尤其是具有初步共产主义思想的知识分子,为五四运动准备了最初的群众队伍和领导骨干。

正因为五四运动发生在一种新的社会历史条件下,所以它才能够具有以辛亥革命为代表的旧民主主义革命所不曾具备的特点。

五四运动对近现代中国历史发展产生了十分巨大而又深远的影响。

首先,五四运动促使中国先进分子的思想方向发生了根本性的改变。近代以来,在一个长时间里,中国先进分子曾经虔诚而热烈地向西方学习,希望把中国建设成为一个独立、富强的资本主义国家。巴黎和会上中国的外交失败,给他们上了严峻的一课,使他们对于资本主义的幻想急速地趋于破灭。这个经历,有力地推动了他们去探求中国的新的出路。它促使中国先进分子的思想方向发生了根本性的改变,使他们的目光开始从欧美转向俄国,从资本主义转向社会主义。

五四运动的亲历者瞿秋白在运动过后不久就讲过:对于五四运动,"绝不能望文生义地去解释他。中国民族几十年来受剥削,到今日才感受殖民地的况味。帝国主义压迫的切骨的痛苦,触醒了空泛的民主主义的噩梦。学生运动的引子,山东问题,本来就包括在里边。工业先进国的现代问题是资本主义,在殖民地上就是帝国主义,所以学生运动倏然一变而倾向于社会主义。"

正如当年如饥似渴地学习和研究资本主义一样,五四以后,中国的先进分子开始如饥似渴地学习和研究社会主义。如果说,五四运动开始时,中国的马克思主义者还只是李大钊这样个别的人物,那么,五四运动以后,中国先进分子中就有一批人经过对于各种社会主义思潮的比较研究,逐步地在马克思主义的旗帜下集合起来了。

尽管当时的马克思主义者还为数不多,他们的影响也还没有来得及扩展到广大的人民群众中去;但是,他们的出现,是近代中国历史上全新的因素,是中国即将发生伟大变革的预兆和前奏。他们所宣传的思想,所从事的事业,是符合近代中国社会发展的需要,具有远大的发展前途的。所以毛泽东说:"这时,也只是在这时,中国人从思想到生活,才出现了一个崭新的时期。"

其次,五四运动促使中国先进分子考虑创建新的革命政党的问题。

五四以前,在中国革命中起领导作用的是国民党及其前身中国同盟会。在五四运动中,孙中山对学生斗争表示过同情和支持,一些国民党人也参加了斗争,但他们并不是这场运动的直接组织者和领导者。1919年8月,孙中山在会见全国学联代表时,"对于五四运动再次给予肯定","但是,他认为学生手中没有武器,只能游行示威,而北洋政府用几挺机关枪就可以镇压成千上万的学生。他说,我要给你们五百支枪以对付北洋政府,如何?"

那么,究竟什么人是五四运动的领袖人物呢?毛泽东说,五四运动的

139

总司令是陈独秀。他这样说的根据是什么？这大概是因为，陈独秀倡导的新文化运动，启发了许多青年知识分子，为这场斗争造就了最初的群众队伍；同时，他在运动中发表的评论，包括他在《北京市民宣言》中提出的主张，对这场斗争的深入发展，起到了引导的作用。

同时，五四运动的主要领导骨干也不是国民党人。毛泽东说，"五四运动时期虽然还没有中国共产党，但是已经有了大批的赞成俄国革命的具有初步共产主义思想的知识分子。"如北京的邓中夏、瞿秋白，长沙的毛泽东、蔡和森，天津的周恩来等。他们是这场斗争的主要领导骨干。

正因为如此，蔡和森在1926年回顾当时情况时说：五四运动时，整个说来，国民党是站在群众运动之外的。北京、上海的学生派代表去找过国民党，它的领导人"竟以无力参加拒绝"。这个趋势很可以说明国民党"不能领导革命了，客观的革命势力发展已超过它的主观力量了"。"故此次运动中一般新领袖对于国民党均不满意"。成立新的革命政党来领导人民的斗争，已经成为中国革命发展的客观要求。

再次，五四运动促使马克思主义与中国工人运动的结合，为中国共产党的成立作了准备。

共产党是工人阶级政党。列宁说，工人阶级政党"是工人运动与社会主义的结合"。它的产生需要具备一定的条件。在中国，在五四运动以后，这些条件逐步具备了。首先，中国工人阶级的力量有了发展。五四前夕，产业工人达到了二百万人以上。在五四运动中，他们开始作为独立的政治力量登上历史舞台。这就为成立共产党提供了阶级基础。其次，十月革命一声炮响，给中国送来了马克思列宁主义，而五四运动则推动了马克思列宁主义在中国的传播。这就为成立共产党提供了思想条件。再次，五四运动促使中国先进的知识分子开始实行与工人群众的结合。这就为中国共产党的成立作了干部上的准备。

五四运动为什么会促使马克思主义与中国工人运动结合呢？这是因为，在学生运动遭到反动当局镇压的时候，中国工人阶级开始作为一个独立的政治力量登上了历史舞台。当时一个美国新闻记者在观察运动发展的情况时就曾经说过："在战争结束后来到上海的新时代中，苦力崛起而为这个新时代的最重要的特征"；"上海的新兴无产阶级转入行动，急进和爱国的学生找到了最有力的同盟者"。这对于这场斗争的胜利起到了决定性的作用。这个事实,使中国先进的知识分子开始看到了工人阶级力量的伟大。

于是,在五四以后,他们中的一些人就自动脱下学生装,穿上粗布衣,到工人群众中去做宣传工作和组织工作。这样,五四运动就促进了先进知识分子与工人群众的结合。在这个过程中,先进的知识分子了解到工人阶级的疾苦和他们的要求,把自己的立足点移到了他们的一边;一部分工人认识了本阶级的历史使命,具有阶级的觉悟。在这个基础之上,中国产生了一批工人阶级的先进分子,这就为1921年中国共产党的成立准备了条件。

五四运动发生两年之后,中国新型的工人阶级政党——中国共产党就在工人最集中的城市上海诞生了。这决不是偶然的。

学过中国近现代史的同学们都知道,五四运动在历史上的定位是中国新民主主义革命的开端。我们知道,新民主主义革命是工人阶级领导的反帝反封建的革命。五四运动之所以成这个革命的开端,不仅是因为,中国工人阶级在运动中开始作为独立的政治力量登上历史舞台;更重要的是因为,工人阶级对革命的领导是通过它的先锋队共产党来实现的,而正是五四运动促进了马克思列宁主义的传播及其与中国工人运动的结合,"在思想上和干部上准备了一九二一年中国共产党的成立"(毛泽东)。应当说,这是五四运动的最大成果和最大收获。而自从有了中国共产党,中国革命的面目就为之一新了,中国人民争取民族独立和自身解放的斗争就有了获得胜利的最根本的保证了。

正因为如此,五四运动成了中国新民主主义革命的开端。

二、对五四时期几个重要问题的认识

这里我想对大家比较关心的三个问题讲一点意见。

(一)关于民主与科学的精神及其历史演进

五四运动时期,中国的先进分子提出了民主与科学这两个口号。

近代以来,为了挽救国家的危亡,中国的先进分子曾经历尽千辛万苦,向西方国家寻找真理。但是,中国人学习西方的努力在实践中却一而再、再而三地碰壁。辛亥革命的失败和北洋军阀统治的建立,更使人们陷入了深深的绝望、苦闷和彷徨之中。

一些先进的中国知识分子认为,以往少数先觉者的救国斗争之所以成效甚少,是因为中国国民对之"若观对岸之火,熟视无所容心"。所以,"欲图根本之救亡",必须改造中国的国民性。于是他们决心发动一场启蒙运动,以期廓清蒙昧,启发理智,使人们从封建思想的束缚中即蒙昧状态中解放出来。这个运动后来被称为新文化运动。

五四以前的新文化运动是资产阶级民主主义的新文化反对封建主义的旧文化的斗争。这个运动是从1915年9月陈独秀在上海创办《青年杂志》(后改名《新青年》)开始的。

《新青年》提出的基本口号是民主和科学,即所谓拥护"德先生"(Democracy)和"赛先生"(Science)。陈独秀宣告:"我们现在认定只有这两位先生,可以救治中国政治上、道德上、学术上、思想上的一切黑暗。"为此,"一切政府的压迫,社会的攻击笑骂,就是断头流血,都不推辞"。

民主和科学的具体含义是什么?在陈独秀看来,民主,既是指资产阶级民主主义的制度,也是指资产阶级民主主义的思想。科学,则"有广狭二义:狭义是指自然科学,广义是指社会科学而言"。他强调要用自然科学一样的科学精神和科学方法来研究社会,可是詹姆士的实用主义、柏格森的创造进化论和罗素的新唯实主义这类用某种自然科学成果装饰起来的资产阶级唯心主义理论体系,在他的心目中成了社会科学的代表。他提倡民主和科学,是为了实现在中国"建设西洋式之新国家",即西方式的资产阶级国家这个目标。

当时的启蒙思想家提倡民主、反对专制,提倡科学、反对迷信盲从,是切中时弊的。正因为如此,这两个口号在当时即获得了人们广泛的赞同,并产生了深远的影响。事实上,当封建主义还在政治和社会生活中占据支配地位的时候,对于资产阶级民主主义的提倡,在客观上仍然具有振聋发聩的作用。

但是,正如前面已经说过的,由于对资本主义幻想的破灭,五四以后,中国的一些先进分子已经开始改变自己的思想方向,逐渐在马克思主义的旗帜下集合起来了。

中国的先进分子在接受马克思主义之后,有没有抛弃五四运动时期的科学和民主精神呢?没有。他们"继承了五四运动时期的科学和民主的精神,并在马克思主义的基础上加以改造"(毛泽东),从而赋予它们以新的含义,使它们在更高的层次上得到进一步的发扬。

陈独秀在开始向社会主义方向转变时,即意识到民主是有着具体的历史内容即阶级内容的。他指出:"十八世纪以来的'德谟克拉西',是那被征服的新兴财产工商阶级,因为自身的共同利害,对于征服阶级的帝王贵族要求权利的旗帜"。而"如今二十世纪的'德谟克拉西',乃是被征服的新兴无产劳动阶级,因为自身的共同利害,对于征服阶级的财产工商界要求权利的旗帜"。李大钊也指出,"今之德谟克拉西有两种,一为中产阶级的德谟克拉西,一为无产阶级的德谟克拉西"。而工人政治,"亦可以说是一种新的德谟克拉西"。这样,他们就把少数人的民主和多数人的民主、资产阶级的民主与无产阶级的民主区分了开来。显然,提倡多数人的民主、无产阶级的民主,这不是对民主的否定,而是把民主提到了更高级的层次、扩展到了更广泛的范围,从而把民主的旗帜真正地高扬了。

至于科学,除自然科学外,他们认为,就社会科学而言,不再是指那些采取了某些自然科学方法的唯心主义理论体系,而主要是指马克思主义的科学世界观和社会革命论了。李大钊说,"自有马氏的唯物史观,才把历史学提到与自然科学同等的地位"。而"唯物史观对于社会学上的绝大贡献,与对于史学上的贡献一样伟大"。陈独秀也指出,"马克思所说的经济学或社会学,都是以这种科学归纳法作根据,所以都可相信,都有根据的"。"所以现代的人都称马克思的学说为科学的社会学"、"为科学的社会主义"。显然,提倡用马克思主义的观点来观察和研究社会,这不是对科学的否定,而是真正使科学方法的运用不再局限于对自然界研究的领域,而且扩展到对人类社会、历史研究的领域中去了。这不是科学精神的进一步高扬又是什么呢?

民主与科学内涵的这种历史演进,说明中国的先进分子在五四时期已经开始突破资产阶级民主主义、自由主义的局限,实现了一次思想上的与时俱进,发生了一种认识上的飞跃。这个情况也说明,那种把五四精神归结为自由主义的说法,是不符合历史实际的。

自由主义是一种资产阶级政治思潮。中国的一些自由主义者如胡适等,也参加过五四时期的新文化运动。但是在五四以后,新文化运动的发展分成了两个潮流。一部分人走向了马克思主义,另一部分(如胡适等)

则向"右"发展,"走到资产阶级的道路上去"了。

自由主义既没有把中国引向民族独立,也没有给中国带来政治的民主与科学的繁荣。自由主义者在中国不曾有过大的作为,这是一个不争的事实。由于在实践中不断碰壁,许多崇奉过自由主义的人后来也放弃了这种信念,而加入到人民革命的营垒中来了。历史表明,自由主义早已在中国无可挽救地遭到了破产。

(二)关于反对封建主义的文化运动及其历史评价

五四运动不仅是反对帝国主义的爱国的政治运动,也是反对封建主义的文化运动。它把批判的锋芒首先和主要地指向了孔学。

为什么要批判孔学?我们知道,孔学是封建社会的正统思想。进入民国时期,北洋军阀政府仍然把孔学当作宗教教条一样强迫人民去信奉。那时统治阶级及其帮闲者们的文章和教育,不论它的内容和形式,都是八股式、教条式的。这种情况,严重地束缚了人们的思想,压制了民族的生机和创造力。不破除对孔学的教条式崇拜,人们的思想就不可能得到解放。

当时新文化运动的参加者是根据"道与世更"的原则,来反对对孔学的教条式崇拜的。他们指出,孔子所提倡的,是"封建时代之道德、礼教、生活、政治",与"建设西洋式之新国家"的目标不相适应,所以,为了提倡民主和科学,为了给发展资本主义扫清思想障碍,必须破除孔学在思想文化领域的绝对权威地位。他们说:"儒教不革命,儒学不转轮,吾国遂无新思想、新学说,何以造新国民?悠悠万事,惟此为大已!"这些启蒙思想家确实表现出了"破除迷信"、"解放思想"的大智大勇,他们不愧是敢于向两千年来神圣不可侵犯的封建礼教进行自觉挑战的第一批不妥协的战士。

当时的启蒙思想家们是不是因为批判孔学就否定中国的全部传统文化了呢?不是。

首先,他们指出,孔学并不等于全部国学。"非孔学之小,实国学范围之大也"。

其次,他们并没有否定孔学的历史作用。李大钊说,"孔子于其生存之时代,确足为其社会之中枢,确足为其时代之圣哲,其说亦确足代表其社会其时代之道德"。

再次,他们也没有把孔学说得一无是处。陈独秀就说过"孔学优点,仆未尝不服膺"这样的话。

他们批判孔学,是为了指明它在根本上已经不适于现代生活,是为了反对孔学对人们的思想禁锢,是为了动摇孔学的绝对权威的地位,从而使人们敢于冲破封建思想的牢笼,去进行独立思考,以求得"真实合理的信仰"。

新文化运动的倡导者们在社会上掀起了一股思想解放的潮流。这股潮流冲决了禁锢思想的闸门。而这个闸门一旦被打开,各种新思潮的涌流就不仅不可避免,而且是无法遏制的了。正因为如此,在那时,这个运动是生动活泼的,前进的,革命的。

对于五四以前的新文化运动的进步意义,我们应当充分地加以肯定。与此同时,也有必要指出它存在的一些弱点。主要是:

第一,当时的启蒙思想家批判孔学,是为了给中国发展资本主义扫清障碍。但是,由于资产阶级共和国的方案在中国行不通,所以从根本上说,提倡资产阶级民主主义,并不能为人们提供一种思想武器,去有效地对中国社会进行改造。

第二,他们把改造国民性置于优先的地位。但是,离开改造产生封建思想的社会环境的革命实践,仅仅依靠少数人的呐喊,依靠有限的宣传手段,要根本改造由这种社会环境产生的思想、所造成的国民性,是不可能的。

第三,那时的许多领导人物,还没有马克思主义的批判精神,他们使用的方法,一般地还是资产阶级的方法。他们中有的人看问题很片面,坏就是绝对的坏,好就是绝对的好。这种形式主义地看问题的方法,影响了这个运动后来的发展。

事实上,在当时中国的先进分子中,有一些人在宣传西方资产阶级民主主义的时候,就已经开始对它有所怀疑和保留了。这种"怀疑论"为他们后来接受马克思主义准备了适宜的思想土壤。

马克思主义在中国的传播,有没有中断或取消五四以前新文化运动参加者们所从事的反对封建主义思想文化的启蒙工作呢?没有。中国的马克思主义者一开始就是封建主义思想文化的坚决批判者。由于他们运用新的思想武器即唯物史观来解析封建主义思想文化,他们也就在很大

程度上克服了以往启蒙学者的弱点,从而把反封建的启蒙工作有力地引向深入、推向前进了。这主要地表现在以下几个方面:

首先,比以往的启蒙学者用进化论思想来否定孔子学说在现代生活中的权威更进了一步,他们"由经济上解释中国近代思想变动的原因",指出中国封建社会的正统思想——孔子学说"是适应中国二千余年来未曾变动的农业经济组织反映出来的产物";这种学说已经"不能适应中国现代的生活,现代的社会",再想维持它的绝对权威地位,既是不适当的,也是不可能的了。

其次,与以往的启蒙学者主要运用个人主义思想来批判纲常名教等不同,他们以社会主义、集体主义作为进行这种批判的思想武器。他们指出,"真正合理的社会主义,没有不顾个人自由的"。但是,"个人是群合的元素,社会是众异的组织",普遍的个性解放离不开整个社会的解放。

再次,与以往多数启蒙学者把争取个人的个性解放作为反封建思想斗争的主要出发点与立足点不同,他们进行这个斗争,主要是着眼于争取人民群众的社会解放。他们指出,"社会差不多是个人底模型,个人在社会里,方圆大小都随着模型变"。要改造国民性,必须改革铸成国民性中落后成分的落后社会。而"要想改革社会,非从社会一般制度上着想不可"。这样,他们就把反封建思想的斗争,扩展为反对滋生这种思想的封建主义的社会经济制度和政治制度的斗争;把反封建斗争的方式,由少数人进行的思想批判,逐步地发展为人民群众的革命实践。

由此可见,认为马克思主义的传播,中断或取消了反封建的启蒙工作,是没有根据的,与历史实际不符合。

(三)关于"兼容并包"思想的历史作用

讲到五四,人们很自然地会想起它的发祥地北大,想起当时北大的校长蔡元培,想起蔡元培提出的"兼容并包"的办学思想。

蔡元培在《自写年谱》中回忆自己在教育界的经历时说:"我对于各家学说,依各国大学的通例,循思想自由原则,兼容并包。无论何种学派,苟其言之成理,持之有故,尚未达自然淘汰之命运,即使彼此相反,也听他们自由发展。例如陈君介石、陈君汉章一派的文史,与沈君尹默一派不同,黄君季刚一派的文学,又与胡君适之的一派不同;那时候各行其并不相妨。"在他执掌北大的校政时,确是这么做的。至于把思想自由、兼容并包作为办学的原则,则是后来所作的概括。

本来,学术问题上的是非就是不能依靠行政手段加以裁决的,应当允许不同学派相互争鸣,而不应当用行政命令的办法扶植一种学派而压制另一种学派。王昆仑在《蔡元培先生二三事》一文中说:"蔡先生长北大时,主张百家争鸣,所以会有两位名师唱对台戏的情况,这不仅充分体现了学术民主,而且能启发学生的思路,培养独立思考、探索真理的兴趣与能力。我那时在文科学习,选修文字学。教文字学的有两位老师,一位是新派钱玄同,一位是老派黄侃。我选的是钱玄同的课。一天,我正在课堂听钱老师的讲课,不料对面的教室里正在讲课的黄侃大声骂起钱玄同来,钱听了也满不在乎,照样讲课。后来,我就既听钱玄同的课,也听听黄侃的课,以便两相对照。"

在论及蔡元培的兼容并包思想时,人们爱举辜鸿铭的例子。辜是个极端守旧的人物,总是拖着一条长辫子,穿着紫红色大马褂,辛亥革命后仍然表示效忠清室,可蔡元培对这么一个人,还是予以任用。由此可见,蔡元培实在是有一种"海纳百川,有容乃大"的恢宏气度。不过,在我看来,这样说,其实并不确切。蔡元培之所以任用辜鸿铭,并不是因为他思想守旧,更不是为了专门让他在北大开设论述帝制复辟的课程,而是因为此公精通英、法、德及希腊语文,对英国文学造诣尤深,才让他在文科讲授西洋文学,后又主讲《英诗》的。在这个问题上,蔡元培的开明,并不表现为他勇于给旧思想提供保护,而在于他并不因为某个人思想守旧就不用其专长。如果把蔡元培的"兼容并包"的方针,看做是不分政治是非、无条件地为旧思想提供保护伞,这对他就不只是一种误解,而且简直是一种歪曲事实真相的贬损了。正如王昆仑所说,蔡先生"主张兼容并包",是"要从长期的暮气沉沉中看到朝气蓬勃,从矛盾重重中认识光明的真理。蔡先生是赞助革命,保护民主的"。

其实,汉代以来,中国的封建社会就是一个"罢黜百家、独尊儒术"的局面。北洋政府也仍然是主张尊孔读经的。北大虽曾是为了造就革新人才而创办的,但在维新运动失败以后,也成为腐朽的"官僚养成所"了。在蔡元培提出"兼容并包"的方针以前,封建主义的思想、封建主义的思想文化无论在中国,在北大,早就是一统天下。在这种情况下,蔡元培主张思想自由、兼容并包,其主要的意义正是为了打破封建主义思想文化的统制,给新思潮的涌流打开闸门,开辟道路。在实际工作中,他也是这样做的。担任过蔡元培秘书的高平叔在《蔡元培与北京大学》一文中就说:"由于北大文科顽固守旧的教师较多,因此(他对北大的)整顿工作,先从文科入手。"为此,他聘请《新青年》杂志的主编、新文化运动的思想领袖陈独秀出任北大文科学长,聘请李大钊、胡适、鲁迅、刘半农等来北大任职、任教,他们与原在北大文科任教的钱玄同、沈尹默等一起,构成了一个革新的营垒。陈独秀到北大任职后,《新青年》编辑部也迁到北京来了。北大的一些革新派人物参加了编辑部的工作。这样,北大就成了新文化运动的主要阵地。在随后发生的五四爱国运动中,北大之所以能够成为它的发祥地,与蔡元培入主校政以来对新思潮的这种扶持、保护、推动是分不开的。尤其难能可贵的是,五四以后,当马克思主义在北大传播开来的时候,他对此也采取了支持的态度。正是在他担任校长期间,李大钊在北大开设了《唯物史观》、《社会主义与社会运动》等马克思主义课程。这在中国教育史上是一个创举。1921年11月北京大学马克思学说研究会公开活动时,他同意在《北京大学日刊》上刊登研究会的启事和会员的名单。他还拨出两间房子作为研究会的活动场所,一间当办公室,一间当图书室。这个地方当年被称作"亢慕义斋"(共产主义小屋)。至今北大图书馆还保存着盖有"亢慕义斋藏书"印章的八本德文原版的共产主义文献。所有这些事实都有力地表明,他提出这个方针,是为了推广进步思潮,不是为了保护腐朽的、落后的思想。

五四运动发生以来,九十年的时间过去了。在今天中国的思想文化领域中,反对封建主义的斗争任务虽仍然存在,占主导地位的却已经不再是封建主义而是马克思主义了。在这种情况下,我们是否仍然有必要原封不动地重复蔡元培提出的"兼容并包"的方针、口号呢?我认为,是没有必要的。需知任何方针、口号都是历史的、具体的、有着现实的针对性的。历史环境变了,面临的任务变了,方针、口号也应当相应地发生改变。但这并不是意味着,这个方针、口号所体现的积极内容和合理成分无条件地统统失去了时效。比如,蔡先生提倡的学术民主,就不仅在今天,而且在今后也都是要加以发扬的。毛泽东倡导的"百家争鸣"的方针,就体现了这种发扬学术民主的精神。不过,发扬学术民主,其目的是为了探索真理、认识真理、发展真理;因此,这个过程就应当包含着各学派之间的批评、切磋乃至斗争,并不只是简单地对各种不同倾向的思想、观点加以无批判的兼收并蓄。因此,即使从表达发扬学术民主这个思想来说,提"百家争鸣",较之提"兼容并包"也还是要更为确切一些的。

三、五四运动与青年运动的方向

1919年的五四运动,标志着中国新民主主义革命的开端,也是中国青年运动的一个里程碑。

1939年3月,陕甘宁边区的青年组织规定以5月4日为中国青年节。那时国民党在广大青年群众的爱国高潮的压力下,也同意了这个规定。后来国民党畏惧青年学习五四的革命精神,觉得这个规定很危险,又改定以3月29日(1911年在广州起义中牺牲后来葬在黄花岗的革命烈士的纪念日)为青年节。中华人民共和国成立以后,中央人民政府在1949年12月正式宣布以5月4日为中国青年节。

在五四运动中,中国青年们"起了某种先锋队的作用"。五四运动所体现的革命精神,所开创的革命传统,为中国青年运动指明了方向。在延安青年群众纪念五四运动二十周年的大会上,毛泽东就曾以"青年运动的方向"为题,作了讲演。所以,规定以5月4日为中国青年节,这不是偶然的。

五四运动已经过去90年了,今天的历史环境与90年前已经迥然不同,但是,我们仍然在纪念这个运动,可见这个运动所体现的精神,所开创的传统,其意义有多么重大,影响有多么深远。

今天,我们青年一代纪念五四运动,应该怎样继承和发扬它的传统,应该从它的历史经验中学习什么呢?我想,主要应该是:

第一,高扬爱国主义的旗帜。五四运动是一场伟大的爱国运动。中国的青年和各阶层群众在这场斗争中表现出来的爱国主义精神,是气壮山河、感人至深的。这种爱国主义,在当年曾经鼓舞中国人民去为争取民族独立、自身解放而英勇奋斗;在今天,它仍然应当成为我们捍卫国家主权和安全、推进中国发展的强大精神动力。

第二,积极投身于建设中国特色社会主义的事业。青年运动只有在它适应历史发展的要求、担负起时代的任务时,才能具有深刻的内容和历史的意义。五四运动之所以具有持久的生命力,原因就在这里。纪念五四运动,当然不是要去重复当年的斗争口号和斗争方式,而是要继承这个运动的革命精神和优良传统。我们应当像当年的热血青年和爱国群众顺应历史的要求、勇敢地投身于革命斗争的洪流那样,认清当前时代赋予自己的历史使命,积极地为中国特色社会主义建设事业贡献自己的智慧和力量。

第三,坚定对马克思主义指导、共产党领导和走社会主义道路的信念。五四运动是工人阶级领导的新民主主义革命的开端。正是经过五四运动,历史和人民选择了马克思主义,并在马克思主义与工人运动相结合的基础上创建了中国共产党,中国人民的斗争也由此开始走上科学社会主义指引的道路。纪念五四运动,就是要深刻认识这"三个选择"的历史必然性,增强我们坚持这"三个选择"的自觉性。

第四,遵循五四运动开辟的青年运动的方向。经过五四运动的教育,中国的先进知识分子开始通过学习马克思主义,参加实际斗争,与工农群众相结合,使自己逐步从民主主义者转变成了共产主义战士。正因为如此,毛泽东认为,五四运动代表了"青年运动的方向"。

诚然,在社会主义现代化建设时期,年青一代的成长道路必定会有许多与当年不同的特点。但是,学习马克思主义、深入实际、联系群众这些基本点,仍然是当代中国先进青年在成长过程中所必须遵循的。

以上是我对五四运动历史经验所作的一些思考。

谢谢大家。

(2009 年 2 月 28 日)

决定中国命运的五四一代

■ 张　永

[演讲者小传]

张永,男,1971年出生,1989—1993年就读于浙江大学机械工程系,获工学学士学位;1993—1996年就读于北京大学城市与环境学系,获理学硕士学位;1996—2000年在北京做房地产估价师;2000—2003年就读于北京大学历史系,获历史学博士学位。现任北京大学马克思主义学院副教授,主要从事民国政治史和中共党史研究。

主持人：

永远的五四,永远的北大,欢迎大家来到我们的讲座现场。今年是五四运动爆发90周年,同时也是北京大学学生会成立50周年,北京大学学生会常代会成立30周年。我们通过系列讲座的方式来铭记一些人,一些事,今天是我们系列讲座的第九场。

1915年9月,《青年杂志》第一卷第一号刊登了陈独秀先生的《敬告青年》一文,引起了广泛的社会反响。他强调,"青年如初春、如朝日、如百卉之萌动、如利刃之新发于硎。人生最宝贵之时期也,青年社会,由新鲜活泼,由新鲜活泼细胞制改人生。"同时他提出了青年六义——自主的而非奴隶的;进步的而非保守的;进取的而非退隐的;世界的而非锁国的;实利的而非虚文的;科学的而非想象的。五四青年一代的激扬文字,对于当今的我们无疑有着非常巨大的启蒙意义,青年勉乎哉！

下面我们就有请张老师带领我们再次走进那个时代,追寻一代巨人的魅力,大家欢迎。(掌声)

张永：

五四运动距离现在已经是90年了，我觉得到现在也应该是可以总结的时候了，应该说五四一代人现在基本上都已经谢世了。今天，五四运动只占我们这次讲座的一部分内容，因为它只是短时间内发生的事件，我要讲的是五四一代人，因为他们这一代人的一生实际上决定了中国整整80年的历史。

他们这一代人可以说是空前绝后的一代人。我为什么这么说呢？因为在历史上没有过这样一代人，从1919年开始，当时他们大概是20岁上下，就开始改变中国的政治，就开始主导中国的命运。比如说，当时的中央政府想去签订一个条约，结果这一批青年人不答应，就硬让那个条约没有签成，使得整个中国的政治都开始发生变动。所以，他们这一代人从20岁就开始管国家大事，一直到什么时候呢？一直到1997年，可以这么说，邓小平去世以后，这一批人才真正退出历史舞台。可以说，整整80年中国的国家大事都离不开他们，所以他们是很独特的一代人。在正常的年代里，应该说不会出现这种现象。我为什么又说他们是绝后的一代人呢？因为这样的一代人，我觉得以后也不会有了。

他们就好像是一道流星一样，划过那80年的中国历史，光芒是非常耀眼的，可以说他们是一代伟人嘛，而且这个说法也是世界公认的。他们是非常特殊的一代人，对我们的历史，以及对我们今天和明天影响都非常深远。所以呢，我觉得应该把他们那一代人单独拿出来讲一下。我今天先用大概一半的时间，讲他们这一代人怎么产生的，讲他们从20岁到30岁成长的这样一个过程，因为我觉得三十而立嘛，他们大概到30岁的时候就比较成熟了，有一套成熟的东西、理论和方法了。然后呢，后半部分就大跨度地讲，一直讲到他们90岁，邓小平去世的时候是92岁，后面的内容跨度就比较大。

一、五四青年的产生

首先，我们讲五四青年的产生，这要从袁世凯去世开始讲起。为什么从袁世凯去世开始讲起呢？我自己觉得，袁世凯的去世是中国近代历史上非常具有转折性的一个事件。换句话说，如果袁世凯不是以那种方式失败而去世的话,也可能就不会有后来的五四青年产生,整个的中国政局都会不一样了。为什么这样说呢?前几年有一段时间,有很多人在谈论辛亥革命,他们认为辛亥革命使中国比较正常的现代化道路中断了。本来晚清的时候,现代化的速度,甚至整个社会进步的速度都非常快。晚清"新政"废除科举,办西学,现代化的步伐是很快的。后来呢,辛亥革命以后进入到军阀混战,整个现代化的步伐被打乱了,所以他们否定孙中山和辛亥革命。我跟他们的意见不一样。我觉得他们说的某些历史事实是对的,晚清的时候现代化是比较顺利,到辛亥革命以后确实是军阀混战,国家没有发展的机会,陷入一片混乱。但是呢,清朝的灭亡,可以说它是一个必然的结果,并不是一个偶然。我常常打一个比喻:并不是由孙中山把清朝杀掉的,而是清朝老化到一个程度以后,所有的器官都已经退化衰竭了,于是它就自然死亡了,它是一个自然解体的过程。在推翻清朝的过程中,很多支力量都参与了,所以清朝的灭亡是不可避免的。能不能产生一个新的力量来代替清朝,稳定中国的政局,然后推动现代化的发展,这才是最关键的问题。

在晚清和民国初年的时候,梁启超认为革命以后中国会陷入混乱,而事实上,革命以后中国也确实陷入混乱了。所以他希望有一个强有力的人物出来,能够稳定中国,统一中国,然后实现中国的富强。这时候确实有一个人有能力,这个人就是袁世凯。如果袁世凯和梁启超他们这样的设想实现了的话,中国也可能就会进入到一个稳定的局面,这样五四一代就不会产生了。

在民国初年,袁世凯是非常重要的一个人物,而且他当时确实抓住了机会。他在1913年到1914年,大概两三年的时间内很快地基本结束了中国分裂的局面。为什么前面我们说袁世凯有能力?大家知道,中国是一个传统的专制国家,统一国家靠的就是武力。在晚清的时候,清朝政府一共编练了十几镇的新军,这是当时中国最新式的军队,分散在各个省,北洋六镇是其中最大最强的一支,而袁世凯是北洋六镇的绝对领袖。所以他当时有能力武力统一中国,建立一个统一的政府。

在1914年之前,中国中央政府的财政是靠什么来支持呢?是靠外国的借款。为什么要靠外国借款?因为各个省纷纷都独立了,各个省的钱都不交给中央了,所以中央就没了钱,只能靠外国借款。而到1914年,袁世凯基本统一中国以后,他就可以不要外国借款了,各个省必须要把费用交给袁世凯。这时一个统一的中央政府已经建立起来了,袁世凯本来有机会在统一的、稳定的局面之下,发展中国的经济,发展中国的国力。我们改革开放以后经常说到"稳定压倒一切",确实,也只有在稳定的条件下,国家才能够发展。

袁世凯当时就是有这么一个机会,而且那时有很多人,包括梁启超、蔡锷在内都认为,当时中国不可能直接实行民主制,只能实行开明专制。而孙中山的想法也跟他们差不多,孙中山的《革命方略》和《建国大纲》也讲要军政、训政、宪政三步走,而不能直接实行宪政。因为中国当时民智未开,老百姓的民主素质不够,要经过一段专制的过渡时期,所以当时梁启超把很大的希望寄托在袁世凯身上,而且当时很多中国人也希望他在稳定中国政局、统一中国以后,实现中国的富强。事实上,在民国初年时,孙中山也认为袁世凯是一个合适的人物,想让他当10年的大总统,领导中国实现富强。

但是非常可惜,袁世凯辜负了众人的期望,后来梁启超也对袁世凯彻底失望了。为什么彻底失望呢?梁启超期望的是开明专制,一方面中央集中权力,稳定整个国家制度,同时政权还要比较开明,能够鼓励新生的事物发展。而袁世凯集中了所有的权力、建立独裁制以后,就开始不开明,把那些新派的人物渐渐地都排挤出政治舞台,然后开始起用他那些清朝时代的同僚,最后竟然还要复辟帝制。

实际上,在当时,中国真正支持民主自由的人比例并不高,能够认同帝制的也不少,甚至包括梁启超等人都有可能认同帝制。但是,袁世凯选的那个时机并不是很好,他是在1915年,中国刚刚受到一个巨大的屈辱——接受了日本的"二十一条"之后去复辟帝制的,这便引起很多人的愤怒。当时有人写文章说,如果袁世凯你能够打败日本或者打败德国,发扬我们国家的国威,要当皇帝,还可能接受。但是袁世凯你刚刚接受了屈辱的"二十一条",这时候还要去搞帝制?这就引起了公愤。最后,袁世凯在1916年身败名裂而死。

而袁世凯之死也是近代史上非常戏剧性的一个事件——一个人从他最辉煌的权力顶峰,一下子就跌落到身败名裂,没有一个人去同情他。在我上学的时候,曾经和几个同学议论过这件事,其中有一个同学说得非常精辟,他说:"袁世凯其实也很可怜的,因为他没法超越他既定的局限。"这就是说,没有人能够真正超越他的时代,比如说慈禧太后,她没法超越她的知识局限,她相信义和团能够刀枪不入。袁世凯也没法超越,因为他一辈子给皇帝当大臣、磕头,所以他就觉得皇帝是最值得追求的一个目标,所以他就总是抵抗不了诱惑。"文化大革命"中的毛泽东也是一样,他超越不了他革命家的那个局限,他一辈子革命,到后来搞建设,就不习惯,总是想继续革命。所以,毛泽东到晚年也很痛苦。这就说明,人很难超越自己的局限。

而袁世凯本人也经过了很多的挣扎,如果我们熟悉那段历史的话,可以看到袁世凯是从1913年到1914年,再到1915年,一次一次地试探,一次一次地退回来,到最后他还是抵制不了诱惑,最后身败名裂而死,中国从此陷入长期的战乱当中,因为袁世凯死后,北洋军阀最大的军事力量就陷入分裂了,变成直系、皖系、奉系。北洋军阀分裂以后,就再也没有一支能够在短期内统一中国的力量,一直到1949年中国共产党统一中国之前,整整30年的时间,中国再也没有真正地统一过,并且陷入长期的战乱中。大家知道,处于战乱的状态,国家是没法搞建设的,一定要有稳定的政治局面才能搞建设。而中国,从1916年袁世凯死后,一直到1949年之前,再也没有进入到这种稳定时期。所以这段历史,这种大的历史时期,是五四青年产生的一个土壤,如果没有这种大的动荡的话,也就不会有这代青年的产生。

袁世凯死后,整个国家统一的局面就瓦解了。我简单地讲,最大的一个派别——北洋派分裂成了直系、皖系、奉系,南方呢,各个省都有各个省的军阀。比如说桂系、滇军,四川一个省分裂成五六个军阀的地盘。中国出现了一个军阀混战的局面,军阀为了扩张地盘,就得养兵,养兵就得收税,收税就要盘剥人民,所以当时的人民非常痛苦,而国家的动乱也达到一个难以想象的程度。现在的伊拉克、阿富汗可能都没有那时候的中国那么动荡。到20年代的时候,土匪已经遍地都是了。山东有一个著名的"临城大劫案",山东的土匪从山上下来,抢劫了整整一列火车,把整个火车上的人扣为人质。这就成了国际事件,为什么?因为有一个车厢里面全部是外国人,几十个外国人被抓到山上做人质。现在我们经常听说阿富汗或者伊拉克的恐怖分子抓两三个人做人质,而在中国,有几百个中国人和几个外国人被土匪抓去做人质,可以想见那个时候中国的混乱程度了。

而当时的中央政府没有办法养活自己。各个地方军阀都已经独立了,没有钱交到中央政府,中央政府怎么办呢?还是只能靠借外债。在五四运动的时候,也就是大约1916年到1920年期间,掌握中央政府的是以段祺瑞为首的皖系军阀。他收不到税收,只能向外国人贷款,而当时呢,他主要依靠的是日本人,日本给他巨额的贷款,一笔一笔的有很多,这就涉及卖国的问题。五四运动时期所说的卖国贼,就是这时候产生的。为什么叫卖国贼呢?这不是比喻,确实是卖国。怎么卖呢?就是出卖铁路权,日本说"你要借钱,行。必须把这条铁路的建筑权、管理权给我。"而一条铁路所包含的当然不止是一条铁路的问题。铁路两边一定宽度的土地在一定年限内都由它管辖。

这就是五四青年产生的一个条件,就是非常黑暗、非常动荡的社会环境。五四一代就是在中国的深重的痛苦当中,在动乱当中产生的。一个国家通常不会让20岁的青年人去管国家大事。现在,20岁的青年人才上大二,国家大事由他们的长辈来管,这才是正常国家的状态。

二、五四运动的萌芽、发生、发展和尾声

在这时,年轻人就渐渐地愤怒了。在正常的年份,年轻人应该是安安心心读书,像我们今天,大一大二的学生还在上基础课,甚至上了研究生之后也在安安心心读书。但是那个时候,年轻人没法安心读书了,觉得"你们这些成年人,这些政府的官员,这些总统、总理、督军,把国家弄成这样子,实在是太不像话了。"

在1918年,北京就出现过一次学生请愿,当时段祺瑞政府和日本签订了一个军事协定,军事协定出卖了国家的权益。这时候青年人就开始游行,那时候的游行还比较温和,有北京大学的学生,包括北京其他学校的学生都到总统府请愿,递了请愿书,恭恭敬敬出来,然后就散了。散了以后,有些年轻人,特别是一些激进的学生领袖,越想越觉得窝火,觉得没有解决问题,就是递了一个请愿书,人家也没理。然后就撤了、就散了,这是学生运动刚刚萌芽的阶段。

后来,学生们觉得这样不行,得形成组织,于是在一些学校中,比如北京大学,一些学生组织开始形成了。比如国民社,五四运动的时候,就是靠这些人才组织起来的,要是原来没有组织的话,一下子不可能形成那么大的行动。这时表现很突出的就是北京大学,开始发挥它的作用,实际上我们现在回过头来看,北京大学发挥最大作用的时候就是这时,对国家的命运产生了如此重大的影响。

为什么会出现这种现象呢?因为五四之前,蔡元培已经开始担任北京大学的校长。蔡元培是一个提倡民主主义的人,他的心胸比较开阔,有新的思想,所以他聘请了一些有新思想的教授,比如说陈独秀、胡适。他也支持学生社团的活动,比如说学生要成立一个新潮社,蔡元培就可以分给他们两间房子作为活动场所,活动缺少经费的时候,甚至可以拨给经费。另外,那个时候学生和教师之间形成一种非常密切的交流。当时教师对学生的影响跟我们今天不一样,因为现在学生太多了,成千上万,学生可能认识老师,但是老师根本不认识几个学生。而那个时候学生比较少,所以老师和学生很熟,特别是一些比较活跃的学生,和老师的关系非常密切。比如说当时北大最有影响的是文科。当时在红楼二楼有一个文科教师休息室,那里就是一个活动中心;一楼就是李大钊当主任的图书馆,是另外的一个活动中心。这两个地方就是北大的思想文化交流中心,有一些比较活跃的学生和一些教授整天在里面讨论问题。所以,后来他们把这两处活动中心起了外号,把二楼文科教师休息室叫做"群言堂"。为什么叫"群言堂"呢?是说这些人"群居终日,言不及义"。楼下图书馆主任室叫做"饱无堂"。什么意思呢?是说"饱食终日,无所用心"。当然这都是开玩笑,其实很多新思想都是从这两个地方出来的,教师和学生整天探讨思想、学问,很多新思想就酝酿出来了。谈好了,就有人写出文章,发表在《新青年》、《每周评论》、《新潮》等刊物上面。这几个刊物是当时非常有名的新思想杂志,影响着全国的新思潮。因此北京大学当时被认为是新思想的圣地。很多的年轻人都跑到这儿来。有的是来投考,有的不考,就在旁边听课,按现在说法就是北漂。比如说毛泽东,那个时候也是北漂,在北大漂了有几个月,旁听了一些课,也参加了一些活动。在1919年3月份的时候,他母亲病重,因为他跟他母亲感情很好,就回家去了,就没有赶上五四运动。这就是当时的北大对全中国的影响,但是原来北大的校园不是今天我们的校园,原来北大的校址在城里,在景山附近,到天安门游行也很方便。

到1919年的时候,五四运动直接的导火索出现了。其实即使没有导火索,也会有活动,至少在5月7日国耻日会有游行。大家知道1915年日本要求中国签订"二十一条",谈判了几个月没有达成协议,5月7日日本给中国发出最后通牒,意思是:如果你48小时内再不答应的话,我就要和你开战了。到5月9日的时候,袁世凯政府非常屈辱地接受了最后通牒。后来教育界就把5月7日和9日当成国耻日,教育学生奋发图强。

后来为什么游行发生在5月4日呢?这要从一次大战讲起,实际上中国是参加了第一次世界大战的,到1918年战争结束的时候,中国是一个战胜国。那时候全中国的人都非常高兴,北京的学生都处于一种狂热状态。因为中国几十年都是一个非常屈辱的国家,总算好不容易成了战胜国。

而且当时的美国总统威尔逊发表了十四条建议,主张所有国家一律平等。第一次世界大战中德国被打败,美国起了决定性作用,所以当时中国人觉得,美国总统的主张,肯定会被接受。所以预想在巴黎和会上,中国的收回山东等很多要求都能解决,所以中国人对巴黎和会有一个非常美好的预期。当然正是因为有这么一个非常美好的幻想,所以幻想破灭以后,失望就更大、受到的刺激就更深。

但是,后来中国代表团在巴黎和会上谈着谈着,情况就不乐观了。到4月底的时候,中国外交就彻底失败了,什么权益都没有收回。而山东问题更没法解决。为什么没法解决?因为在1917年,段祺瑞政府在跟日本谈判一条铁路的2000万日元借款的时候,日本在签约之前,要求中国必须再次保证德国在山东的权益由日本来继承,当时章宗祥竟然"欣然同意"。所以在巴黎和会上,日本就说,关于山东问题,日本和中国已经达成协议了,此问题在巴黎和会上中国就不应该再提出来。而在这之前,日本跟英国、法国对于山东问题早就已经有了默契。在巴黎和会上,美国就归还山东问题,给日本施加压力。但是日本表示,如果美国不答应我占领山东,就退出巴黎和会。后来美国被迫退让,说既然中国已经欣然同意了,别的国家就没法管了,因而中国人原来作为战胜国的一系列的收回权益的幻想全部破灭了。

5月初消息传回来,青年学生受到了极大的刺激,情绪非常激烈,激烈到什么程度?有人当场自己咬破手指,写血书,写出来的字,就是"还我青岛"这四个字。5月3号,北京大学召开全校学生动员大会,会上提出,原来在5月7号游行的计划提前到5月4号,也就是第二天,要求政府拒绝在《巴黎和约》上签字,提出"外争国权,内惩国贼"的口号。5月3号晚上,很多的学生根本没有睡觉。据说学生们当时把北京大学学生会的钱全部提了出来,买了很多布,制作旗帜。

　　5月4号的时候,学生们就开始了空前的大游行。其实在巴黎和会谈判的过程当中,消息不利的时候,北京师范大学有些学生就开始酝酿一个暴力小组,就是他们决定要暴力对待卖国贼了。他们事先有准备,事先到照相馆里面,把曹汝霖、章宗祥、陆宗舆的相片都给弄出来,然后查明他们的住址,还买了很多火柴。

　　5月4日游行一圈后,他们就号召去找曹汝霖算账。当时北大的傅斯年还想阻挡,但是挡不住。学生们跑到曹汝霖家,曹家外面有几十名警察在守卫。但是暴力小组的人翻墙爬了进去,凭借人多势众就把门打开冲进去了。曹汝霖对自己家比较熟悉,藏在一个角落里面,而章宗祥被抓住了。其中有一个人说这就是章宗祥,然后众人就开始打。打着打着,忽然有人说,不对,认错了,就把他放了。但是后来学生又跑回来了,说没打错,这就打得比较重了,他们把一个床给拆了,用铁架把章宗祥打得遍体鳞伤,后来在医院里抢救了两天才抢救回来。随后,暴力小组的人就把火柴拿过来,开始放火,就是著名的"火烧赵家楼"事件。

　　对于这个事情,我每次在书中看到,总觉得打人、放火有点过头了,有一种不祥的感觉,感觉这预示着中国的社会发展可能要付出很惨痛的代价。

　　暴力事件以后,警察就开始抓人,共抓去32人,有20人是北京大学学生。蔡元培赶紧找政府去谈判,5月7号,这些学生就被放回来了。这些学生回到学校受到了英雄般的礼遇。

　　这时又出现一个问题,因为受到了北洋政府很大的压力,蔡元培把这些学生从监狱里要回来以后马上就离开北京了,去天津,后来到上海,辞职。所以大家就又要求蔡元培回北大来当校长。再加上另外一个很大的问题没解决,就是要求拒绝在和约签字。于是,学生们就再次罢课,并且派出了南下宣传团,从北京到天津到上海,一路的宣传,号召学生罢课。当时北洋政府也没有轻易向学生屈服,并且向学生们施加了更多的压力。

到了6月3号,学生展开了大演讲。政府禁止演讲,学生们在此之前就是小规模的演讲。学生们这时就不顾禁令,发动几百人出去演讲,结果一下几百人被抓。但是第二天有更多的人出去演讲,又全部被抓了。第三天,又有更多的人出去了。后来警察抓了两三千人,因为监狱里装不下了,就关到北大的三院,后来三院也装不下了,理科校舍也用来关学生。"6·3"大逮捕震动了全国,大家都很同情学生,引起很多的反响。特别是有一些地方,比如天津,学校也已经开始罢课了,学生动员商人罢市。当然学生在动员罢市的时候,刚开始是很难的,商会的人说:你们这些学生,没有什么钱,罢课没什么损失;我们是生意人,几天不做生意,挣不了钱,我们拿什么养家糊口呢?学生领袖马骏就说,"你觉得是钱重要,还是生命重要?当然生命重要"。然后"咣"一头就撞到墙上,撞得头破血流,不省人事。当时把那些商人感动了,赶紧罢市。到6月10号,上海学生罢课、工人罢工、商人罢市。于是两大城市的工商业活动都停顿了,事情就大了。各地的军阀开始向北京政府报告,如果不接受学生们的条件的话,可能有难以预料的后果。北洋政府最后屈服了,不敢在巴黎和会上签字,然后将卖国的曹汝霖等三人免职了,这就是五四运动的全过程。

三、五四青年一代的梦想和实践

为什么说五四运动影响深远呢?主要是这场运动中涌现出了一代人。这批在当时20岁上下的青年学生,发动了一场斗争,迫使政府屈服,改变了国家的外交政策。学生开始产生非常强烈的权力意识,他们意识到了自己的力量,觉得应该利用这种力量来主导国家的命运。他们在很年轻的时候,就开始有非常强烈的使命感和权力意识,这就是他们和一般的任何一代人不一样的地方。

当时的学生已经是越来越强势了,五四是一次巨大的政治动员。有一批学生领袖已经开始不太上课了,他们认为国家大事应该他们管,念书是次要的事情。也就是说,他们在20岁的时候,就已经走上政治舞台了,开始从政了。北京大学有两个比较活跃的社团,一个是新潮社,一个是国民社。新潮社的人呢,学者气质比较浓,像傅斯年、俞平伯等,都成了学者。另外一个是国民社,他们觉得应该贴近群众、发动群众,所以他们当中很多人成为政治人物。比如说张国焘、邓中夏,还包括高君宇,后来都成了共产党人。

五四运动还是一个彻底的思想解放运动。本来思想解放在五四运动之前就已经开始有了。在《新青年》《新潮》上面,有很多文章谈到伦理,谈到中国人的奴隶道德,谈到个性解放,谈到思想自由,但是影响都比较有限。但在五四运动后,这些刊物都迅猛发展,而且观点越来越激烈。比如说"打倒孔家店",要把中国的传统道德全部打倒,这在鲁迅的《狂人日记》里面也谈到。有的人甚至提出废除汉字,说汉字的书籍里全部都包含着专制的毒素。而新的思潮呢,就非常非常多了。什么自由主义,什么国家主义,什么无政府主义以及社会主义。国民社原来有一个小组叫爱国会,后来无政府主义者批判说"爱国"两个字太狭隘了,现在是走向世界大同,于是"爱国会"就改成了"救国会"。

而在新的思潮里面,当时声势非常大的就是社会主义。为什么它比较强大?因为它当时是欧洲的最新的、最激烈的一个思想,在一个思想动荡、情绪激愤的时代里面,越激进的思考往往越得到大家的认同。大家如果看到社会主义经典的文献——《共产党宣言》的话,它最重要的主张是第二部分。第二部分里面最重要的是消灭私有制、消灭国家,观点非常激进。就算是到了今天,我们仍然觉得这种观点非常激烈。但是在那时候,最激烈的思想却能得到非常多的人的共鸣。当时很多青年都向往共产主义社会,比如说有几十个学生甚至成立了一个小组织,这几十个人不分私有财产,共同劳动,共同消费,当然这些尝试后来都失败了。当时,在第一次世界大战之后,社会主义浪潮在全世界都非常高涨,对当时的中国的青年人的影响非常大。中国的青年当时已经有政治意识了,已经有个性解放意识了,他们已经打倒了传统,需要一个新的东西。而一个新的东西来了,并且非常的激进,非常的美好,就一下子抓住了年轻人的心。这个东西就是一个伟大的梦想,建立一个大同世界,建立一个共产主义人间天堂的梦。社会心理学家英格尔哈特有一个观点:一个人年轻时代形成的观念是很难改的。通常大家都认为年轻人是比较激进的,老年人是比较保守的。但是有的学者在研究美国不同年龄的人的政治倾向时发现,20世纪末的时候,青年人保守,他们的父辈激进。为什么?因为年纪大的一代是在60年代成长,正当西方人权运动时代,所以他们一直都比较激进。而他们的子女呢,也就是80年代成长的一代,他们是成长于欧美保守主义最兴盛的时期——里根、撒切尔时代,所以要比他们的父辈思想保守。所以我们说,人在年轻的时候形成的观点,很难改变。而这一批五四青年当中比较激进的一部分人,在这时接受了社会主义思想。所以,他们的想法,往往也是能够维持终生的。

回到我们原来那个主题,在社会动荡、国家动乱、国将不国,到处都是土匪,人民非常痛苦的这样一个时代,五四这一代青年就产生了非常大的救国的激情。他们认为国家已经不行了,只能靠他们这些人起来才能救国。而同时呢,他们也有一个伟大的梦想,就是要建立一个共产主义的人间天堂,他们觉得只有建立共产主义国家,走社会主义道路,才能救旧中国。

这一代为什么和其他的一代人不一样?在其他时代,青年人肯定没有这么大的痛苦,也没有那么大的抱负和激情,没有那么大的梦想。因此,思维方式也不一样。一个人的梦想和志向往往会决定一个人的行为。有一句话,三军可夺帅,匹夫不可夺志,因此一个人的志向非常重要。《史记·项羽本纪》里有一个小故事,是说项羽要杀刘邦,为什么要杀刘邦呢?因为范增跟项羽说,刘邦这个人野心比较大,要和你争夺天下,要杀了他。为什么说他野心比较大呢?刘邦在入关中之前,他刚有点势力的时候,看到钱就要钱,看见美女就要美女,没有太大的抱负,就是一个暴发户,眼里只有金钱和美女。但是进了关中以后呢,他钱也不要了,美女也不要了,约法三章,收买人心,他那时候的志向就是夺取天下的志向。所以大家看到,一个夺天下者的行为方式,跟一般暴发户的行为方式不一样。所以,一批有思想、有追求的人,行为方式也是不一样的。蒋介石对他的一些对手,比如说对冯玉祥、李宗仁、张学良都很有办法,他可以收买他们的部下。但是对共产党就没办法了,共产党人很难收买,因为这些人是要救中国的,在中国建立社会主义社会,你的钱打动不了他。

所以,一个人的理想,决定了他的气质和行动。毛泽东1893年出生,五四时期大概是二十几岁;周恩来呢,1898年出生的,当时也刚二十出头;邓小平呢,1904年出生的,当时才十几岁,虽然跟毛主席差了11岁,但他们还是一代人,他们在那个痛苦与梦想的时代里树立了伟大的志向,并为此奋斗终生。

五四一代很快冲击了学校。学校马上就感觉到管不了这些学生了,全国各地、各级学校都是学潮汹涌。学生对于没有新思想的校长、教师毫不客气,坚决驱逐。各个地方都闹学潮,几乎没有一个学校没有学潮,学生几乎成了学校的主宰。

五四一代又冲击了工厂。信仰社会主义的学生开始跑到工厂里,发动工人运动。他们作为大学生,社会地位比较高,却跑到穷人堆儿里面去,跟穷人打交道。比如北京大学的学生邓中夏、张国焘这些人,跑到长辛店办工人学校,去发动工人。开始工人不相信,觉得他们是别有用心的。到后来,真正听了他们的计策,发动罢工后,工资提高了,工人们开始相信学生,慢慢地工人运动就发动起来了。今天,我们也有很多知识分子,也谈到农民工受欺负,没有社会保障,但是真正深入工人、帮助工人的知识分子很少,这就是时代差异的原因。五四一代人有那么大的梦想,所以他们行动的劲头非常大。到后来工人运动发展到很大的规模。省港大罢工坚持了一年多时间,封锁香港,整个香港变成一个臭港,街上全都是垃圾,没有人去收拾。

五四一代冲击了城市。最突出的就是五卅运动,这是一场全国大规模的市民运动,这中间共产党在上海发挥了很大作用,而在这场运动中,共产党的人数也获得了爆炸性增长,在一年之中增加了近十倍,从一千多人发展到了一万多人。

然后,五四一代又开始冲击农村了。在北伐战争期间,湖南、湖北等地的青年在共产党的领导下组织起几百万农民,对农村社会形成了巨大冲击。我再举个例子,早在1921年的时候,著名的农民运动家彭湃,就已经开始在他的家乡海丰搞农民运动了。他家本是个大地主家庭,他本人留学日本,回来以后直接当了县教育局局长,当着当着不爱当了,跑去搞农民运动。他先在路边接近农民,当时农民都不理他,不知道这人到底是干啥的。后来他就穿得和农民一样,把他们家的田全都分给农民,慢慢地农民就信任他了,发展到非常崇拜他。后来搞武装斗争的时候,他一号召农民都会跟着干。这些说明,一个人为了一个伟大的理想可以抛弃一切。当一个地主,生活会更好,但是彭湃并不想仅仅自己过好生活,他要让所有的农民都过上好生活。

五四一代很快拿起了武器。为了打倒军阀，必须开始真正的武装斗争，当时他们在国共合作的框架下创办了黄埔军校。全国很多热血青年投考黄埔，其中很多都是共产党动员来的。当时黄埔军校招生标准很高，学生素质也很高。这批学生后来对中国命运产生了很大的影响，国民党蒋介石依靠他的黄埔学生，打天下。很多著名的共产党将领也是黄埔出身的，比如林彪、聂荣臻、徐向前、陈赓、左权等。

1927年的时候，发生了一件大事，就是国共分裂，这也是五四一代人的分裂。国民党和共产党都有一批热血青年，但是这时候，他们发生了一个大规模的分裂。国民党的五四青年走向了保守，服从校长蒋介石，蒋介石是前一辈的，崇拜的是曾国藩、王阳明，服从蒋介石意味着国民党的青年放弃了五四新思想。而共产党这一部分青年跟他们的前辈决裂，把前辈和以前的领袖陈独秀抛到一边了，开始自己探索新的道路。所以共产党这一批五四青年人，是更激进的、更勇敢的一批人。

而国民党的这些五四青年呢，转向较保守立场的过程也当然有曲折。《李宗仁回忆录》曾经提到，在1927年"四一二"政变之前，蒋介石想下令镇压上海工人运动和共产党，但是他手下黄埔军人心不稳，都不服从他的命令。李宗仁发现蒋介石的嗓子哑了，就问，"你这嗓子怎么这样啊？"蒋介石说，他手下的这些学生，就是那些团长、营长、排长啊，天天来找他，问他到底怎么回事。在黄埔的时候说的好好的，要扶助农工的，现在为什么要镇压工人运动？镇压共产主义？不过他们后来还是服从了蒋介石，为蒋介石打天下，把五四的很多理想都抛弃了。

共产党人呢，他们本来就比较激进，受到镇压以后，就走上了革命的道路。大家可以到北京大学的静园草坪、北京大学革命烈士纪念碑看看，很多的烈士，比如李大钊，都是这在一时期被张作霖杀害的。从那时候起，中国革命就开始血流成河了，成千成万的人被杀了。中国历史开始进入到非常激烈的时代，共产党人的理想为社会保守势力所不容，遭到血腥镇压，而他们也开始了激烈的反抗，有时也常有过火行为。《毛泽东传》里提到毛泽东1959年回井冈山的时候说，当年他曾经亲手放火烧过地主的房子，但其实农民并不高兴。

四、开辟中国发展新道路的五四一代

下面我就开始跳跃地讲了,讲那一代人是怎样在荆棘中开辟出一条道路。在面临白色恐怖的时候,有些人就承认失败了,很多共产党人包括陈独秀、彭述之等前中央委员,没有找到新的道路,成了取消派。而真正的道路是艰险的农村武装斗争。但是,他们没有多少武装力量,本身也不会打仗。像毛泽东,原来是写文章比较好的一个人,在国民党中央代理宣传部长,根本不会打仗。发生秋收起义的时候刚刚开始带兵,慢慢学习,后来成了伟大的军事家。当时很多的革命知识分子,为了创建红军,有时要到武装土匪中去工作,喝血酒、结拜兄弟,然后把他们拉过来,去改造成为可用的力量。那是一个非常惨烈的时代,知识分子的书卷气就在残酷的斗争中褪去了。在战争里面,他们很多的亲人、战友被敌人杀害了,他们自己也发生了变化,从单纯的知识青年变成刚强的革命领袖。

每个活下来的革命领袖都有着九死一生的经历。比如叶飞上将,在福建上中学的时候,在学校里是第一、第二名的高材生,到这时候也投身到了武装斗争中去。有一次,他被叛徒出卖,敌人设下了埋伏,他到一所楼上正在等待接头人的时候,一个人对着他的脑袋上来就是一枪。他被打倒以后呢,却没有死。对着脑袋打他却没有给打死,很奇怪啊。刺客下楼的时候,叶飞抬头看了一眼,刺客回头发现他没死,又回来对着他打了几枪,然后就下楼。这回他还是没被打死,但是没动,装死。等刺客走了以后,他自己又爬下楼,逃走了。至今想起来我仍觉得不可思议,近距离内要害部位中了好几枪,都没有给打死。后来叶飞成了上将,1937年的时候,叶飞领导游击队下山组织新四军,国民党将领见了很吃惊,大名鼎鼎的叶飞看起来就是一个白面书生,丝毫不像一个猛将。但他确实已经不是书生了,不再是一个单纯幼稚的青年,而已经成为具备领导能力的一个革命家了。

第五次反围剿失败后,红军处境一度非常危险,西安事变以后建立了抗日民族统一战线,局面发生了变化,国共进入了第二次合作时期。

在抗日战争中,共产党获得了巨大的发展空间。为什么有巨大的发展空间?因为日本兵力有限,虽然打败了国民党主力部队,但是主要占领的是铁路线和沿线的城市,而铁路线之外有大片的地区日本军从来没有到过。而当时的中国,铁路线非常稀疏,一共也没有几条。铁路线之间有非常大的空间,这个空间内国民党已经撤了,而日本军也没有到达,共产党抓住这个机会,迅猛发展。

这时候共产党又得到一批非常珍贵的干部。是什么人呢?就是一二·九青年,就是在"一二·九"抗日爱国运动中涌现的又一批青年人,这些新的知识青年也开始走上革命道路。这些人走上革命道路的方式,跟五四青年差不多,也是因为爱国。这一批人,是五四青年的学弟,比五四青年小十几岁,大概是1915年前后出生的。但是这一代人面临的形势不一样,他们为什么没有像五四一代成为最高领导人,是因为他们参加共产党以后,已经有了领导,已经有一套被前一代五四青年创造出来的体系,那时候五四一代已经是中年人了,已经成为非常成熟、非常坚强的革命领袖,所以他们只有跟随五四青年干革命。但是这批青年像他们的五四前辈一样,也经历了深刻的改造和变化。知识青年身上具有自由主义的精神,改造的根本,就是参加革命以后,你要从一个青年的知识分子转变成一个军队里的战士。革命是一场残酷的战争,革命队伍是一个军队,军队里的战士必须要服从命令,遵守纪律,不能像在学校里面自由散漫。抗战期间,他们成为一批优秀的干部,但是他们没有成长到他们前辈的高度,因为可以说他们是在大树底下成长起来的,所以长得不高。

抗日战争结束之后,爆发了解放战争,我就不细讲了,这过程当中有很多带有戏剧性的事件。比如说本来国民党占着巨大的优势,想在三个月到六个月之内,最多一年,消灭共产党。但是呢,没想到反而被共产党消灭掉了。战争结束,国民党逃到台湾之后,大家就总结,说这么不可思议的事怎么能够发生呢?为什么国民党兵多武器也好,还是被消灭了?后来他们也承认,这是因为共产党是有信仰的,解放军战士为了信仰而不怕死。

共产党有一套传播信仰的方式。我专门写了一篇文章,叫做《皈依之门——解放战争中以诉苦会为中心的新式整军运动》,就是讲共产党怎样在俘虏国民党的士兵之后,在很短的时间里把国民党的士兵变成共产党的士兵的。国民党的士兵呢,一打仗就怕,变成共产党的士兵以后呢,打仗不怕,非常勇猛。为什么会这样呢?共产党有一套的,这一套的最关键的环节就是诉苦会。诉苦会以一个连或一个营诉苦的形式开展,无论是国民党还是共产党的士兵,几乎全都是穷人出身,富人出身的不会当兵的,是吧?士兵们穷啊,吃不上饭啊,都有痛苦的经历。诉苦的时候,很快就会达到一个情绪的高涨。大家注意,在一切宗教传播里面,都有这种活动形式。我最近看到一本书,讲的是基督教在中国西南的传播史。基督教在西南传播的时候,当时它们有一个奋兴会,就是群众大会,用群众大会的形式达到一种集体情绪兴奋的精神状态。这个和个人单独谈话不一样,能够使精神受到非常大的震动,最后就是达到痴痴癫癫、泪流满面这种状态,解放军的诉苦会也同样达到这种状态。这能够改变一个人的灵魂。俘虏兵原来为国民党打仗的时候,就是挣点钱,混口饭吃,经过了思想的改造以后,他开始有一个精神的目标,在为一个理想社会而奋斗。如果打败蒋介石以后,建设共产主义社会,共产主义非常美好,再也没有剥削,没有压迫,没有痛苦,所以他们这些人打仗不怕死。在1949年的时候,中国人民解放军有四百多万,其中有二百八十多万是国民党士兵转化而来。我写这篇论文,是因为觉得这是非常重要的事情,甚至我认为,是一个根本的事情。有些人写解放战争的时候,写领袖或将领多么有天分,但是我觉得士兵的信仰的变化更根本。在解放战争中,共产党这些五四青年,领导着这些有信仰的军队,打败了没有信仰的国民党军队。

五四这一代最大的特点是什么?他们有伟大的理想,这也是他们力量的源泉。之所以能够通过诉苦会,感染农民,感染国民党的士兵,就是因为他们对理想非常真诚。我们做思想政治工作,并不能说我们想个办法,让他怎么样就怎么样,这是很难的,你必须自己先相信这些东西,然后非常真诚地去做,你才能够说服别人,感染别人。打仗的时候你先不怕死,才能够让别人不怕死。这不是一种天赋,也不是一种技术,这是一种信仰、是一个伟大的理想的力量。

1949年革命胜利以后,这一代人已经掌握了国家政权,能够开始实践理想了。他们很快地把土地平均地分给了农民,之后进行了社会主义改造,把私营企业变成国家的企业。没有私营企业,就变成了社会主义社会,然后是人民公社化运动。但是,伟大的理想遇到了很大的困难,尤其是在"大跃进"之后,发生了大饥荒,公社办的食堂把粮食都吃光了,就没有粮食,据说当时饿死了好多人的。这是一个非常大的冲击,共产党人怀着理想,付出了那么大的代价,有那么多革命烈士流血牺牲,好不容易获得政权,但是突然就遭受了这么巨大的困难。这是一个非常惨痛的教训,引起很大的内部问题,什么内部问题呢?刘少奇、邓小平等人也是觉得以前的政策可能太激进,觉得应该平稳前进,邓子恢甚至提出了包产到户这样的政策。但是像毛泽东这样的领袖,他就不同意,因为他的性格非常刚烈。再一个,毛泽东作为革命家,他决不会轻易后退的,他觉得好不容易实现了公有制,包产到户就有退回到私有制的危险,所以他坚持要往前走这条路,于是党内的分歧就产生了。到了"文化大革命"的时候,毛泽东就把刘少奇、邓小平等人打倒了。

现在我们就说到了毛泽东,"文化大革命"的时候,毛泽东坚持他的理想,他想要找到能够解决问题的道路,就采取更加激烈的办法,继续革命。我刚才说到,人有局限性,毛泽东就跳不出他作为革命家的局限。他总是想革命,总是想寻找敌人。在毛泽东的领导下,共产党长期以来,没有从革命党转化成执政党,周恩来苦苦支撑着,希望国家能稳定。"文化大革命"的时候,政府机构被摧毁了,因为毛泽东不管小事,只管大事,无论什么事情都找周恩来。周恩来那时候每天工作13、14个小时,所以许多人都说周恩来是被累死的。

这时候,这一代人伟大的理想遭受了挫折,同时,世界的共产主义运动也遭受了巨大的困难。从1848年开始,社会主义运动掀起了一个大潮,这个大潮在不断增长,在整个欧洲影响也很大,欧洲很多人也想实现公有制。但是,自20世纪五六十年代以来,单一公有制在全世界都遭到了困难。欧洲把银行、铁路、航空公司国有化,但是这些企业变成公有企业的时候,效率就开始下降。当时苏联僵化的制度也遭到困难,赫鲁晓夫不得不进行改革。因此共产主义遇到困难不是中国独有的现象,因为社会主义运动不是中国独有的运动,是世界的一个运动。而且这种困难是无法解决的,这是由人性决定的。计划经济中竞争被压制了,人的积极性开始下降了,整个社会进入到一种僵化停滞的状态,追不上创新的潮流。

到了1978年7月,毛泽东去世快两年以后,人们认识到:单一公有制为基础的计划经济是不切实际的,必须回归到理性的道路,回归到能够充分调动个人积极性的市场经济道路上。所以邓小平倡导的改革开放,得到了大部分人的支持。但是邓小平开始在中国实行改革开放的时候,他已经75岁了,按照我们现在的制度,应该已经退休十几年了。但是他不能退休,因为在当时那种局面之下,除了他没人有足够的权威解决问题,所以他不能退休。并且,他的伟大事业才刚刚开始,他开始独立地开辟新的道路。这也是这一代五四青年很了不起的地方:一条路走不通了,他能够开辟出新的道路,能够使国家转到新的正确方向。

改革开放在最初的几年获得很大的成功,但是后来也出现了很大的问题,特别表现在1989年北京政治风波,这是中国一个大的关口。邓小平当时采取了坚决的措施予以制止,国内有很多人并不完全理解。但是到了1990年1991年之后,苏联解体了,东欧的社会主义政权全部垮台,国家和社会陷入动荡之中,这时很多人开始认识到,邓小平有更深的洞察力,觉察到了当时国家有陷入动乱的危险。邓小平不但意识到这一点,而且在高龄的情况之下,冷静解决了问题。这实际上奠定了中国后来二十年稳定发展的基础。在1992年的时候,邓小平在88岁的高龄又做出了一个惊人之举,就是发表南方讲话。这个讲话非常有魄力,他明确地说,所谓市场经济,或者计划经济,不是判断社会主义和资本主义的标准,不应该把时间耽误在无谓的争论上。重要的是发展,发展是硬道理,只有发展经济才能解决问题,政府才能站住脚。1992年南方讲话之后,我们国家改革开放的大潮再次兴起,"十四大"提出发展社会主义市场经济,这也是后来我们的这十几年改革的一个最基本的框架。我刚才说到,一个人是很难超越自己的,一个人到80多岁了,要想做一次大的动作,超越自己原来的观念,是非常难的。一般的政治家到晚年的时候,常常会出现大的错误。我刚才说到慈禧太后,本来她前期很精明,很厉害,后来在义和团运动的时候犯了大的错误,结果自己被八国联军打到西安。袁世凯也是非常精明强干的一个人,经过了多少危险,后来做了大总统,最后因为搞了一次复辟而身败名裂。而邓小平呢,是一个特例,在88岁的时候,仍然保持了清醒的头脑,而且对国家产生了重要的推动,我个人非常佩服他。

五四一代,从1919年登上政治舞台,一直到1997年邓小平去世,他们对中国整个八十年的历史有非常大的影响。虽然这一代人已经逝去了,但是我们今天仍生活在他们的影响之中。他们这一代人,无论从他们的功业,还是从他们的人格来讲,确实非同一般。但是,我认为这一代人已经永远逝去了,他们是在特殊时代才能产生的特殊一代人。从生物学角度来看,一代人跟另一代人基因上没有根本的差别,只是成长于特殊的时代的经历,造就了他们这一代人。那个兼有深重痛苦和伟大梦想的时代已经过去了。我认为,这样的一代人将永远不会出现,而这恰恰也是我们国家走向繁荣富强、理性文明的一个标志。

谢谢大家!

(2009 年 4 月 13 日)

五四背景下的中国民俗学

■ 王 娟

[演讲者小传]

王娟，北京大学中文系比较文学博士，美国伯克利加州大学民俗学硕士。1996年到美国印第安那大学民俗学系访学。现为北京大学中文系民间文学、民俗学专业副教授。主要著作和论文包括《中国民俗文化》(2006)、《民俗学概论》(2002)、《民间节日与文化传承》、《新形式下的新定位——关于民俗学的"民"与"俗"的新思考》等。研究方向为中国民俗学、民间文学、民俗理论。主要开设的课程有"民间文学"、"民俗学"、"民俗与文化"、"民俗研究"、"西方叙事民俗理论"、"歌谣研究"、"民俗理论研究"等。

主持人：

各位老师、各位同学，大家好。非常感谢大家来参加由北京大学共青团主办的"纪念五四运动九十周年"系列讲座的现场。众所周知，1919年的五四运动是中国历史上最为彻底的反帝反封建的爱国运动，掀开了中国历史崭新的一页。而五四精神又是北大精神的重要组成部分。时值五四运动爆发九十周年之际，举国上下在以不同的方式纪念。纪念五四，不单单是要纪念一个日期，而是要不断发掘其思想内涵，并融入今天的时代精神，以弘扬中华民族的爱国热情和民族精神。

今天我们非常荣幸地请到了王娟老师为我们做题为"五四背景中的中国民俗学"的讲座。

王娟老师是北京大学中文系比较文学专业的博士，是美国伯克利加州大学人类学系民俗学专业的硕士，现任北京大学中文系民间文学、民俗学专业的副教授。王娟老师开设的通选课——民俗学，也深受很多同学的欢迎。五四运动之后，中国社会的方方面面都发生了深刻的变化，民俗学当然也不例外。五四运动究竟为民俗学的产生和发展带来了哪些影响呢？下面让我们以热烈的掌声欢迎王娟老师为我们做精彩的演讲。

王娟：

谢谢这位同学的介绍。我非常高兴今晚能和同学们一起交流，也算是对五四运动的一个回顾，可以让我们一起重温那段历史。我每个学期都要开民俗学的课，好多同学可能对民俗学有一定的了解。实际上民俗学的产生和五四运动有着密切的关系，或者说，它们都是一个时代的产物。我本人的兴趣是民俗学，同学们开始和我联系做这个讲座的时候我比较有顾虑，因为我们的学科往往都比较专一，常常只关注自己学科范围以内的事情，学科以外的，则不敢多说，因为不是我们的长项，说出话来难免有错误。考虑了一番，我选择了这个题目。总的说来，五四运动并不只是一个事件，它是一个时代的标志，可以说，从晚清一直到1949年，五四是这个时代的一个象征。五四前后的一百年间，中国发生了巨大的变革，出现了各种各样的事件，这些事件都不是偶然的，而是互相关联的。

说到五四，很多学科都会非常关注这个时代，我们也是如此。中国民俗学的产生便始于1918年北京大学发起的征集歌谣的活动，也就是说，从这个时候起，学者们便开始做民俗研究了，民俗学也就产生了。民俗学的产生不是偶然的，就像五四运动的出现也不是偶然的一样，是在一个相当的时期内，很多事情积淀到了一定程度的结果，一切都是那么的自然。伴随着这个事件一起出现的，应该有新的思想、新的观念、新的学科、新的研究方法、新的生活方式、新的价值观念等。关于五四时代以及民俗学产生的历史大背景，我想谈一下我个人的一些感受。

发现民众　关注民众

中国文化从上古开始一直到明清时期，从某种意义上讲，似乎一直处于一种相对稳定的状态，好像没有受到过什么干扰，一直在以自己的步伐前进着，慢慢地就来到了晚清。似乎是在一夜之间，我们突然感受到了一种外来文化的威胁，一种碰撞，一种对立。实际上，生活在历朝历代的人们都会有这样的感觉,只不过当历史走近我们之后,我们看到的仍然是中国文化这个整体,一条从没有中断过的线脉,因此,才不会有那种支离破碎的感觉。五四时期,距离我们相对较近,也由于五四这一段历史常常被反复提及,而且似乎每一个学科都会将其作为一个坐标点,所以我们会感觉到这个时代是一个很特殊的时代,是中国进入现代社会的一种标志,是中国新文化的一个起点。我比较倾向于认为:实际上每个朝代,例如从先秦到汉代以及以后的每朝每代,每一个人都生活在一种"动荡的当代","一种遭受各种新观念威胁的当代",和我们现在的情况是一样的。只是历史常常因为远离我们而变得"安静"和"本分"。

晚清时期,我们遭遇到了一种外来文化的威胁。这种威胁是两个方面的:一是军事上的,我们感受到了西方强大的军事威胁;一是文化上的,我们真真正正地接触到了西方文化。1840至1842年的鸦片战争的失败,清政府被迫签订了许多不平等条约,割让香港,开放口岸,允许外国人在这些地区传播宗教、开设学堂、开办医院。西方文化开始影响中国东南沿海地区。1856年到1860年的第二次鸦片战争导致中国签订了更多的不平等条约,增开了11个通商口岸。此后,传教士可以在中国各地自由传教,外国人可以到中国内地游历、经商等等。从某种意义上说,这些都为西方文化的进入和传播提供了更加便利的条件。反过来讲,国人也因此可以近距离地接触和观察到西方人及其文化。西方人进入到中国,带来了很多新的、陌生的东西,包括不同的饮食习惯、服装服饰、宗教信仰,以及差异很大的价值观念等。面对近在眼前的西方文化,国人的反应是什么呢?

从文化传播的角度看,西方文化对我们而言应该是完全陌生的,但我们却似乎并不这么看,因为,自古以来,异域人及其文化,一直是我们文化的一个参照物,异域人我们似乎也是相当的熟悉。中国关于"异域"的概念很早就有了,其形成和发展的过程我们无从知道,因为没有任何书面的文字线索可供我们参考并让我们做出结论,但是,我们知道的是,到了《山海经》的成书年代,古人对于异域的建构,无论是在表现方式和具体形态上,都已经相当成熟了。《山海经》中提到过的国度有一百多个。其中对异域国家和人民的描述大部分都集中在《山海经》的海外经中,包括"海外南经"、"海外西经"、"海外北经"和"海外东经",另外,《海内经》和

《大荒经》中也有一些记录。在《山海经》中,异域中有很多的国家,例如,"结胸国"、"羽民国"、"奇肱国"、"厌火国"、"贯胸国"、"长臂国"、"丈夫国"、"女子国"、"交胫国"、"三身国"、"一臂国"、"不死民"等等。《山海经》中的异域国家和人民基本上是古人的一种想象,因为所有的异域人民都跟我们有着不同的外形和肢体特征。

到了汉代,有了关于西域胡人的记载。他们鼻子高高的,眼睛蓝蓝的,在我们的记载中,这些胡人是善于玩弄技巧、变魔术的"幻人",汉代的时候对于异域人的定位类似于国内的巫师。因为他们非常善于发现中国的"宝贝",而我们却常常对自己身边的"宝贝"一无所知。例如,"胡人"可以用很低的价钱买走在我们看来只是一块很普通的石头,但是,回过头来,我们才知道,这块"石头"可能是一块类似于"聚宝盆"的石头,其中的财富取之不尽,用之不竭。但是,无论如何,一直到明代,异域人一直是以"边缘人"的身份存在于我们的观念中,他们是野蛮的、没有文化的人。可以这样说,中国中心思想一直是我们处理中国与异域国家和民族的基本态度。中国为世界的中心,似乎一直是一个基本常识,没有人会怀疑,甚至没想到还可能有其他的说法。明代有学者甚至如此描述佛朗机人:"别有番国佛郎机者,前代不通中国,或云此喃勃利国之更名也。古有狼徐鬼国,分为二洲,皆能食人。爪哇之先鬼啖人肉,佛郎机国与相对,其人好食小儿,然惟国主得食,臣僚以下不能得也。其法已巨镬煎水成沸汤,以铁笼盛小儿,置之镬上,蒸之出汗。汗尽,乃取出,用铁刷刷去苦皮,其儿犹活,乃杀而剖其腹,去肠胃,蒸食之"。①

晚清时,西方人真的来到了我们的眼前。这一天,人们突然发现"想象中"的西方人活生生地站在我们面前,并与我们前在的异域认知模式产生了冲突。人们会怎样解决这两者之间的矛盾冲突呢?伴随着西方强大的军事力量和先进的科学技术一齐涌进中国的西方文化使得人们的异域观发生了很大的变化。尤其是沿海口岸地区报刊传媒的出现和普及,使得人们有机会了解西方的文化和科技。以报刊传媒为例,据统计,从19世纪40年代到90年代,外国人在中国创办的各种中、外文报刊共170种,约占同期中国报刊总数的95%。其中绝大部分是由教会创办的。晚

---

① 严从简:《殊域周咨录》。

清报刊是传播西方文化的重要媒介。从1860年到1900年,几乎所有的报刊,其中包括传教士办的《教会新报》、《益闻录》,外国商人办的《申报》、《新闻报》,中国知识分子办的《时务报》、《民报》,图文结合的《点石斋画报》、《图画新报》等各种形式和类型的报刊都介绍了大量的西方文化和知识。

在这种环境下,许多人开始"崇拜"西方,但是,有意思的是,人们对西方的崇拜似乎停留在了一个很"尴尬"的层面上。例如,船可以飞到天上去,人也可以安装一种机器翅膀,然后在天上飞翔等等。

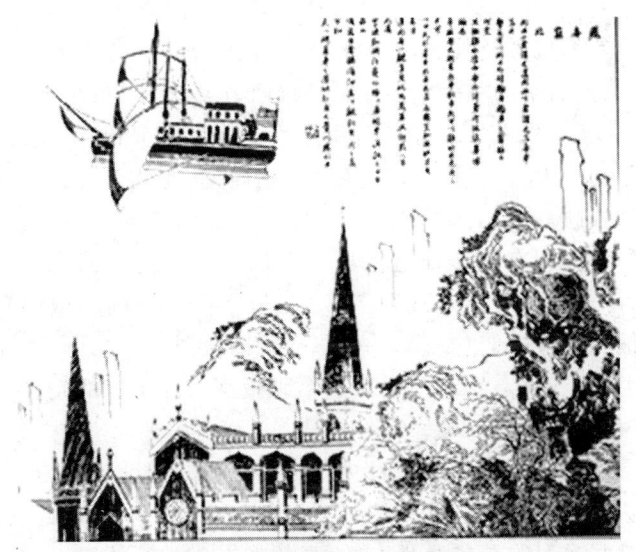

《点石斋画报》"飞舟穷北"

在很多方面,人们无限夸大了西方科技,甚至将西方科技,包括西医都"神话化"了。例如,有报道说,北京的一位少年,突然得了疯病,用利刃刺破了自己的肚子。霎时间,五脏迸出,血流如注。家人急忙请来了英国医生,只见英国医生"取凉水二盏,徐点脏上,遂觉渐渐收入;少顷,吸一口水,狂噗甲面,甲一惊,而脏悉入矣。医遂取针线,细缝甲肚。甲呻楚之时作,竟性命之无虞。"①从当时很多关于西方的报道来看,人们对西方的崇拜也就仅限于此,跟人们阅读神话、故事,崇拜神话故事中的国度和人民没有太大的差别。晚清时人并没有因此而改变自己的异域观。以机器为例,在时人的眼中,"西人以机器制百物,一日可抵十人或数十人工作。如开河、挖煤、打桩、造轮舟、印书籍、取水、织布、针线、筛茶、调茶等事,无一非机器所为。然其器虽巧,费用浩繁,穷乡僻壤,殊难置备。盖西国地旷人稀,故制造必藉物力。中华地广人稠,民皆自食其力,不烦机器,亦势所必然,不能强也。"②由此可见,当时人还是站在一个旁观者的位置上仰慕西方科技,并没有完全将科技与社会现实和社会发展联系在一起。

从古代对异域人及其文化,包括西方绘画、音乐、宗教、科学等方面的鄙视、不相信到后来的"崇尚",看似是将西方文化从"踩在脚底下"一变而为"捧在了天上",似乎源于一种根本性的观念的变化,但是,二者似乎没有什么差别。因为当时的人们并没有把西方,尤其是发达的西方科技看成是一种威胁。例如,对于发生于1884年到1885年的"中法战争",当时上海的各大报刊有很多报道,但是,人们几乎不愿意相信自己是战败者,而且觉得自己不可能是战败者。"北宁之役",中国失城惨败,但是,到了一些报刊传媒中,却被看成是清军的"诱敌深入"之计。大家感兴趣的话可以去翻一下《点石斋画报》,这个画报当时在上海的发行量和影响都最大,有很多关于中外战争的图文报道。面对中外战争,国人完全不担心,就跟看戏一样,而且从没想过中国人会失败。对时人而言,西方人的科技很发达,我们可以相信。我相信你可以飞得很高,可以起死回生,但是我们当时好像真的是在看戏一样,真的像在讲神话故事一样。人们对战争很漠然,没有一种危亡感、危机感。这就是一个很矛盾的状态,有时候我们自己回过头去看的时候还是很难相信,那么"崇拜"西方,可是在现实生活中又不承认。

面对西方,当时的国人还是处在一种麻木的状态,这种不以为然的精神状态迅速地引起了精英志士们的注意。尤其是甲午战争以后,国家危亡、民族危亡,知识分子们的危机意识使得"启蒙"和"救亡"成为一件迫

---

① 《点石斋画报》子集之"收肠入腹"。
② 葛元煦:《沪游杂记》。

在眉睫的大事。"义和团"运动之后,很多有识之士深感于"无知"给中国带来的灾难,因此,清末出现了一场大规模的以"开民智"为目的的民众启蒙运动。普通民众开始成为人们关注的目标。

这种对于普通民众的关注,在中国文化发展史上具有非常重要的意义。

如何进行民众启蒙运动呢？晚清时期的有识之士们采取了多种多样的途径,他们开办白话报纸,创立阅报社、宣讲所、演说会,同时还发起了戏曲改良运动,并制订了各种各样的汉字改良方案,目的在于普及教育,使得更多的下层民众能够接受教育。从清末一直到五四运动发生前后,民众一直在精英志士们的视野之内。举一个例子,1904年,北方影响最大的白话报刊之一——《京话日报》创刊。报纸的创办者彭翼仲此前曾创办了以童蒙为对象的《启蒙画报》,因为创办者深痛国人之愚昧无知,所以才决心创办图画报刊,目的就在于"开启民智"。《启蒙画报》非常有特点,是一份非常好而且影响很大的画报。目前少有学者对其进行研究,可能因为其发行时间比较短。这主要是因为彭翼仲在创办《启蒙画报》之后不久,就创办了《京话日报》。由于《京话日报》非常受欢迎,彭翼仲后来无暇顾及《启蒙画报》的出版和发行,最后不得不放弃。

启蒙运动,以及后来的白话文运动、新文化运动,在将"普通民众"纳入社会"视野"的同时,鲜明地表现出了一种反抗和决裂的精神,一种跟传统和旧时代彻底决裂的决心。人们选择了放弃传统的记录文化、记录历史的方式,也就是说,人们不想再用文言文了,他们开始用白话文,倡导和追求一种新的文化,希望以一种新的方式去记录和表现自己。人们选择这种方式去表明自己的态度,发出自己的声音。

歌谣运动与中国民俗学的产生

正是在这种关注民众的大背景下,歌谣征集运动产生了。歌谣征集活动是新文化、新文学运动的产物,与当时的学人探索新的创作方法、规律和模式有关。他们批判儒家学说,提倡运用自由的、口语化的白话进行写作。胡适认为,运动的目的是要用民众实际生活中的语言来促进新文学的产生,进而取代陈腐的古典文学,另外一个目的就是要抗议传统文化中的诸多观念与制度,使人们从传统的羁绊中跳出来,用理性对抗传统,用自由对抗权威,用礼赞人生与价值来对抗压迫。例如,古代格律诗是人们想摒弃的,因此,如何突破传统模式的限制而创造出新体的诗歌,这看起来似乎根本就没有前车之鉴。因此,人们将目光投向了民间,刘复在写给周作人的信中提到,俗歌,或者说民歌和儿歌,是一种有生命的东西,可以作为学习和借鉴的对象。民众,再一次成为目光的焦点所在。实际上,在发起"歌谣征集活动"之前,很多人已经开始尝试学习和借鉴民间歌谣了,但是,一直到1918年2月,民间歌谣才真正成为文化、文学研究的对象。

根据刘半农在1927年《国外民歌译》自序中的回忆:1918年初,雪后的刘半农跟尹默在北河沿闲走着,刘半农说,歌谣中也有很好的文章,我们何妨征集一下呢?尹默说,你这个意见很好,你去拟个办法,我们请蔡先生用北大的名义征集就是了。第二天,刘半农将拟好的章程拿给蔡先生过目,随即,便印刷发送了五千份。歌谣征集活动因此便开始了,此活动的展开也标志着民俗学学科的诞生。

由刘半农拟定的《北京大学征集全国近世歌谣简章》1918年2月1日在《北京大学日刊》上发表,简章计10项22条,规定了歌谣征集的办法、范围和要求等,主要包括如下内容:

1.
1)本校教职员学生各就闻见所自行搜集;
2)嘱托各省官厅转嘱各县学校或教育团体代为搜集。
2. 规定时期自宋代以及于当代。
3. 入选歌谣当具以下各项资格之一:
1)有关一地方、一社会或一时代人情风俗政教沿革者;
2)寓意深远有类格言者;
3)征夫野老游女怨妇之辞,不涉淫亵而自然成趣者;
4)童谣谶语,似解非解,而有天然之神韵者。
4. 歌谣之长短无定限。
5. 歌谣之来历如左:
1)不知作者姓名而自然通行于一社会或一时代中者;
2)虽为个人著述,然确已通行于一社会或一时代中者。

6. 寄稿人应行注意之事项：
1）字迹贵清楚；如用洋纸，只写一面；
2）方言成语当加以解释；
3）歌辞文俗一仍其真，不可加以润饰，俗字俗语亦不可改为官话；
4）歌谣中有关于历史、地理或地方风物之辞句，当注明其所以；
5）歌谣之有音节者，当附注音谱（用中国工尺、日本简谱或西洋五线谱，均可）。

寄稿者当书明籍贯姓氏，以便入书中等等。

蔡元培还以《校长启事》的名义给北大教职员工们写了一封公开信，号召大家支持歌谣征集活动。李大钊、胡适等都参加了这一活动，并曾经投稿。1918年10月3日的《北京大学日刊》上就刊登了李大钊搜集的"瘦马拉搭脖，糠饭粃子活"等流传在河北乐亭一带的民谣。

李大钊是河北唐山地区人，他提供的歌谣很有地方色彩。因为我的老家也是那儿的，所以看着特别亲切，因为很多用的都是方言。1919年1月，李大钊组织了"平民教育讲演团"到民间去，以"增进平民智识，唤醒平民之自觉心"。当时有很多人参与了这些活动，我们可以看一下他们演讲的题目："必须破除迷信"。在当时，迷信是一种很可怕的力量，因为当时的国民是如此的麻木、愚昧，以至于我们不得不站起来，大声地呐喊。这一点从很多现代文学作品中我们都能看到。很多人怎么就那么愚昧呢？怎么就那么无动于衷呢？其他题目，如"吸烟的危害"、"读书识字的重要"，以及"还我青岛"、"山东的危机"等等，都带有明显的启发民众、鼓舞民意的性质。

前面我们谈到，民众从上古开始鄙视异域文化，到晚清时期崇尚异域文化，但是这里所谓的"崇尚"只停留在精神层面，或者说是"远距离无关痛痒"的欣赏，有点似信非信的样子，但是实际上，从现实的角度，我们还没有感受到西方的威胁，或者没有将西方放在眼里，以至于后来人们会采取那种极端迷信的方式去反抗，去跟西方抗衡。事后才猛醒，发现民众对于西方还是处在一个很麻木、很愚昧的状态，所以底层的民众进入到了学者的视野，然后我们才考虑通过各种各样的方式试图去唤醒民众。从现在来看，当时对民众的关注实际上是一种互动，一方面是启发民众，另一方面是学习和借鉴于民众，希望能创立一种新的表达、交流、沟通和书写的方式，或者是表达自我的方式。所以从整体上来讲，民俗学的产生与五四的大背景是密不可分的。

五四时代的一大功绩可以说是对民众的发现，新文化借鉴了民间的表达方式，所以口头流传的那些民歌、神话、故事、传说等类型，就成为我们创造新文化的一个参照物。无论如何，结果都是"关注民众"。然后才有了各种各样的行为，各种各样的行为又成就了很多学科，各种各样的学科给了人们很多机会，也给了社会很多种机会，民俗学就是在这样一个背景下创立的，方言学也是如此。方言之所以能够进入人们的视野，就是源于歌谣征集活动。搜集歌谣的时候人们发现很多歌谣都是用方言唱的、说的，你根本没有办法用正常的汉字去记，因为很多方言的发音找不到相应的汉字去记录。但是如果将方言翻译成相应意义的汉字的话，歌谣就没有意义了。很多人都会说自己家乡的歌谣，如果将家乡的歌谣用普通话演说，可能会失去很多意义。因此，当时的人们就尝试用记音的方式记录方言歌谣，记录方言、整理方言、研究方言，结果逐渐就形成了一个方言学科。到现在，方言是一个专业，专门有人去研究方言，而且还越来越热，因为方言是传统文化很重要的载体。

我记得，前两天中央电视台科技频道报道了这样一件事。说是一个河南妇女出了车祸，被抢救过来之后居然不会说河南话了，张嘴就是普通话，而且还是那种不纯正的普通话，怎么都不会说河南话了。对此，当地有很多传言，都觉得她很奇怪，排斥她，只是因为她不说家乡话，包括她自己的女儿，都不愿意跟她交流和沟通，说那不是她妈。不就是换了一种口音吗？记者采访她的女儿，她女儿觉得不说河南话，就找不到那种亲近的感觉了。可能很多同学都有这个经历，我也有这个经历，放假回到家乡的时候，大家都会说家乡话，你要是不说家乡话，人家就不跟你交流。尤其大学一年级第一次放假回家，同学一见面就说："这次聚会谁要不说家乡话，谁就从这儿出去！"大家坐到一块儿，方言似乎就是一种纽带，把大家连在一起了。方言也是一种文化的载体，是不可替代的，因为很多情感是借助于方言表现出来的。方言学也产生于五四的背景下，既与人们对歌谣的关注有关，也源于人们对普通民众的关注。到了某个时间，人们会突然发现，这就是一门学问。方言是一个群体的标志，一个群体的纽带，也是群体文化的载体。

歌谣征集活动展开两年之后,北大又成立了"歌谣研究会";1922年,又创办了《歌谣》周刊,常惠等人任编辑。《歌谣》周刊为学者们提供了一个调查、研究歌谣的阵地,《歌谣》周刊先后发表了很多关于歌谣定义、价值、特点、研究方法等方面的讨论。1924年,在一次研究会上,周作人建议将歌谣研究会更名为"民俗学会",因为许多学者们已经将收集资料的范围扩大到了神话、故事、传说、童话、谚语等方面,民俗学学科逐渐完善,发展成为一个相对独立的学科。

当代民俗学

民俗学这个学科成长于五四时期,而且是在关注普通民众的背景下产生的。进入到了新的时期之后,它有没有什么局限性呢?实际上一直到现在,我们对民俗学的理解还停留在五四时期的那个概念上,即民为下层民众。在大家的印象中,总觉得民俗学研究的是下层民众的学问。下层民众的概念在那个时代有着特殊的历史背景,但到了当代之后怎么办?如果说下层民众是我们的研究对象,那么当代还有下层民众吗?(有听众回答说还有)那么哪些是下层民众呢?(农民工)按照你的说法,那我们民俗学就是研究农民工的学问吗?

一讲到民俗学的产生,无论在哪个国家,必然离不开两个词。一个是"民族主义",这就是说,在某些特定的历史时期,人们会突然意识到自己民族的伟大,认为自己的民族是一个有着悠久历史的伟大民族,民族主义兴起的结果之一就是对民众的知识,即民俗的发现和重视。对民众历史的关注是民俗学产生的一个前提条件。为什么呢?因为,如果讲一个民族的历史,民间口头传承的内容往往会比书面文字记载的内容更为古老,更加具有代表性。举个例子,在中国,什么能够代表悠久的中国传统文化,什么能够将所有的中国人团结在一起呢?任何一个真实的历史人物似乎都不具有这个号召力,唯有神话中的人物,如炎帝、黄帝才能够担当起这个重任。所以无论在什么地方,我们都是炎黄子孙。如果我们要追溯一个民族的历史,源头也往往是神话。历史常常依赖于文字记录的各种书面文本,比文字记录更古老的,或者说先于文字记录形式的,好像可选择的并不多,这其中,神话是民族历史的一个重要载体。在许多国家和民族,民俗学的兴起离不开民族主义兴起的大环境,与人们希望对自己的民族有一个更为深刻的认识和理解分不开。有学者甚至这样说,民间文学是点燃民族精神的火炬的有效催化剂,可以鼓舞一个民族为争取自己的独立而英勇奋斗的勇气。

另外一个概念肯定是浪漫主义。当人们对奢华、虚伪、忙碌、繁琐的城市生活感到厌倦时,会将目光投向农村。实际上当时也是这样,五四时期很多城市青年,或者说文学青年开始厌倦城市生活,觉得整个社会就是一个大染缸,他们愿意到民间、到农村去,进入到一种纯粹自然的状态中去,去寻找一种纯净的、没有任何污染的东西。"到民间去"实际上就是一种理想,旗帜鲜明地表明自己与精英文化相决裂的立场。这与五四那个时代人们的追求和向往有着密切的关系。

如今,我们已经进入到了一个新的时代,民俗学作为一个学科,也正在逐渐完善自己的体系。可以说,民俗学学科已经不再是一个时代的风向标,作为一个较为成熟的学科,理性的成分显然更加重要。谈到这里,就会出现一个民俗学如何定位的问题。我们的"民"到底是哪些人呢?五四时期,之所以将"民"界定为"下层民众",是与那个时代对"下层民众"的发现有关系的。反过来讲,通过那个时代对"民"的界定,我们也可以断定,民俗学一定产生于那个时代,跟那个时代密不可分。如果没有那个时代,肯定不会出现民俗学这样的学科,也不会出现这样一个概念。

当今,民俗学所谓的"民",不再是下层社会的平民大众,民俗学也不再带有那种明显的浪漫主义、民族主义的价值取向。现在我们讲到民俗学的"民"的时候,如果有的同学听过民俗学的课就会知道,我们所谓的"民"实际上指的是全体人民、所有的人。这里没有下层民众和知识精英的区别了。实际上,"民"不再是我们民俗学要讨论的问题。我们要讨论的是"俗",即我们研究的对象。

那我们的民俗学是一个什么样的学科呢?我们的"民"指的是所有的大众、所有的人。但是我们研究的是什么呢?就是民众在自然状态下所表现出的精神面貌。从专业的角度说,"俗"是以口头、物质、风俗或行为等非正式、非官方和非文字的形式创造、传播和保持的文化现象,是一种约定俗成的东西。它不是什么人宣称和倡导的内容,也不是人们自我标榜的东西,而是人们在日常生活中自觉和无意地遵循和维护的一切行为规范、道德伦理、认知方式和思维模式。

民俗学到现在已经变成了一个独立的学科。从五四时期,从我们民俗学开始的时候对民的界定,你可以看出来那是一个什么时代,那个时代使得民众和学者有什么样的行为。但是到了当代,我们会发生很多的变化,所以说学科的产生和发展有的时候和其时代背景有着很密切的关系。有时候,我们说民俗学是政治运动的产物,听起来好像带有很多偶然性、与很多偶然因素有关,但是说白了它又不偶然,因为它是一个长期的、累积的过程。从两千多年前一直到晚清时期,长期积淀的东西发挥了巨大的作用。在那个时代,民俗学的"民"必然是民众,是普通大众。现在也必然会发生变化,我们已经有了自己的研究对象和研究方法。回顾五四,我们有着太多感触。在中国传统文化里,政治运动有时候会提供一种视角。社会动荡、观念变化的时期往往也是文化的繁荣时期,因为它提供了很多机会。我们现在纪念五四,回望五四,作为那种背景下的一个标志性的运动或者事件,它使很多学科有了一个起始点。正是有了这些事件,历史就有了坐标点,我们觉得很庆幸有很多事件在某个时代发生,然后就会成为我们回忆的对象。对于民俗学同样如此,我们忘不了五四。谢谢大家!

(2009年3月12日)

从京剧舞台看五四思潮的社会局限性

■罗检秋

[演讲者小传]

罗检秋,男,1962年生,湖南浏阳人,湖南师范大学历史系本科毕业(1983年),北京师范大学历史学硕士(1989年)、博士(1995年),现任中国社会科学院近代史所研究员,著有《嘉庆以来汉学传统的衍变与传承》、《近代诸子学与文化思潮》、《近代中国社会文化变迁录》(第三卷)、《新会梁氏:梁启超家族的文化史》等书,发表论文数十篇,研究方向为中国近代文化史、思想史和学术史。

主持人:

各位老师、各位同学,晚上好!非常感谢大家来到由校团委主办的"纪念五四运动九十周年"系列讲座的现场。今天我们非常荣幸地请到了罗检秋老师为我们作以"从京剧舞台看五四思潮的社会局限性"为题的讲座。我们今天的主讲嘉宾罗检秋老师是中国社会科学院近代史所研究员。他今天将从一个全新的角度全面审视五四时代京剧舞台的发展,下面让我们以热烈的掌声,欢迎罗老师上台演讲。

罗检秋:

从戊戌、辛亥到五四,新思潮逐步发展,或多或少地渗透于大众文化。但其情形较为复杂:精英与大众之间的文化认同未必随新思潮的发展而增强。京、津、沪等城市是新思潮的核心地带,入园看戏则是近代市民的主要文化娱乐活动,两者不免发生关联。五四思潮对京剧的冲击异常激烈,对京剧改良更是意义重大,但它与京剧舞台只有表层的、局部的契合,两者根本取向存在显著歧异。透过京剧舞台,我们可以重识五四思潮的社会影响,进而认识精英思想与大众文化的复杂关系。

京剧的繁荣与商业化

清代戏曲几经变化,大体是一个雅俗交融的过程。乾嘉年间京师昆腔极盛,咸同之际昆腔与皮黄旗鼓相当,光绪以后则皮黄走盛,最终形成京剧,并在五四时期趋于成熟。光绪十八年,西太后使皮黄戏(京剧)"供奉内廷"后,宫内每年都有数次"供奉内廷"的大戏,即便是在甲午战争惨败之后,颐和园里仍然是鼓钹喧阗,丝竹悠扬。上有所好,下必甚焉。西太后不再禁止旗人看戏,清末旗人看戏、演戏成为风气。王公贵族莫不嗜好京剧,豪门府第建有专门的戏楼,堂会频繁,甚至组成"家班"登台。戏迷中不乏精通京剧的票友,清末京城票房前后共有百十处,每处多者三四十人,少者也有十余人。

清末民初,北京有会馆二三百所,省、府会馆多有专门戏台,有的县级会馆也有戏台。一些著名的饭庄、大宅门也设置戏台。这些戏馆为京剧提供了广阔的舞台。民初堂会戏迅速增多,一些达官富绅以此为时髦,竞相效颦。民初至1928年,北京的"堂会戏日见其多,最初还只是总长次长的阶级,后则司长、各银行经理,渐至科长科员、银行小头等等,也来紧紧追随"。随后商界、学界也有一些人竞相效法。民初堂会戏每次花费银元数百至千余不等,最多的达数千元。

普通市民一般在戏园看戏。咸、同以后,上海、广州、天津、武汉、北京等地出现了许多营业性戏园。民初北京有第一舞台(建于1914年,北京第一家西式剧场)、文明茶园、广德楼、同乐茶园、庆乐茶园、三庆茶园、中和茶园、开乐茶园、广和楼、燕喜堂、广兴园、广乐茶园、丹桂茶园、吉祥茶园、中华茶园、德泉茶园、天和茶园、庆升茶园等20多家戏园。清代每遇斋戒、忌辰日期,绝不许娱乐,尤不许演戏。至民国元年,各戏园在忌辰斋戒日期照常演戏的呈请得到警厅批准,各戏园的活动就不再受此限制了。民初以后,"应节戏"风行起来。每逢时令节日,戏园都会演出一些应时剧目。比如元宵节的《逛花灯》、《上元夫人》,清明节的《小上坟》,端午节的《五毒转》、《青石山》、《白蛇传》等,七夕的《天河配》,中秋节的《奔月》,重阳节的《焚锦山》等等。有剧评者认为:"京师自民国改革以来,声伎淫靡已极。"京剧成为士人与广大市民共享的文化娱乐。

近代城市人口剧增,文化娱乐空间迅速扩展。在沪、京等市,茶楼、酒肆与日俱增。在竞争中,京师戏园的商业气息明显增强。从前各园戏价一致,民国以后则不然。不仅各戏园票价不同,便是同一戏园每天票价也不一样。竞争加剧促使京剧戏班走出京城,频繁地去上海、天津、河北、山东、上海、东北、武汉等地演出。清末民初,上海最普及、最时髦的剧种是京剧,著名的丹桂及满庭芳茶园均以京剧为盛。当北京的戏班还在以"供奉内廷"或"堂会"为荣时,上海的戏班已经步入市场化。后者要求演员直接面对观众,制造人气,于是新式剧场、演出广告迅速兴起。

戏园广告最初依靠街头海报或上门推销,至同治十一年五月间,《申报》开辟专栏刊登"各戏园戏目广告",戏剧与近代媒介从此结下不解之缘。"但开戏馆者,无不抱金钱主义,含吹牛性质,一般广告家亦自言不讳"。近代迅速增长的大众传媒,如报纸、杂志、唱片、电影等改变了京剧以往的经营机制,其中报纸更成为演员与观众沟通的重要桥梁。1913年梅兰芳首次赴沪演出时,即拜访《时报》的狄平子、《申报》的史量才、《新闻报》的汪汉溪。通过报界名人,他在上海文艺圈的影响迅速扩大。当他回到北京时,已经有多家戏班的人马在火车站迎接争抢了。如果说清末演员还可通过"供奉内廷"抬高身价,那么民初以后的名角则更依赖于商业运作。报刊对京剧舞台的操控不仅体现于广告、剧评,甚至还有些报刊,例如北京的《顺天时报》,会发动读者投票选举名伶。这不仅捧红了一些演员,而且使京剧舞台更加依附于舆论的话语权。

商业化趋势有利于调动演员的积极性,促进表演艺术的个性化发展,这种趋势反过来增强了京剧对观众的吸引力,繁荣了市场。民初到20年代,旦角以"四大名旦"为代表;老生有谭鑫培、余叔岩、马连良、周信芳等;武生有杨小楼、俞振庭等;净行有金少山、郝寿臣、侯喜瑞等;丑角有萧长华等名角。民初京剧舞台上,旦行取代清末生行的地位,成为挑班角色。余紫云打破青衣、花旦的界限,采用花旦的身段做表,以弥补青衣唱工的呆板,使观众耳目一新。王瑶卿更进一步,创新旦角戏装,"又极讲究字音,并创新声,实开后人注重音韵学之先声"。梅兰芳吸取了王瑶卿的唱法和昆腔,力求字音清楚,在出字、收音方面有所创新,又"以编排新剧、改良化装独树一帜,显然造成一种花衫地位"。"花衫"因扮相美,唱做生动,备受观众青睐。加之谭鑫培于1917年逝世,旦角地位更加凸显,出现"无旦不成班"的局面。1918年,梅兰芳继谭鑫培之后,被舆论封为"伶界大王"。其后,程砚秋善创新声,荀慧生、尚小云博采众长,自成风格。至20年代形成梅、程、荀、尚"四大名旦"。五四前后,"戏园里的压轴戏,几乎没有一出不是让给旦角去唱的。在昔日梨园行中最擅胜场的须生,一降而为配角的地位。即使生旦同演,在海报上那位旦角的名字,至少也得比须生的名字大上半倍"。旦角兴盛体现了观众的审美时尚,与社会变迁密切相关,无疑也受到了商业化潮流的推动。

商业运作促使京剧演出从依附于官僚贵族而全面走向市场。剧目内容、演出形式和演员都更受商业利益的支配:一方面因女伶报酬较男伶,乃至儿童都少,戏班费用低廉;另一方面是坤班收入多,有时甚至"十倍于男伶"。故至光绪中期,由"髦儿戏"发展而来的女伶京班在上海接踵产生。为了招揽生意,一些青楼女子也兼习梆子戏及其他地方曲艺。天津自庚子后,女伶盛行,且有无女角不能成班之势。至民国初年,来北京演出的坤班迅速增多,从1914年到1921年间,京中各类坤班有鸿顺社、庆和社、崇雅社、维德社、太平社、共利社等近10家。民初北京坤班极盛时,乃至有人感慨:"京师歌舞连津畿,女伶日盛男伶微。女伶歌台已六七,男伶歌台仅三四。"一些戏园为招揽观众,不得不加请坤班,有的还在广告中标明由坤角演出。

改良风气的兴起

正如刚才所说到的,京剧的商业化带来了市场繁荣,但是却也表现出重娱乐、轻教化的趋向,这引起了一些忧时之士的关注。所谓"欲善国政,莫如先善风俗;欲善风俗,莫如先善曲本",体现了他们以剧救世的基本思路。但日趋商业化的戏剧舞台已难以承担如此重任,且传统士人的雅俗之分与舞台风尚更加悖离,西剧则成为人们认识传统戏剧的重要参照。在同光年间走向世界的外交官和学者笔下,西方戏剧几乎成为雅文化的体现。王韬、曾纪泽等人在日记中感叹西方剧院规模严整,宏大壮丽。孙宝瑄1902年正月的日记云:"夜,往圆明园路观外国剧。西人之剧,男女合演,其裳服之华洁,景物之奇丽,歌咏舞蹈合律而应节。人问其佳处何在?余曰:无他,雅而已矣。我国梨园,半皆俗乐,西人则不愧为雅奏"。孙氏一方面抱怨京城坊间演戏"鄙俚不典",另一方面赞扬西人演剧之雅,中西之别俨然成为雅俗之分。这些粗浅认知尚不能形成改良戏剧的潮流,但为更新传统观念提供了新的思路。

清末启蒙思想家、革命人士都对戏剧予以高度关注。他们传承"剧以载道"、以雅化俗的思想,并因时变更,试图将京剧纳入思想启蒙或政治运动的工具范畴。清末梁启超、严复等人重视文艺的启蒙作用,《新民丛报》、《新小说》等刊登载了一些传播爱国及民主思想的传奇杂剧。受其影响,1902年11月天津《大公报》撰专文阐述戏剧的社会作用:指出学堂、报馆和演说是使天下开化的三种办法,但清末新学堂有名无实;报馆又不能尽责任、全义务,实现言论自由;演说也只能行之于租界和教会,不能行于内地及面对一般观众。因此"开化之术"唯有"编戏曲"。反清革命兴起后,革命人士更是视戏剧为社会运动的工具。清末革命报刊发表各类戏曲剧本数十种,传播了民族主义和民主思想。

清末陈独秀创办了白话报刊,致力于开通民智、改良风俗、阐释爱国主义。他于1904年发表《论戏曲》一文,摒弃了士大夫贱视戏子的旧观念,认为戏曲既然有关风俗教化,便应当是"世界上一大教育家","戏馆子是众人的大学堂,戏子是教师"。人的贵贱之分当体现在品行的善恶,而不是职业方面。陈独秀提出了五条改良主张。在积极方面,他提出"要多多的新排有益风化的戏"。把历史上的英雄事迹,"排出新戏,要做得忠孝义烈,唱得激昂慷慨"。还"可采用西法。戏中夹些演说,大可长人见识,或是试演那光学电学各种戏法,看戏的还可以练习格致的学问。"他针对晚清戏曲状况,提出了革除旧俗的三点建议,即"不唱神仙鬼怪的戏","不可唱淫戏","除去富贵功名的俗套"。陈独秀所列"淫戏"剧目未必完全恰当,其提倡忠孝戏、排斥淫戏的见解仍带有传统雅俗观念的烙印。但他反对贱视戏子,主张"采用西法",体现了戏剧观念的初步变化。1905年,《论戏曲》以文言文的形式重载于梁启超创办的《新小说》杂志,主要内容刊登在一年之后的《顺天时报》上。清末京、津报刊有关改良戏剧的言论不时出现,不少内容相互转录,与陈独秀所说大同小异。这些看法被后来的新文化人汲取和发挥。

　　以上向大家介绍了清末知识界对改良戏剧的新观点与新主张,而清末知识界与梨园之间的有效结合是1904年柳亚子、陈去病、汪笑侬等人创办的近代最早的戏剧杂志《二十世纪大舞台》。该刊以"改革恶俗,开通民智,提倡民族主义,唤起国家思想为唯一之目的"。陈去病、柳亚子均把戏剧作为救亡反清、激发民族主义的重要工具。他们彰显,甚至夸大了戏剧的社会作用,体现了革命人士的剧论风格。其后,出身士绅之家的青年如欧阳予倩、李叔同等人组织春柳社,编演新剧。他们的戏剧实践与梨园的商业运作不同,而蕴含了改良风俗、改造旧剧的意图。

　　如果说清末知识界侧重阐释了戏剧的思想意义,那么剧界人士则一定程度上践履了知识界的改良主张。汪笑侬于1901年在上海天仙茶园编演了改良京剧《党人碑》,借北宋改革故事悼念"戊戌六君子",斥责镇压维新派的守旧势力。1904年以后汪笑侬等人又编演了《瓜种兰因》等一系列改良新戏,以京剧传播反满爱国思想。潘月樵和夏月珊、夏月润也积极改良京剧,关心社会和政治。他们反对把演戏看作"贱业",认为演员不应被称为"戏子"或"伶人",而应该是"艺人",又拒绝唱"堂会",视之为戏剧界的耻辱。夏氏兄弟及潘月樵等人于1908年10月在上海租界之外的南市建成了第一个新式剧场——新舞台。清末民初,新舞台上演了《新茶花》、《黑籍冤魂》等数十出针砭陋俗的"改良新戏"。新舞台开张后一两年,上海的"茶园"纷纷更名为"舞台",有的则更加西化,改称为"剧场"。

　　戏剧改良风气迅速盛行于京、津地区。在清末沪、京舞台上,出现了反映政治变革、传播爱国思想和倡导社会改良的剧目。20世纪早期的"改良新戏"包括"时装新戏"和"古装新戏",前者多取现实题材,后者主要改编传统剧目。1916年之前,"改良新戏"多是源于现实题材的"时装新戏"。这些戏采用"文明戏"的布景和服装,在京剧唱腔中加入长篇演说和道白,汲取了早期话剧的表演形式,重视反映时事内容,探讨两者之间的联系,反映了时代思潮和西方戏剧文化的渗透。

　　民初剧界延续了清末改良风气,一些戏剧家或者为名角编写剧目,或者与名角一起切磋演技,有的还自编自演,尝试探索和实践。其中的一些剧目体现了民族、民主思想内涵,有些则对近代以来的社会问题给予关

注,如《邓霞姑》、《一缕麻》(由梅兰芳主演)等对于婚姻自由、男女平等的诉求;《黑籍冤魂》等禁绝鸦片的宣传;《枪毙阎瑞生》等对社会要案的关注。这些"时装新戏"程度不同地反映了清末以来的新思想、新风俗。

五四思潮的冲击

五四思潮也对京剧产生了一定的冲击。自从晚清以来,士人一旦进入北京,总会多多少少地受京剧文化的影响。五四知识界对京剧的好恶不一,有的是京剧爱好者,如顾颉刚"自从到了北京,成为戏迷,于是只得抑住了读书人的高傲去和民众思想接近,戏剧中的许多故事也须随时留意了。但一经留意之后,自然地生出了许多问题来"。他注意到京剧历史故事的源流和变化,很想做一部《戏剧本事录》。书未写成,却增加了考证民间传说及民俗的兴趣。不过新文化人大体不喜欢京剧。陈独秀自清末以来就是改革戏曲的健将。鲁迅幼年曾有看社戏的欢乐,但在民国元年第一次进入北京某戏园时,感到"耳朵只在冬冬喤喤的响","戏台下不适于生存"。第二次花重价买了第一舞台的票,想看谭鑫培,戏园环境好一些,却不知台上的角色是谁。"看一大班人乱打,看两三个人互打",看了近三个小时,谭叫天竟还没有来。台上只是冬冬喤喤的敲打,"红红绿绿的晃荡",只好提前退场了。这种感受可想而知。洋博士胡适则"因为太忙之故",直到1918年4月才应朋友的邀请,第一次在北京看京剧,那是梅兰芳的《玉堂春》。其后,胡适对京剧提出了激烈的改革主张。

清末"改良新戏"、"文明戏"出现之时,就受到各方面的责难。剧界和观众对新旧混杂的"新戏"并不满意。1916年以后,京剧舞台上演的大多是"古装新戏",而非"时装新戏"。"古装新戏"离社会现实较远,思想内涵也多有差异。五四思潮兴起时,京剧舞台的"新戏"色彩已经淡化,传统剧目仍占绝对优势。《新青年》延续了陈独秀早年对戏剧的高度关注,从1917年3月至1919年3月,《新青年》几乎每期都有文章或随感录讨论旧戏,甚至还在1918年10月出版了"戏剧改良专号"。1919年1月以后,北京《晨报》也开辟了"剧评"专栏。新文化人通过中西对比,以时代性为立足点,将传统戏剧称为"旧剧",西方戏剧则成为值得仿效的"新剧"。新文化人虽有传统士人的雅俗观念,而其实质内容则是新、旧对立和中西之分。因而陈独秀、胡适、周作人、钱玄同、傅斯年、刘半农等人从艺术形式、思想内容上更严厉地批评京剧。

　　胡适认为,戏曲属于"文学革命"的一个方面,故应以"文学进化"的观念来加以认识和改良。他认为"西洋的戏剧便是自由发展的进化;中国的戏剧便是只有局部自由的结果"。他强调雅俗之分,认为京剧起源于中下层社会,与文人学士无关,只是"俗剧",带有"种种恶劣性"。传统戏曲俗且缺乏进化,带有许多弱点和不该有的"遗形物":如过于偏重乐曲;脸谱、嗓子、台步、武把子、唱工、锣鼓、马鞭子、跑龙套等等,都是戏剧的"遗形物";旧剧缺乏悲剧观念,结尾都是大团圆;而且中国戏剧在时间、人力、设备等方面最不经济。傅斯年也存在着类似的雅俗观念,认为"京调的来源,全是俗声"。所以"中国旧戏,实在毫无美学的价值",喜欢夸张、刺激性过强,形式太固定,意态动作粗鄙,音乐轻躁等都体现了这种缺陷。而且,现在流行的旧戏缺乏文学性;在内容上,"旧戏是旧社会的照相",没有反映生活。钱玄同认为,"如其要中国有真戏,这真戏自然是西洋派的戏,决不是那'脸谱'派的戏,要不把那扮不像人的人,说不像话的话,全数扫除,尽情推翻,真戏怎么能推行呢?"周作人也认为"从世界戏曲发达上看来,不能不说中国戏是野蛮的"。四类旧戏,如淫杀、皇帝、鬼神、灵学,都"有害于'世道人心'",都没有存在的价值。

　　这些新文化人仿效"文学革命"的方式,试图发动一场"戏剧革命"。他们以西方戏剧为参照,提出根本改造旧剧,采用西洋百年来的新观念、新方法和新形式的主张。其具体内容包括:编写剧本,以西洋乐器代替京剧的胡琴,靠拢西方戏剧的写实主义,钱玄同、傅斯年甚至主张"废唱"。新文化人激烈地指陈传统戏剧的不足,触及旧剧的某些缺陷,却也存在不少误解和偏颇,也缺少植根于大众的戏剧实践。

　　相反,一些戏剧家对旧戏的艺术价值予以肯定。张厚载认为中国戏剧不写实,用假象会意的方法,是最经济的方法;中国戏剧有一定的规律性,许多套路如唱、念、做、打的表演程式不是用来限制而是用来帮助表演的;唱工是京剧的重要内容,具有表达感情的力量,自然不能废弃。他指出:中国戏剧是"中国文学美术的结晶,可以完全保存"。照搬"文明戏"只能损害京剧艺术,废唱更是"绝对的不可能"。之后齐如山等人详尽地阐述了京剧的艺术价值,认为中西戏剧的区别不在于道白与重唱,而在于中国戏剧讲求"美术化",西方话剧讲求完全"写真"。他认为旧剧的特征是"美",无论说、唱、做,都不能离开这一特色。正是这种表意的美术化特色与西方戏剧的写实主义形成了鲜明对照。他认为,"中国剧处处是用美术化的法子来表演,最忌像真;可是西洋话剧完全是写真"。在他们看来,中国戏剧的虚拟法和重唱特色体现了较高级的艺术水平,西剧偏重道白和实景则是戏剧初级阶段的体现。戏剧家刘豁公也认为,梅兰芳之所以风靡一时,其主因在于"他的扮相、装束、作派等项是恰恰合于美底原则的"。在思想内容方面,与陈独秀等人强调改造旧剧的伦理观念不同,齐如山认为,儒学的孝、忠、贞节观念是中国社会的命脉,是现代国家强盛和团结的依靠,而京剧就是传播这些观念的理想途径。

这两种观点各执一端,新文化人的激进主张不过是历史的瞬间,京剧不但没有衰落,艺术水平反而有所提高。民初至20年代编写改良新剧的代表人物,在北京有齐如山,上海则有欧阳予倩。齐如山出生于绅商之家,早年博习古代经典,清末三次游历欧洲,并曾一度严厉批评旧剧,在民初以后致力于改良京剧,改进表演艺术,前后历20年之久。出身学者之家的欧阳予倩抛弃歧视戏子的旧观念,早年积极引进和实践西方话剧,参与创建最早的"文明戏"团体春柳社。他在清末民初积极参演文明戏,1916年后转习京剧,在上海与冯子和、周信芳等人合演《红楼梦》题材的京剧。

他们转重京剧,但并非一味沿袭。齐如山在欧洲看了许多神话戏和言情戏,觉得"编的排的,都很高洁雅静,返回来看看我们本国的戏,可以说是没有神话戏,有之则不过是妖魔鬼怪,间有讲一点情节的,则又婆婆妈妈,烟火气太重,毫无神话戏清高的意味"。西方言情戏"虽然讲言情恋爱,但也相当高尚,并不龌龊。回来再看中国的言情戏,简直的说,哪一出也够不上言情,都是猥亵不堪。因为这两种事情,所以回国后想试验着编编它。"民初他发现了梅兰芳这样的优秀演员,于是与李释戡等人合作,于1915年为梅兰芳编了一出"古装新戏"《嫦娥奔月》。内容取材于古老的神话故事,根据画中仕女的装束,创制古装戏的蓝本。他们又对传统的旦角扮相作了改革,同时增设了绚丽的歌舞表演和舞台布置。之后他又编写了《洛神》、《红线盗盒》、《天女散花》、《廉锦枫》等神话戏,汲取昆曲载歌载舞的优长,融入多种舞蹈,使京剧表演更加生动、优雅。为了摒弃传统言情戏的猥亵色彩,他还为梅兰芳编写了几出《红楼梦》戏,也获得了成功。

欧阳予倩早年投身于"文明戏"演出,1913年以话剧形式编演了自己的第一出红楼戏《鸳鸯剑》,是一次将传统内容与西方戏剧形式结合的尝试。1916年以后的数年中,欧阳予倩主要演出以《红楼梦》为题材的京剧,多是自编自演。当时他与梅兰芳一南一北演红楼戏,被称为"南欧北梅"。欧阳予倩事实上肯定"剧以载道"的传统,认为"所谓内容,就是指一篇戏曲所含的意义。所谓人情事理,即是社会反映的结晶。所谓一个戏曲,没有无内容的,我们要看他的性质如何,思想如何,与时代的关系如何,来定其价值。"传统戏剧与时代的关系或远或近,不可一概而论。近代妇女解放运动兴起之后,渗透在传统文艺中的三纲五常观念开始动摇。欧阳予倩早年扮演的角色多是各阶层不同命运的女子,对旧剧中的女子形象有着直接而深切的感受。他编演的红楼戏也重新诠释了原书的人物形象,林黛玉、尤三姐、晴雯、鸳鸯、智能等都是些个性解放、背离封建礼教的女性。他编演《杨贵妃》一剧的主题也不再是杨玉环和李隆基的爱情悲剧,不再有"红颜祸水"的观念。在他的笔下,"李隆基并不真爱杨玉环,不过是把她当作玩物"。为了平息叛乱,杨玉环最后被赐死,剧情被"演成激昂慷慨反抗封建帝王那种自私的、虚伪的爱"。该剧对清代洪昇《长生殿》的思想主题进行了较大修改,彰显了男女平等意识。他后来编演《潘金莲》一剧也改变了潘氏受谴责的"淫妇"形象,而对其赋予了明显的同情。这一系列为女性"翻案"的戏剧,思想重点在于反对男子重婚、纳妾,强调男女平等的贞操观,讴歌个性解放和婚姻自由,鲜明地反映了时代思潮。

不过,欧阳予倩并没有处在民国京剧舞台的中心。且不说他被一些人看作"海派"角色,排除在京剧正统之外,即使演出红楼戏的影响也囿于东南地区,且为时不长。京剧舞台在1916年以后上演的"新戏"主要是"古装新戏",其中有些曲折地反映了时代思潮,但现实意义大体不及清末民初的"时装新戏"。剧界人士立足于完善而非改造京剧,这与新文化人重建戏剧的激进主张颇多歧异。

新思潮与京剧舞台之异趣

接下来我们来谈谈新思潮与京剧舞台的异趣。近代京剧舞台不仅受到改良风气的熏染,也受到五四思潮的渗透,然而,新文化人以西方戏剧改造京剧的尝试显得事倍功半。较之清末的戏剧改良,五四时期知识界与梨园的戏剧观念之差异呈扩大趋势:

首先,知识界改良戏剧的核心是彰显其社会功能,使之成为宣传民族主义,进行思想启蒙的工具;而梨园的着眼点是观众的喜好及自身的艺术魅力。两者工具化与职业化的异趣走向在五四时期进一步扩大。剧界人士认为:"戏剧的主要目的,是供给民众的娱乐(教化的娱乐),休养群众的能力,补充群众的智识,三者缺一不可。"故应注重戏剧的娱乐性,也应使剧目内容及表演形式适应商业化需要。正如民初梅兰芳等人在编演"时装新戏"后转重"古装新戏"一样,很大程度上是为了适应市场需要。在近代都市社会中,民间文化娱乐的生存和发展已经不能忽视市场。20年代,京剧舞台的商业化气息并无减弱迹象,这种状况一直延续到抗战的全面爆发。

五四新文化人看重"剧以载道"的传统,赋予戏剧以明确的思想使命。他们之所以贬低京剧的唱工,正如胡适所说:唱工戏虽有音乐的价值,却不是最能感人的。因观众对"唱工戏懂得的很少,既不能懂得,又如何能有感化的效力呢?"这反映他们对京剧唱腔的隔膜,也说明其看重戏剧的教化功能。当然,他们也重视艺术追求。"文明戏"一度衰落后,又在五四以后复活了。新一代青年学生认识到话剧对于传播新思想、新观念的意义。陈大悲于1921年在北京掀起"爱美剧"(amateur)运动。他认为,"大凡自由研究一种艺术的人都可称为爱美的"。与"爱美剧"相对的名词就是职业的戏剧。他认为,戏剧人引导着社会,应该是 amateurs(业余的),不应该受资本的操纵。以艺术追求为目标的"爱美剧"运动在青年学生中流行一时,成为话剧再兴的一个标志。但这一时潮仅持续了三四年,或因艺术水平不够,或因组织不力,或因一些人从中谋取私利,与职业戏剧立异的"爱美剧"为时短暂。"抗战"爆发后,话剧因宣传抗战的需要再度兴盛起来。而此时,植根于市民社会而离政治较远的京剧则遭受重挫,一些名角被迫息影,京剧艺术明显停滞了。故而在现代戏剧舞台上,艺术追求的空间已相当狭小。戏剧要么在商业化潮流中体现娱乐价值,要么在政治化语境中成为宣传工具。

其次,因为戏剧价值观不同,知识界与剧界的社会关怀也呈现差异。清末梨园之中,汪笑侬、田际云、王钟声等少数人士尝试发挥戏剧的社会功能,用它来传播民族、民主思想,与陈独秀、陈去病等人的戏剧观念颇有相似之处;五四时期,上海演员周信芳也注重以京剧来宣传爱国主张,但这些都不是主流。从清末民初几位走红的名角来看,梨园生活基本上远离了新思潮。

清末民初谭鑫培红极一时,又受宫廷青睐,被称为"伶界大王",长期担任精忠庙、正乐育化会的首领。但他对政治不感兴趣,甚至对梨园事务也不关心。除了重视其艺术和家庭之外,他一生只有两大兴趣,一是信佛,二是抽鸦片。又如著名武生杨小楼是一位道教徒,年青时曾一度中断演戏而整天呆在北京白云观,身穿道袍,与道士们一起蹲坐念经。梨园的朋友将他带回了京剧舞台,而他迷恋道教的习惯一生未改,其思想观念也是相当传统的。他曾有参与改良京剧的打算,却从未真正实践。他们作为梨园的台柱,虽重视改进演艺,却与知识界"剧以载道",乃至工具化的改良倾向保持较大距离。

梅兰芳在五四时期也是纯粹的戏剧家,与社会思潮相距较远。五四爱国运动高涨之时,梨园的生意似乎影响不大。受日本帝国剧场的邀请,以梅兰芳为首的京剧班于1919年4月21日启程赴日演出。4月25日剧班抵达日本后,受到华侨、留学生及新闻记者的热烈欢迎。随后与相关人士见面,宴会。自5月1日起,在东京、大阪等地共演出20余天,演出剧目有《天女散花》、《御碑亭》、《嫦娥奔月》、《麻姑献寿》等。五四运动爆发时,留日学生于5月7日致函剧班,"劝以停演归国",但"磋商未果",理由是"实因履行契约及剧场营业之关系,不得已。仍演《御碑亭》"。由于履行商业"契约",戏剧家将剧团利益而非政治态度置诸首位,与五四爱国运动显示出较大的思想差异。但就梨园来说,京剧首次走出国门,登上国外舞台,对扩大影响有着一定的积极意义。

当然,五四前后的京剧舞台也并不是完全没有社会关怀。1919年6月初,上海市民"三罢"之时,梨园出现了"伶界救国十人团",少数剧场及演员曾积极响应,投入到爱国运动中。五四前后,京、沪京剧界的义演、赈灾活动更加频繁。义务戏集中了许多名角,成为京剧的盛会,显示了剧界的社会责任心。不过,这大体是清末"义务戏"的延续,与五四运动的救亡主题没有关系。

其三,中国戏剧的方向是再造传统,还是努力西化。清末民初,京剧对西剧艺术有所汲取。那些反映现实题材的"时装新戏",采用话剧的道白表演,服装和布景都力求写实,但这并非当时京剧的主流,而且为时不久。1914年,梅兰芳演出了反映妓女生活的长篇新戏《孽海波澜》后,感到"时装新戏"不适合自己,最终回归传统剧目,主要演"古装新戏"。京剧界人士认为,"非驴非马"的"时装新戏"并非京剧发展的方向。他们批评某些人的戏剧改良"动欲合乎西洋人眼光,削足适履,在所不惜,如锣鼓之喧哗,检场之来往,以及对镜理装,饮场掷垫,皆在应行革除之列。良则良矣,其如已非吾国戏剧之本相"。这类看法未必尽然,却体现了对京剧西化的担忧和抵制。

在五四思潮兴起之际,反映现实题材的"时装新戏"迅速减少,从传统剧目衍变而来的"古装新戏"成为主流。五四前后"四大名旦"上演的剧目大多是"古装新戏",题材多取自传统小说、历史故事,其中虽有体现爱国、追求婚姻自由的女性形象,但"古装新戏"之"新"主要体现在表演技巧上,与五四思潮仍有较大距离。与新文化人主张"废唱"恰恰相反,"唱腔"成为京剧成熟和发展的重要标志。唱腔自成风格的程砚秋在20年代末风靡全国,并有超越其早年老师梅兰芳之势。

新文化人对梨园的部分改良显然不满。他们再造中国戏剧的样板是西剧。胡适认为,梅兰芳在1916年以后不应该转向传统京剧,而应该发展早年"改良新戏"的尝试,从而在根本上改造京剧。他们不像清末士人那样对改良旧戏寄予希望,而是强调"创造新剧"。他们认为,所谓"改良",不过是编演一种"过渡戏"。不过,他们对"过渡戏"的具体面目还不太清楚。胡适认为,天津南开学校编演的"《一元钱》、《一念差》之类,都是'过渡戏'的一类"。这类反映现实题材的新戏,汲取了"文明戏"多用对白的特点,具有明确的思想内容。

在五四之后的戏剧探索中,新知识界始终没有脱离西学背景。继"爱美剧"运动之后,留学美国的余上沅、赵太侔、闻一多等人热衷于戏剧实践。1924年底,他们编演的英语古装戏《杨贵妃》在纽约演出获得成功,这增强了他们再造中国戏剧的信心。余、赵、闻三人于1925年夏天回国,随即开展"国剧运动"。他们试图超越五四激进思潮,不主张批评旧剧,声称要建设"用中国材料去演给中国人看的中国戏剧"。同时,他们也不抵制戏剧的"外货",重视话剧的本土化,试图沟通戏剧舞台上的现实主义和象征主义。但因他们不熟悉中国戏剧,虽然讲究兼容中西,实际上却是利用旧剧的工作流于"假定",讨论、建设的"国剧"仍然是穿着古装或时装的话剧。因为没有社会基础和市场,他们所期望的"艺术剧院"始终没有建立起来,"国剧运动"也于1926年夏天偃旗息鼓了。

总的来看,新文化人与剧界人士的戏剧改良不仅体现了新旧之分,而且蕴含着中西之别。新文化人的"戏剧革命"较之"文学革命"带有更浓厚的西学色彩,且缺乏本土基础,故而两者结果大相径庭。五四之后,"文学革命"不胫而走,在民间流传已久的白话逐渐取代文言,为社会各界所接受;"戏剧革命"遭遇的抵制虽不像"文学革命"那样强烈,却也被梨园和广大民众漠视了。20年代以后,话剧与京剧不再像清末民初那样互相渗透,而是日趋分途。虽然两者在艺术上仍有互相渗透汲取的情形,但戏剧舞台上大体成为中西双轨,荣枯相易。"抗战"时期,都市的京剧相对衰落,而知识界的话剧勃兴,传统戏曲主要在乡村中生存,故有的研究者认为:"中国新剧运动自有史以来就有着两条路:一条是属于都市的,一条是属于农村的,不过,最初,这路向只有前者兑了现,而后者仍处在半意识半行动之中"。为了传播新思想,30年代以后的知识界喊出了"戏剧下乡"的口号,提倡"戏剧到民间去"。知识界创新、再造的"戏剧"不属于民间文化,却不得不走向民众,回归戏剧的本质。

综上所述,民国京剧汲取了清末以来的新思想,从内容或演艺上都有所改良,但没有完全成为思想启蒙的工具。五四时期,新思潮对旧剧的冲击力度可谓前所未有,而与京剧舞台的距离较之清末民初反而呈现扩大之势。这个时候的剧界基本上不认同新文化人的激进主张,在艺术与政治之间,他们更加关注艺术和市场,这也与五四运动存在着明显的距离。换言之,五四知识界将京剧纳入思想或政治范畴的努力并没有实现,旧剧改革也不像文学革命那样取得显著效果。这反映了新思潮与大众文化的隔膜,却也使得京剧少受政治干扰,艺术上获得较为充分的发展。由此亦不难发现,五四思潮虽然对青年学生影响深广,而对市民思想及其文化生活的作用却不宜高估。精英思想与大众文化之间的复杂关系仍待进一步探讨。

(2009年4月5日)

中西价值观的渊源与比较:家—国—天下[①]

■ 辜正坤

[演讲者小传]

辜正坤,男,出生于1951年,四川师大77级英语专业本科生,北京大学英语系硕士研究生、文学博士。现任北大外国语学院英语系教授、博士研究生导师、中国莎士比亚研究会副会长、北京大学文化文学与翻译研究学会会长,《世界文学与翻译研究》主编。曾兼任清华大学、南开大学、美国瓦西塔大学客座教授和北京东方神州书画院一级书画师。在国内外共发表著、译、编、校著作40种(部),论文100余篇。同时发表创作水墨国画9幅(并获奖)。可阅读英语、法语、古希腊语、拉丁语、德语、日语及世界语文献。

一、文化概念:一切文化都是合理的,但在相当的层面上也有高低优劣之别

文化主要包括价值观、生活方式、语言文字、宗教、艺术、政治体制及知识技艺等。但是文化的核心成分是价值观,尤其是道德价值观。尽管有的学者认为文化与文明没有太大的区别,但是大多数学者仍然趋向于认为,文化与文明是有区别的。对这些区别的界定相当繁琐,但是其主流

[①] 2008年5月11日星期日晚上7:00-9:00,作者应北京大学团委和学生工作部邀请在北京大学2教301以《中西先进文化与落后文化消长现象揭秘》为题做了一次演讲。这里刊登的是该演讲内容的部分摘要,根据内容命名为《中西价值观的渊源与比较:家—国—天下》。讲座其余内容尚待进一步整理后发表。

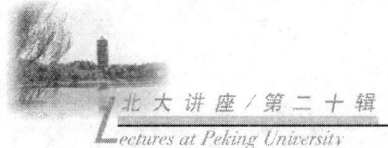

观点是:文化更多地指人类的精神性成果,而文明更多地指人类的物质性成果。

所有的文化都是合理的,都应该得到尊重。但是合理的文化不等于都是同等优秀的文化。文化中的有些层面并无高低优劣之别。例如就审美趣味而言,喜欢达·芬奇的画和喜欢齐白石的画这两种趣味是很难有高低优劣之分的。但是相对而言,文化的别的若干层面或其总体是有高下优劣之分的。例如从价值观层面来看,崇尚利他主义精神优于崇尚利己主义精神,这是不言而喻的。或者从器物层面来看,电子计算机技术优于古老的算盘技术,也是不言而喻的。

二、判断一个文化先进与否的标准

那么如何判断一种文化的先进性呢?注意,我这里用的"先进",指的是相对好,"落后"指的是相对落后。"落后"不等于坏或完全负面的东西。亚军比冠军落后,但是亚军也是不错的。判断一种文化先进与否的标准有很多,这里列出的九点,主要偏重于精神性质的层面。物质性的层面更多地属于文明范畴,可以另列判断文明先进与否的标准。在此不赘。

第一,看其是否能够教化、熏陶出善良的人民。一个使民众变得狡诈(智谋)、卑鄙或好斗的文化不是好的文化;一个使民众变得朴直、诚恳、不争、谦让的文化当然是好的文化。好的文化有助于熏陶出高尚的人格。如果你在某个地方生活一段时间之后,由于那个地方文化的影响而变得狡诈了,那么这种文化能说是好的吗?倒过来说,如果一种文化能够使得民众变得谦逊,那当然是好的文化。你如果问有没有什么具体的指标,我认为可以看一个国家国民的犯罪率,犯罪率越高说明文化的品质越低,犯罪率越低则说明文化的品质高。这里也要看看具体的情形,有的时候执法太严厉了也可能导致犯罪率很高。但同时我们也会说,你为什么量刑这么严厉呢?量刑太严厉也是不人道的啊!例如,有的国家的父母一怒之下,打了孩子的耳光,于是就有可能被邻居告发,受到监禁。尽管时间也许短,但也算是蹲监狱啊!这在中国,是不可思议的。父母有错,应该进行谴责,但由于打了孩子一下就要坐牢,这就是量刑太严厉。犯罪率高的第二个原因也有可能是民众本来就不太善良,有太多的犯罪倾向。所以两种结论都证明这样的文化品质低下。美国的犯罪率相应说来比较高。尤其是美国某个族群的人,据说有一半都是蹲过监狱的。所以这个比例让人感到很不安,这说明这种文化中有某种增强犯罪率的机制,使得人们蹲监狱的机会增多了。因此,这样的文化不是很好的文化。

第二,看其重大师还是重大贤。只重大师而不重大贤者落后,重大贤且重大师者先进。有的学者将大学定义为"大师之学"。这只是说对了一半。大师往往指的是学术方面、学问方面或技能方面。而大贤更多的是指道德方面。所以,中国传统文化更侧重圣贤之学。什么是圣贤之学?什么是大学?《大学》一开首就说:"大学之道,在明明德、在亲民、在止于至善"。《大学》这篇经典和我们说的学校意义上的大学当然不是对等的两个概念。但是在培养什么样的人才方面,《大学》所宣扬的理念与传统大学(太学)的确在理念上是相通的。什么才是大学最重要的东西?首先是重德、重修养、重视培养出可供社会仿效的最高尚的人格;其次才是培养知识性、技能性的专家。按照这个标准,我可以说,全世界的大学都称不上是大学,现代社会已经没有真正的大学了,都只不过是培养知识性、技能性专家的专门学院。全世界所谓的大学其实都是学院,比如说哈佛大学、牛津大学、剑桥大学等等,都是典型的专科学院综合体。那里产生出许多优秀的工程师、教授、学者。只要在那里拿到文凭,将来吃饭的问题就解决了。这些所谓的大学基本上不管你是不是会成为圣人,他们主要关心你是不是会成为专家。全世界都是这样,中国现当代的大学也这样,北京大学也是这样。大家都在嚷嚷要培养出大师,从来没有听说过要培养出圣人、贤人。大学的传统已经失落。真正的大学在古代,比如东汉时期的太学,招收人数最高时达3万人,无论是教育理念、所设置的教学科目及教学规模,都是全世界第一!简而言之,大学培养的应该是圣贤式的大师、德才兼备。所以一种文化如果推崇这样一种教育理念的话,它一定是好的文化。

第三,看其重义还是重利。只重利而不重义者落后,既重利更重义者先进。孔子说:"君子喻于义,小人喻于利。"[①]孟子对于义利之辩方面做了很多论述。所谓重利还是重义,不是说利就不该重,也是可以重的,但

---

① 《论语·里仁》。

是二者有主次关系。在一般情况下,义比利更重要。在特殊情况下,比如在经济特别落后的某个时期,可以适当地强调利的重要性。但是总的说来,只重利者落后,既重利又重义者先进。这是很容易判断的。

第四,看其法律的繁琐程度。繁琐过分而重利者,文化落后;繁简适中者,文化适中,也挺好的;但如果简括而又高度重德,则其文化就称得上是很先进。因为法律条文太多了,老百姓就容易受到蒙蔽。法典一出来几万条规则,就成了那些法学专家的饭碗了,谁也记不住。平时生活时,人们自己都不知道自己犯罪没有,生活过得不踏实。本来自己的良知、良心就是善恶、好坏的裁判,但是现在由于法令太多、太繁琐,在判断善恶好坏时,良心已经难以为凭。法律条文过多对于老百姓来说,其可操作性就降低了。越往古代走,法令越简单,甚至简单到没有法律。越是德行高的地方,法律的作用就递减。在人际关系真正和睦的地方,是用不上刻板的法律的。例如在家庭里,家庭成员之间就比较谅解,亏一点或占点便宜,对所有成员而言,不是什么太大的问题,所以家庭里约法三章的现象相对说来就少得多。法律最盛行的地方,往往是矛盾最多的地方。社会上的许多矛盾就比家庭成员间的矛盾要尖锐、复杂得多,所以必须有一定的法律规范。一般说来,特别重法律的国家肯定是比较重利的国家,好斗的国家,或人与人之间斤斤计较的国家。比如说罗马,典型的好斗国家,法律体系就非常完备,这其实不一定是文化发达的表现,倒不如说是文化落后的表现。在我国尧舜禹时代根本就不需要繁琐的法律。那时的法律很简单,据说连监狱都不要,画地为牢。罪犯自觉地蹲在地上一个画好的圈子里,在规定的惩罚时间内不许出圈儿。因为那时的人德行通常都比较高。《旧唐书》《新唐书》上都记载着这样的一件事。唐太宗不顾大臣的反对,主张行仁政,将300多个死囚犯放回去把家里面的事情处理好了,来年秋天再来京城受死。结果,第二年秋天,这些死囚居然一个不拉下地全部自动回来。有感于死囚的守信义,唐太宗赦免了这些囚犯。这件事在历史上曾引起过争论,有的学者并不赞同太宗皇帝的这种做法。例如欧阳修就写了《纵囚论》,表达了不同观点。观点谁是谁非,此不论,但是,我们就此知道唐朝确实发生过这样的事!古代人能够守法到这种程度,现代人就很难了。别说是纵囚一年,三天都不行。你不放他,他自己还要千方百计地越狱呢!

第五,看其尚武精神的强弱及相应的军事工业的发达与否。强者落后,弱者先进。尚武者落后,尚文者先进。罗素说过,西方的工业发展是以军事工业技术作为火车头带动的。如果一个国家竭尽全力发展军事工业,相对说来肯定是文化落后的表现。这有点像有的人在家里不读书、不学习,成天磨刀。请想想,你老磨刀干什么?刀磨快了,你不就是想让它派上点用场?没有用武之地,你难受,结果就很可能干出坏事甚至伤天害理的事情。前两天的《参考消息》上报道说,英国一个学童用枪杀了23个学生。别人问他为什么杀人,他说,好玩,并且说还打算再去一所学校多杀几个人。如果连学童都有这么强的好斗倾向,喜欢看到残忍的场面,他生活于其中的那种文化怎么可能是先进的呢?所以,同理,一个国家特别注重军事工业,就意味着它的文化的进步因素被抵消掉了相当的成分。有同学质疑,你说中国的文化先进,那么为什么鸦片战争一下子就把你中国打败了呢?他们认为在军事上被打败了就是落后。我说你现在打我吧,我肯定被你打倒在地。因为我现在的角色是老师,你用武力来解决我,作为老师的我肯定退让啊。君子动口不动手。这喜欢动武力的才是没有文化。这儿的没有文化不是说你没有知识,而是说你的德行没有上去。鸦片战争时,西方人是用军事武装征服中国,并非用的是文化。文斗和武斗的区别如此巨大,而一般人竟然分不出来,老是把武斗因素算作文斗因素。文斗是讲道理,讲德行,讲公理和正义。武斗则是用刀枪炮火,白刀子进、红刀子出,是极为残暴的行为。又有人会说,武器的制造过程里有知识啊,战争过程中有人的组织能力等因素啊,这些因素是不是文化因素?当然也算文化因素。但是文化里内蕴着一个核心的价值系统,这就是道德价值系统,它表征着人的德行。德行必须统帅其他的文化因素。如果没有德行,一个人的知识和技能不但不能行善,反倒更有助于作恶。从这个意义上看,中国之所以在鸦片战争中失败,主要在于其文化太先进。换句话说,那时的中华民族作为人类来说,进化得太充分,仁义礼智信之类的价值观念太完美了。中华民族作为一个整体,太文了,真正的文质彬彬。而文质彬彬同时意味着霸悍性格的缺失,意味着这个民族变得太文弱了。相对于西方人来说,它缺乏强悍的兽性。试想一个两千多年来一直推崇"不争"、"处柔"、"和睦"、"礼让"等价值观的民族,怎么可能和推崇竞争、崇尚勇敢乃至于认为"战争是神圣的"(古希腊哲人赫拉克利特语)这样的民族进行武力对峙和抗争？像中华民族这样道德高尚的民族手里即使有尖端武器，使用起来的杀人效率也很难和那些生性就崇尚好勇斗狠精神的民族相比。中华民族当然也可以最终打败自己在军事上的敌人，其条件就是降低自己的文化的道德先进性，增加民族的兽性，培养起面对强敌的大无畏的抗争精神。但那样一来，中国文化的道德先进性就势所必然地会有所降低、甚至大大降低。在特定的时期，这种降低是必要的。当对手是狼时，我们就要变为狼。当对手是羊时，我们就恢复为羊。但是切忌当狼当久了之后，就久假而不归，以至于豺狼成性，那就有违初衷了。何为久假不归？五四时代的鲁迅、陈独秀等人对于中国人抱有一种"怒其不争"的怨愤，呼吁中国要变成野兽，因为那个时候对手就是野兽，所以中国人必须退化成为野兽。我们对付扩张成性的列强可以这样，但是不能弄假成真，久假不归。刘备到孙权那里娶了孙权的妹妹，实际上是诸葛亮的统战政策，通过联姻联吴抗曹。但是刘备居然沉溺于爱河，久假不归，连帝业也忘了，差点坏了大事。清末民初的许多中国学者也有点类似刘备，忘了借鉴西方只是临时性的，目的是为了以夷制夷，借西方的一张狼皮，把我们自己扮成狼和西方进行同类抗争。但是我们不能够披狼皮披久了，回到家里也不愿意脱下狼皮，还是习惯于好战性斗争精神，把这种斗争的精神一直延伸到整个中华民族大家庭内部，斗啊、斗啊，那就不好。

尚武精神往往与好战精神是关联的。因此，进一步说，文化的先进与否也可以看其是爱好和平还是爱好战争，前者先进，后者落后。当然发动战争的人总是能够找到一些理由说明发动战争的必要性的。但是战争夺取人的性命。天地之间人为贵。战争夺取这么多宝贵的东西，当然是犯罪，犯的是弥天大罪。战争当然也有正义与邪恶的区别，但是在大多数的场合，多半是借口而已。因此，在一个好的文化状态中，反战、非攻、博爱、和平，是极为突出的价值观。

第六，看其重自由还是重对他人的义务。重自由轻义务者落后，重义务而不舍自由者先进。我不是说自由不重要，而是说义务更加重要。实际上自由是非常空虚的一个概念。全世界的人都在叫喊着要自由，尤其是青年人，糊里糊涂地需要自由。他们并不一定知道什么是自由。那个术语本身意义不大。自由应该是一个更加具体的东西啊。如果你真想获得自由,你应该非常明确地界定你要实现的具体目标究竟是什么?比如说,你想获得跳舞的自由。那么,在你确认这种行为是正当的、无害于社会和他人之后,你就可以执著地要求获得这种具体的自由。倒退30多年,那时在家里举办一个舞会,都会成为一个新闻。有关方面当时进行限制,甚至出动警力进行监控。这可以理解。民众的正当需求和行政管理方面的理解有一个互动互构互相理解的过程。行政方面的限制是一定社会条件,尤其是特定文化环境制约下的产物,也并非毫无道理。但是大家还是坚持不懈地争取。经过一段时间的互动,理解沟通了,跳舞行为获得认同,人们的努力终于成功了。此外还应该注意到,自由是在受到一定程度的限制当中才会体现出来的,没有某种限制,你根本就感觉不到自由。比如你到了太空当中什么都没有了,孤零零地就你自己,你似乎可以为所欲为了。其实你没有自由,随便什么太空垃圾或一个什么星体撞了你一下,你就永远朝某个方向运动。你没有着力的地方,你找不到约束你的东西。只有有了一个着力点,你的自由才能够发挥出来。

第七,看其重利己还是重利人。前者落后,后者先进。看其严于律己还是严于律人。前者先进,后者落后。利己难道比利人还好吗?在大部分情况下我们还是认为律己利人比律人利己更应该受到尊重。那些鼓吹自私自利是好品德的人,无论怎么辩护都难以自圆其说。尽管在改革开放的初期,为了适应开放的需要,尤其是为了建立社会主义市场经济的需要,中国知识界中的一部分人曾经在相当大的程度上张扬过西方式的个人主义,嘲弄过极左思潮下的所谓大公无私精神,这种做法是特定历史时期的战略要求,可以理解和接受,但是,如果一个有良心的知识分子居然真的以为自私自利的德性要比大公无私的德性更好,他就无异于是在鼓吹中国人必须重新变成禽兽。

第八,看其重善还是重真。重善且重真者先进,重真而不重善者落后。这个标准有点容易引起争议。重善肯定是好的,但是真呢?真就不该注重吗?当然该注重。其实许多文化都是把真放在前面的,往往排列成真、善、美这个顺序。然而求真就无可置疑的好么?我看未必。有的真好,有的真不好。蛆虫、大便、艾滋病,也很真,好不好?我们这个世界有太多的真东西或真理,当然也有很多假东西和假道理。反对假东西或假道理(歪理邪说),大家好像没意见,但是说真东西和真理也有应该反对的,有的人就不能同意了。其实,这个世界上有许多真东西或真理是坏东西,至少是需要被漠视或巧妙掩盖起来的。例如原子弹制造技术原理就是应该加以掩盖或消灭的东西。由于爱因斯坦的 $E=MC^2$ 这个著名公式,物质和能量之间的关系搞清楚了。这本来是好事,可是根据这种原理,原子弹造出来了。爱因斯坦对自己的知识居然会在另外的条件下造成如此巨大的毁灭性后果十分后悔。所以,有些真理是有很大的潜在性破坏作用的。它们的好处和坏处,有时相互抵消,还不如没有的好。也许正是由于这个原因,古代中国人在传授精妙技术的时候,往往极为谨慎,在择徒授艺时要考察再三。凡是德行不高的徒弟,绝不能传授。当然这样做有时又过头了,造成相当的科学技术成果后继无人。传统中国人把善排在第一位,在重善重德的前提下来重真。在善与真两者的关系和比重方面,把握得十分到位,这是很值得研究的。但是我们现在的很多人,都是片面宣传要追求真理,把真理看得高于一切。有的时候这种宣传也很好,正面效果大,但是有些时候则适得其反,甚至让人变成兽。当代世界实际上有太多的真理垃圾,很多技术实际上有极为巨大的潜在的破坏性。尤其是生物技术、核技术、网络技术、机器人技术……它们正被日新月异地不加控制地发展。人类在最终灭亡时究竟是亡于天灾还是人祸,很难预料。有的学者认为人类能够控制技术带来的负面效应,这是一种假设,但愿如此。但是你真能够控制吗?如果可以的话就不会有两次世界大战了。两世界大战死了那么多人。美国前国家安全顾问布热津斯基写了一本书叫做《大失控与大混乱》,说两次世界大战因为科技杀死的人数超过了历史上所有战争死亡人数的总和。战争凭借的是什么?就是技术。技术杀人,科技杀人。在别的场合别的时代,例如在古代,要想夺去一个人的生命,相对比较困难些。两个人拿着大刀砍来砍去,砍了几十个回合,都不分胜负。当然那时的一场大战也会夺去很多人的生命,可是其杀人效率跟现在比,简直原始得让人发笑。现在的战争一打,将帅都不用亲自抡刀上阵了,躲在地下室里特别安全的地方,按按电钮就可以夺去千人、万人的性命。由于杀人者无须和被杀者面对面交锋,死亡的残酷性被淡化,激起杀人者同情心的因素大大减少,因此,现代战争很容易使人变成麻木的、纯粹的杀人机器。

第九,看其重人多势众者还是重德高望重者。前者落后,后者先进。

现在西方重视人多势众。人多势众者可以推选自己的头领做总统,英文叫做 Democracy,来自古希腊语的 Democratia,在汉语中被误译成了"民主"。汉字里面的民主指的是人民当家作主,这个没有人反对。但是 Democracy 的实际意义是"没钱没势的大多数人选举他们的头领执政",不是所有的人都来做主,主只有一个。和专制寡头政权相比,人多势众者说了算毕竟要好一些。但是和另外一种政体,例如由德高望重者、圣人、贤人执政,所谓的"民主"制相比就显得很落后了。在"民主"制度下,绝大多数人由于切身利益关系,都会选举对自己最有利的人或至少跟自己的利害冲突最少的人作领导。他们为了达成这个目的,可以不择手段地拉帮结派,搞阴谋诡计,以便把自己利益的代表推上政治舞台。有德者一般都比较清高,往往对选民敬而远之,缺乏种种故意讨好选民的伎俩,因此他们被选举的可能性是很小的。国家大事有些是可以靠普通人民来决策的,比如说可不可以在天安门前建一个摩天大楼这种具体事情,就可以由人民来投票,因为这样大的建筑物的实际欣赏者、应用者是人民,而绝不是个别专家、工程师。但是另外更多、更复杂的国家大事,包括外交方案、军事对策、经济整体策划等,就需要一些有德性、有智慧的人来进行决定。这不是人数多就可以做主的。传统中国为了获得这样的有德行、有智慧的人进入统治集团,采用了科举取士的办法。这是世界上最先进的遴选官员的办法。总之,一个国家最好由德高望重者当政。德高望重者当政优于人多势众者当政。

三、中西地理环境与中西社会结构的契合关系

只要我们所在的地球给出了生命、生活、文化所必需的基本的相关条件,各种相关因素一旦不同程度地汇集到一起,就会产生互动、互构活动,产生种种相互协调、适应、组织的现象,促成种种演化现象,于是文化、文明就相应地繁衍生发开来了。关于文化发展的驱动因素,我一共概括了九大类,此不赘述。这里只介绍其中的第一种,即地理环境因素。

地理环境对人类文化会产生影响的观点是一个古老的观点。对它的阐述非常庞杂,这里不去一一缕述。我只谈我在这个问题上的新观点。

我认为,只强调地理环境会对人类文化产生影响,是空洞的说法。关

键在于要确认地理环境是如何在具体条件下对人类文化产生影响的。首先，我把地理环境诸多因素中的地形、气候与资源三大因素看成是人类文化发展最关键的初始因素。其次，我的研究发现，环境影响分为纵向和横向两大类。总的说来，对人类文化整体而言，横向环境影响多一些。所谓横向，是指它在历史发展的特定阶段影响很大，但从总的、纵向的历史发展来看，它所起的作用是逐渐减小的。也就是说，它与历史发展的时间进程是成反比的。越往古代方向追溯，环境的影响就越大；越往近代、现代、当代方向追溯，它的影响就越小。当然，说影响因素减少，不是说影响最后完全消失，而是说其程度在总方向上来说大体上是递减的。第三，具体到中西有代表性的文化发源地（如中国传统文化发源地中原和西方古希腊罗马文化发源地地中海一带），不同的文化地理环境产生了不同的社会结构和文化形态。中原一带的地形、气候、资源等因素势所必然地鼓励、滋生出以农耕形式为主的生产方式及与此紧密联系的家族社会结构。而西方文化的代表性文化古希腊罗马文化所处的地形、气候、资源等因素则势所必然地鼓励、滋生出以商贸形式为主的生产方式以及与此紧密联系的利益集团（军事集团）社会结构。

四、家族社会结构是人类最伟大、最理想的社会结构

由于适应不同的地理环境而滋生的不同的中西社会结构与中西不同的文化结构之间相应具有血肉般的契合关系，因此，中国的家族社会结构是解释中国传统主流文化的关键因素之一，而西方的利益集团（军事集团）社会结构是解释西方传统主流文化的关键因素之一。换言之，中国的家族社会结构和中国传统的哲学、政治、经济、伦理、审美、法律、建筑、医疗、体育、礼仪……甚至军事等诸多方面具有盘根错节的渗透性联系。例如儒、道二家学说就是中国家族社会的必然产物。即便是外来学说，例如佛家的学说（尤其是大乘派学说）之所以在传统中国能够获得很大程度上的认同，也是因为其根本原理契合了传统中国的家族社会结构及其文化结构。同理，西方的利益集团（军事集团）社会结构和西方的哲学、政治、经济、伦理、审美、法律、建筑、医疗、体育、礼仪……甚至军事等诸多方面也具有盘根错节的渗透性联系。例如理性主义学说和对科学技术的

崇拜就是西方利益集团(军事集团)社会结构的必然选择。即便是外来学说,例如基督教学说本是东方学说,之所以在传统西方社会能够获得很大程度上的认同,也是因为其根本原理略经修正后契合了传统西方利益集团(军事集团)社会结构及其文化结构的根本需要。

  我和别的学者的观点有根本区别的地方还在于:前此的许多学者虽然都不同程度地讨论过中国社会的家族社会结构问题,但是却往往把中国古代的家族社会结构看做是落后的社会结构,而且常常给予负面性批判。我则刚好相反,我认为中国古代传统家族社会结构是世界古代传统社会结构中极伟大的社会结构。我并且进而认为,在人类的一切社会结构中,家族社会结构是最伟大、最理想的社会结构。其实,马克思之所以称原始社会为共产主义社会,正在于其社会形态几乎无一例外地是家族社会结构。

五、家族社会结构是解释文化先进与落后的最关键的谜底

  人类的一切关系中,血缘关系是最亲密的关系,因此由血缘关系建立起来的家庭是最合天理、最自然的人际关系。尽管在家庭关系中也会存在不可避免的利益摩擦,但是,相对说来,家庭成员之间的亲密无间、家庭成员间的真诚关爱与无私奉献精神,毫无疑问是一切别的人际关系比不上的。因此,家庭中产生的价值观是最自然、最合天人伦理道德,也是最理想的价值观。从逻辑上说来,我们的结论就是:和这种家庭结构同构的家族社会结构也必然产生最理想的价值体系。因此,我们可以说,家族社会中酿造出来的价值体系是全人类最理想的价值体系,是全人类最高的价值追求和归宿。这种追求用最通俗的话来说,就叫"天下一家",或"亲密得像一家人"。

  只就正义或公道而言,在别的人际关系中,也能够产生某种程度的正义或公道,但是只有在家族社会结构中,产生公正(公道)的可能性才会达到最大值。因为在家族社会中的每一个人从道义上来说,都承认所有的其他家族成员是亲人、是自己人。在亲人和自己人中的利益分配在通常情况下是比较公正的。更何况家族结构中的最高权威往往是父母或最年长者或德高望重者,他们在家庭或家族成员间进行财产分割、权力分

割、矛盾调解方面,在绝大多数的情况下,比之别的成员或别的社会结构的成员显然具有更大的公正性。

必须注意到,随着社会情况的复杂化,更大规模的家族社会结构在具体进行权和利分配时的公正性肯定会逐步降低。但是,只要这个社会的社会成员还承认自己是一个大家族,那么,原来在家庭关系中产生的先进的价值观就能够在这个社会结构中传承下去,并发扬光大。只有在家族社会结构中,产生和谐、和顺、和睦、和协、和衷、和畅、和平、中和、融合、祥和、调和、温和等效果的可能性才会达到最大值。

中国传统社会是典型的家族社会结构,所以,这个社会结构必然产生仁、义、礼、智、信、温、良、恭、俭、让、忠、孝、廉、耻、勇这样举世无双的价值体系。这个价值体系并非是孔子一个人的贡献,它是中华民族至少五千年来的大家族社会结构在解决利益分配、权力地位、弥合纷争等方面时应对种种问题而产生的种种对策后凝聚而成的必然结晶。

我们转而看西方利益集团(军事集团)社会结构在这方面的特点及局限性。在以若干利益集团构成抗衡格局的所谓拉帮结派式的多数派掌权(民主)社会中,公正只局限于各利益集团的实力:谁的势力(权、财)大,谁就能够限定公正的基本形态。在利益集团社会结构中,各个集团必然强调各个集团的利益。各个集团的利益冲突必然导致相应的弥合纷争的办法。这些办法中最主要的,是通过战争或竞争来取得政权,然后利用政权方式制定有益于或至少能够保护自己集团利益的法律。把法律神圣化,是利益集团为了争利和保利而相互抗衡、冲突、妥协后产生的必然的文化后果。同理,这个社会结构必然产生重勇敢、智慧、节制、正义、谨慎、自由、民主、自立、个人主义的价值系统。

如果孤立地看中西两大价值系统,我们承认它们都是合理的、美好的,因为它们都是两大社会结构分别应对其所处具体环境而产生的对策性价值观。但是,如果我们将它们依次进行比较,它们是有优劣高下之分的。首先,在对于不同价值项的强调上,中国家族社会把"仁"放在首位,并且以之统帅其余的价值项。而仁的本义是:(1)人;(2)爱。仁就是人,就是爱。所谓"博爱之谓仁","仁者爱人","仁者人也。"因此,"以仁为本"其实就是"以人为本"或"以爱为本"的意思。这是真正的人本主义思想。把仁爱作为治理一个国家的最高原则,这不用说是最人道的原则。

不管统治者能否完全做到,但这无疑是最合理的最自然的原则。这个原则之所以能够在中国的家国政体中得到强调,恰恰是因为这个家国是一个家族构成的。家是国的缩影;国是家的扩大。因此,家庭中父母兄弟姐妹之间的亲情之爱就演变或者说升华为整个大家族社会成员中的爱。所以,孔子呼吁大家族成员"泛爱众,而亲仁",这都是理所当然的事情。

我们转而看西方利益集团社会结构中信奉的价值系统。西方社会曾经流行过四种最重要的道德价值观(cardinal virtues:Prudence, Courage [or Fortitude], Temperance and Justice),即审慎、勇敢(或译坚毅)、节制、公正。基督教则在这四种价值观后面加上了信、望、慈(faith, hope, charity),谓之七大德行(Seven Cardinal Virtues)。其中的望,指希望。孤立地看,这些德行要求当然都是好的。但是,当和上述中国传统价值观相比较的时候,我们不得不说中国传统价值观更胜一筹。例如审慎和勇敢常常被西方人看做是最重要的品德,放在前面。而在中国文化中,最重要的道德价值观是仁和义。如前所述,把仁爱作为普遍价值由血亲成员而推广到一切人,这和西人的把智慧和勇敢作为最重要的品德标准相比,无疑要更符合全人类的道德追求。西方人强调的审慎当然也是一种很重要的价值,但是,只有在善良意志统帅下的审慎才是值得推崇的。此外,没有条件的勇敢是不值得提倡的。在中国,匹夫之勇甚至受到嘲弄。在中国道家的学说里,勇敢这种品格甚至受到排斥。老子认为"勇于敢则杀",断言好勇斗狠者多半没有好下场。当然,中国传统价值观也并不都排斥勇敢,例如儒家还主张忠、孝、廉、耻、勇五种品格。但只有出于正义的勇敢才是得到肯定的。要注意儒家把勇敢放在五种品格的最后,而不像西方人那样把勇敢放在四种品格的前面。西方基督教增加的三种价值观信、望、慈,也是很好的,可惜它们未被强调。其中的"慈"和中国传统的"仁"很相近,可是"慈"很少在西方社会成为主流价值。有一段时期,一些西方学者甚至批判这个价值观,认为经济上的济贫行为或慈善行为会鼓励懒惰之风。

同样地,将中国人曾普遍主张的利他为第一原则、利我为第二原则的以他人为中心的原则与西方人的以自我为中心的个人主义原则相比较的时候,前者的优越性是毋庸置疑的。把中国传统价值观中主张天下一家、和为贵,主张大事化小、小事化了,主张抑强扶弱、非攻反战的行为教条与西方传统价值观中的主张竞争为贵,物竞天择、适者生存,好战成性的信条与德性做一比较,传统中国文化的优越性也是不言而喻的。

由此可见,中国传统社会中的价值体系尽管在新的时代也存在进一步完善和改进的方面,但是它却是迄今为止世界上所产生的一切价值体系中相对说来最先进的价值体系。因此,在一定程度上,我们可以说,在传统中国社会中产生的道德价值体系,就其总的取向而言,是目前全人类最理想的价值追求和归宿。如前所述,马克思主义之所以称原始社会为共产主义社会,正在于其社会形态几乎无一例外地是家族社会结构。在这个社会结构中,大家族成员集体生产、集体管理、集体消费,没有私有财产。美中不足的是,原始共产主义社会由于生产力低下,无法创造出足够丰富的物质财富。根据这个原理,当社会生产物质财富的能力足够大,大到能够使物质财富涌流的时候,人类就应该重新考虑回归到共产主义形态中去,也就是回归到天下一家、共同富裕的社会形态中去。

六、中西焦点价值观个案比较:义务与自由

西方的价值系统中后来渐渐得到更多强调的是关于自由的观念。西方世界几乎人人熟悉卢梭的"人生而自由,但却无往不在枷锁之中"的提法。卢梭在他的闻名遐迩的《社会契约论》中提出这个观念后,有成千上万的学者不加分析地引用。对自由的强调在当今世界几乎成了神圣的信条。把自由本身作为一种理想追求,这当然是美好的。但是,人们往往忘记这个事实:理想归理想,人类的现实就像卢梭所断言的那样其实正是限制自由的枷锁。如果只是强调自由,却不强调如何实现自由的相关条件,自由就是一个空洞的没有意义甚至显得是欺骗性的口号。所谓相关条件,我指很多方面,例如社会如何能够确保个人在任何情况下都占有维持其生存所需的基本的物质财富?如果一个人经常面临失业的危险、有病却上不起医院的危险、有正常智力却无法享受较好教育机会的危险、拖家带口却并无相应住房的危险……那么,尽管他有在大街上骂街的自由,有在媒体上批评权力机构的自由,这样的自由又有什么实惠?对于空空的肚子来说,面包比自由更重要。当然,就与自由相关的另外一些价值观而言,现代西方社会在人权方面的许多举措还是值得借鉴的。

与传统的西方个人自由观相比,中国传统的价值观更强调一个人在现实生活中的义务。义务与自由这一对价值观并非完全矛盾,但是人们却常常感到难以兼顾。换言之,人生而负有义务的重任,但却总想毫无义务地放纵自由。卢梭提出的命题实际上并不严密。对此,我们只要简单地问一下:何以见得"人生而自由"呢?在我看来,由于人无法在出生前自由选择自己出生的地点、时间,人就注定是不自由的。如果生在官宦显贵之家,则终身好运的机遇大;如果生在平民百姓之家,则一个人忍饥挨饿、颠沛流离的机遇大。在中国农村,人一生下来,就几乎注定成为农民,只有不到百分之几的人有可能会有机会摆脱自己不终身做农民的命运。出生在美国和发展中国家的命运,也是截然不同的。哪里有多少自由可谈?人其实不是生而自由,而是生而不自由,生而被赋予履行义务的重任!人有义务适应人所出生的环境,人必须奉行人所出生的环境所赋予的必要义务:例如赡养自己的父母,服从尊长,关爱老幼,完成整个社会委托的必要的社会义务,能够自力更生又要能够为自己的兄弟姐妹做出贡献,等等。只有一个自私自利的人才会把家庭和社会赋予他的必要的义务看作无往不在的枷锁,总想毫无义务地放纵自由。自由,就是想尽量摆脱自己对整个世界应尽的义务。是的,自由是一种享受,但它是有条件的,它的条件就是限制。只有限制,能够赋予自由以真正的含义。明白了这一点,我们才会明白,何以古代中国人有一整套礼仪来规范我们的行为。每个个人的必要义务都非常系统地规定在传统的"礼"的规范中。人们的自由只有在合于高尚的"礼"的条件下,才显得特别有价值和意义。多少西方文学作品,例如西方诗歌,所讴歌的摆脱一切羁绊的自由,其实和一个淘气而又倔犟的小孩试图不顾一切地获得自己想要的一切玩具或食物之类没有多大的差别!只有适度的义务和适度的自由才是可取的,放纵自由不但毁人也会自毁,就连林中的禽兽也知道义务抚育自己的幼仔呢!当然,应该指出,物极必反,当一个社会结构过分强调义务时,它有可能变得过于僵化和严厉,从而有意或无意地损害公民起码的人权。这是有关方面特别值得警醒的。

七、中西政治专制与经济专制同轴反向互构论

西方政治权力建构形式不论在历史上还是在当代,都具有明显的民主倾向,但是,人们往往忽略了一个关键的问题,即这种政治上的民主倾向却并没有带来相应的经济财富占有形式的民主化,而是恰好相反,由于强调私有财产的神圣不可侵犯性,从而势所必然地在经济财富的分配形式或占有形式上强化了个人经济专制制度。于是这就导致西方社会中非常奇特的现象:在民主政治的框架下镶嵌的却是经济专制制度。专制现象与民主现象共生同轭、互补互动互构互保互生。表面的政治民主形式确保经济专制效果达到相应的临界值。经济竞争行为的民主性质掩盖了更为关键的经济财产产权专制现象。

但是在传统中国乃至现代中国,我们刚好看到反向的类似现象。中国传统政体数千年来都具有表面的专制倾向,但是,这种政治上的表面专制倾向却并没有带来相应的经济财富占有形式的同等程度的专制化,而是恰好相反,由于强调家族式农耕社会结构中的均田必要性,结果表面的政治专制形式反倒常常在促成经济财产分配形式相对民主化方面起了关键的保障作用。这样,我们就看到一种非常奇特的中西政治经济方面的专制与民主同轭共生镜像格局。专制与民主同轭共生,中西两种政治经济关系表现为同轴反向、互补互动互构互保互生。

当代西方在政治上还有利益集团性权力(例如党派权力)世袭化的趋势,但基本实现了个人权力非世袭化,因为竞选形式打破了这种世袭的可能性。然而当代西方在经济上却仍然在强化个人经济专制制度,私有财产神圣不可侵犯。对私有财产的保护和无限制的经济自由竞争,使每一个经济领域的老板都成了天然的专制君主(想开除谁就开除谁)。世界进一步生活在人人自危的境地。

经济财产专制和经济竞争行为自由,二者何者为重?显然前者,即所有权问题更重要。然而人们却似乎无视经济财产专制现象,只看到经济竞争行为的自由性质。换句话说,经济竞争行为的自由性质掩盖了更为关键的经济财产产权专制现象。近三十年来,中国专事经济学研究的若干经济学人谈起西方的经济自由主义眉飞色舞,也从来没有点破经济自

由主义后面掩盖的财产专制主义。所谓的经济自由竞争,其实并非是真正的自由。这就好比让斯巴达克与另外的奴隶或野兽进行平等地搏斗,胜利者活命,失败者死亡,优胜劣败,看起来挺自由又公正,但是人们却忘了将二者置于奴隶状态并使之冒着可能被对手杀死的风险本身就是极大的不公正。让人和野兽搏斗更是野蛮地不公正。让穷人和富人所谓公正地在市场经济的格斗场上竞争,看起来是平等的,实际上一开始就是不平等,因为能够拥有多大的启动资本来参与竞争,这才是关键问题。这就是西方有钱阶级和有权阶级的学者们精心炮制出来的经济自由竞争理论,它让搏斗形式本身的公正形式掩盖造成搏斗发生的根源的极大的不公正。而个别经济天才确有靠少量的资本赢得暴利的,但是这在经济领域毕竟只是个例,而非通例。占人口最多的社会成员是不可能在这种自由经济竞争中获得冠军或亚军的。

八、家国主义与邦国主义

如果说农耕文化倾向强的中国势所必然地会重农抑商,会强调安居乐业、天下太平的价值观,则商业文化倾向强的西方势所必然地会重商抑农,会强调进取尚武、掠夺、好战的价值取向。安居乐业的农耕形式势所必然地导致小家庭发展为大家庭,大家庭发展为大家族,大家族发展为国,因此家国形式成为水到渠成的政体形式。同理,流动性、冒险性强的商贸形式势所必然地导致原始家族部落的解体,而代之以利益帮派,利益帮派发展为更大的利益集团,若干利益集团发展为国,因此邦国形式成为水到渠成的政体形式。

家国政体是家族主义价值观的体现。这种政体与西式党派政体是格格不入的。孔子的"君子群而不党,小人党而不群"的思想实际上是中国古代家国政体的自然反映。在一个大家族中,以仁爱价值观为家族成员间维系纽带的行为规则随着时间的推移,逐步结晶为一整套称为"礼"的行为规范,故传统中国的这种政体亦可称为礼教家国政体。家族因素在不同的条件下具有二重性特点:第一,在礼教家国政体中,由于其社会成员普遍认同大家都是一家人、都有远古血亲关系这种理念,故在心态上天然地具有较强的平等心态。过分的平等心态则又反过来使国人容易产生人人自以为是的心态，人人自以为是的心态会在某些层面上消解政体的凝聚力，使社会在和平时期呈一盘散沙的状态。第二，在民族危机的时候，正是同一种家族观念又会使这个大家族呈高度的民族团结、产生强有力的民族主义。为了防范一盘散沙状态，这种政体有必要强化其凝聚力，这体现为强化王权。同时，受制于政体本身的家族特点，为了防范王权过分集中，社会自我调节机制必定在道义上强调家族成员（民）的作用，因此"民为邦本，本固邦宁"的思想会被传统中国知识分子精英集团加以宣传，这具体表现于诸如孟子之类知识分子的民本思想。这种民本思想在一个层面上看，是一种中式民主。只不过它的实现，不是靠竞争性选举，而是要靠执政集团的较高的德行来实现。因此，也可以把这种中式民主称为德主政体。

邦国政体是利益集团价值观的体现。这种政体与中式家族政体是格格不入的。邦国政体是若干帮派、若干利益集团相互抗衡的妥协结果。在这样一个利益相互冲突的政体中，以个人主义价值观（个人本位）为社会成员间维系纽带的行为规则随着时间的推移，逐步结晶为一整套维护个人利益的称为"法"的行为规范，故传统西方的这种政体亦可称为法治邦国政体。个人本位因素在不同的条件下具有不同的特点。在邦国政体中，由于大家族社会结构早已解体，故家族观念被淡化，其社会成员不再拥有较强的对于家族结构的归属感，而是更多地强调个体的独立性、自主性。这种强调在极端的意义上会把自私自利看作人的最自然的价值观。人人自私自利的心态会使人与人之间的竞争合理化。合理化进而需要合法化。合法化要求法制的健全，以保障竞争的公正性。因此，邦国政体不得不强调法治而非德治。同时，普遍的竞争，尤其是商贸类利益竞争使整个社会的人际关系处于过分紧张的状态，由于缺乏家族社会中的相应的人人是亲人的伦理观念，西方的普遍竞争型社会不得不引入宗教性的伦理观念来缓解这种紧张状态。故基督教的"人人皆兄弟"的观念以一种宗教形式被灌输给邦国社会成员，在相当的程度上，起到了协调人际关系的作用。故西方的重商主义与耶教联姻是一种必然的选择。个体本位在扩大的形式上构成利益集团社会或帮派主义、党派主义。个人间的竞争投射为集团、党派之间的竞争。这种竞争最终萌发出契约分权制。契约分权的目的是在保护各利益集团（包括王权利益）的同时也限制王权。

这种由于利益冲突而呈抗衡格局的政体具有弥合各邦利益的作用。执政的一方其实并非是民而是帮(党派),可谓之帮主,而非像西方人称呼的民主。"民主"(Democracy)是一个外来语的误译。它的真正意思是"人多势众的一方选举执政者",并非是说由全体人民来执政。

九、人类文化的最高追求(最先进文化)及实现方式

英国著名学者汤因比曾清晰论述了中华文明精神遗产的优秀资质,预言今后中国是融合全人类的重要核心。他说:"世界统一是避免人类集体自杀之路。在这点上,现在各民族中具有最充分准备的,是两千年来培育了独特思维方法的中华民族。"他还说:"从两千年来保持统一的历史经验来看,中国有资格成为实现统一世界的新主轴。""中国今后对于全人类的未来将起到非常重要的作用。"①

汤因比的观点无疑是非常重要的。而我要进一步说明的是:汤因比先生所谓的中华文明精神遗产的优秀资质的真正来源,其实是和中华民族是一个大家族社会结构这一点紧密联系的。如前所述,这个大家族社会结构中产生的一系列价值观的先进性,便这种价值注定是未来人类文化的最高追求。

全人类应该是一家人。而现代基因研究也正在日益使我们相信,人类本来就是一家人。如果本来就是一家人,那么,使用产生于一家人中的价值观也势所必然地是最好的选择。当代中国人应该像古代中国人那样具备世界主义,又谓之天下主义。中国人要把炎黄子孙论、亚当夏娃论和当代科学上的人类基因论结合起来,将传统中国人的华夏民族是一家的观点进而扩充为全人类是一家的观点。

至少在目前,人类应该用天下一家论来代替利益集团论。而这样一种对古代家族社会结构和家族价值观的回溯,其实就是让我们刷新了对马克思关于原始共产主义社会构成的理解。共产主义价值观和原始家族主义价值观是有深刻的渊源关系的。而中华民族的传统价值观正好提供了最可宝贵的借鉴,足以让人类回归美好社会结构和美好价值体系。这

---

① 见池田大作、汤因比:《展望二十一世纪》,国际文化出版公司,1985年。

个美好的社会结构和价值体系可以用三个词纵向贯串起来,它们是:家—国—天下。

(2008年5月11日)

儒、道、佛三位一体与中国人的文化精神结构

■ 樊 浩

[演讲者小传]

> 樊浩,本名樊和平。男,1959年生。东南大学人文学院院长,伦理学教授。教育部长江学者特聘教授,教育部社会科学委员会委员,中国伦理学会副会长。

一般人都知道,中国传统文化的主体由儒、道、佛三者构成。然而,更具现实性也更需要澄明的是,由这三元素构成的文化传统对现代人是否还有影响?或者说,儒家、道家、佛家这些文化因子在我们现代人身上是否还有体现?它们如何构成我们的文化性格?

大家或许觉得,经过一个多世纪的文化激荡,儒家、道家、佛家离我们已经太遥远。我不信佛,什么"四大皆空",什么"一切皆是苦",这些虽知道一点,但不信也说不清;我只知道道家很了不起,但"道可道,非常道",根本读不懂也不想读;儒家的东西也没有读过,只知道它是孔孟之道。但是,我要指出的是,这些文化元素,在现代中国人身上仍然像遗传基因一样潜在地发挥作用。

今天,我们讨论的主题就是:儒、道、佛三者如何形成中国人的文化精神结构;这个结构如何对中国人的安身立命发生影响。

一、中国传统文化为什么需要儒、道、佛

这个主题的讨论,逻辑地要思考以下几个问题。

第一个问题是，中国文化为什么在诞生了儒家的同时又诞生了道家？当然，以前我曾经说过，历史的史实可能不能这样简单地表述，这只是为了表达方便而这样说，实际上是先有道家再有儒家，因为老子是在孔子之前的。但是，要强调的是儒家和道家的这种相伴相存的关系，以及一直到现在还有所谓的新道家和新儒家。这是一种非常奇特的文化现象。能够解释它的唯一的理由就是，中国人从古到今既需要儒家又需要道家。否则，你很难解释它们在几千年的文明当中始终共存。为什么会这样？其他的派别基本上都衰落了，墨家衰落了，法家衰落了，兵家衰落了，阴阳家衰落了，名家衰落了，为什么唯独留下了一个儒家和一个道家？这就好像人类在进化过程当中有好多东西都"进化"掉了，但是也有好多东西没有进化掉而保留下来了，而保留下来的就说明它有存在的理由。这也就像现在所说的那样，人的扁桃体可以把它割掉，扁桃体是人类在进化的过程当中的剩余物。其实，如果扁桃体被割掉的话，人的喉咙就没有了"岗哨"，人就容易生病，因此说它还是有用的。这是一个问题。

第二个问题是，中国文化为什么需要佛家的参与，才完成了精神的历史建构？中国文化在发展过程中做了很多选择的尝试。一开始是在春秋战国时期，是"百家争鸣，百花齐放"，一切都被允许。到了汉朝的时候是"独尊儒术"，对儒家的研究被称为"经学"。后来儒家不能解决社会的问题了，到了魏晋的时候，儒家和道家就结合形成了"魏晋玄学"。魏晋玄学很快就过去了，又有了隋唐佛学，到了唐朝，佛家几乎成了主流。那么，为什么儒家和道家结合后，后来还要有一个佛家？如果说儒家和道家能够解决中国的问题的话，那佛家就很难在中国生根，佛家之所以能够在中国文化当中生根，也说明中国人需要这样的结构。后来到了宋、明，出现了中国文化的一个成熟形态，也就是宋明理学。宋明理学就是儒、道、佛三位一体的文化结构形态，儒、道、佛三位一体形成了理学。现在所讲的那个"新儒家"就是儒、道、佛三位一体的儒家，而不是说像孔孟时那样的儒家，孔孟那样的儒家现在已经没有了，甚至可以说在宋明以后就没有了，它在那个时代都是到处碰壁，它解决不了现实的问题啊！

第三个问题是，儒、道、佛三位一体形成的这样一种文化结构，形成的中国人的这样的精神结构到底是什么的？这样一个三位一体的结构，是如何来形成中国人的"文化基因"的？在现代的中国人的身上能否找到这个文化基因呢？

1. 儒家为何在中国文化中居于主流和正统地位？

首先来看第一个问题，中国传统文化为什么需要儒、道、佛三家？这个问题的基本方面是，在中国传统文化当中，儒家为什么会居于主流或者是正统的地位？儒家谈学问是比不上道家的，历史上孔子曾经还要向老子请教学问，这就搞得儒家在道家面前永远也抬不起头来，因为他们的祖师爷曾经还是道家的学生。但是，为什么儒家会成为主流、成为正统？我认为主要是有以下三个原因。

（1）中国文明的基本课题与儒家的特殊文化贡献

最基本的原因，与中国文明的基本课题，以及儒家对中国文明的基本贡献密切相关。中国文明的基本课题就是"家国一体"，这一结构以前我多次讲过了。中国在走向文明的时候和西方最不同的是什么呢？就是形成了家国一体，由家及国的那样的一种结构，叫做"国—家结构"。但是要特别注意中国"国家"中的"国"，它是在"家"的基础之上建的"国"，它的终极理想也是要把一个"国"变成"家"，所以，国家与家国是一回事。它们和西方的 country 可能完全是两回事。如何把家和国一体贯通起来，在西周维新中这只是一种政治选择，它在文化上并没有解决这个问题。所以，在中国先秦的时候没有解决这个问题，秦始皇在政治、经济、军事上统一了中国以后，他试图运用统一政治、经济、军事的逻辑来"统一文化"，用现在的话来讲就是"建构主旋律"，结果搞得"二世而亡"。所以，文化规律和政治、经济、军事规律完全是不同的两种规律。秦始皇他不懂得这一点，所以他做了一件最大的蠢事，叫做"焚书坑儒"，于是，导致了秦朝二世而亡。

为什么在汉武帝时期实现了"罢黜百家，独尊儒术"的文化上的大一统呢？实际上，一开始选择儒家，统治者也是心有不甘的。因为儒家不仅仅是对老百姓讲仁义道德，也要求当官的要讲仁义道德。儒家的那些人被称为士，他们非农、非工、非官、非商。他们是一个独立的阶层，他们对这个社会有着批评的态度。这实际上不仅仅是在中国，也是和西方近代传统意义上的知识分子有相通之处。我多次讲过，什么叫做知识分子？知识分子不只是有知识的人，知识分子是和这个社会保持一定的距离，是对这个社会保持清醒的头脑，是对这个社会持有一种批评态度的人。这样的人才叫做知识分子。孔孟这些人,就是中国最早的"士"。"士"属于"知识分子"这样一种角色,他们对统治者进行教育和教训,在他们和政治家之间就保持了一种紧张的关系。继政治上的大一统以后,秦始皇思想文化上的大一统的实践是失败了。刘邦取得天下以后,也没有去用儒家呀,他用的是道家,用的是萧何、张良,这些人都是道家。汉朝开始时是以道家的思想为意识形态,崇尚黄老之术,无为而治,实行休养生息的政策。到了汉武帝的时候,之所以选择儒家,那是为了适合"有为"的那样一种社会发展的需要的,同时也是适合"家国一体"的那样一种社会发展的需要的。儒家讲"修身、齐家、治国、平天下",讲身、家、国、天下四位一体的结构,由家到国,从而在文化上探讨和解决了大一统的问题。

可以想象,儒家探讨和解决的是一个多么大、多么重要的问题呀!因为中华文明是家国一体的,因而不仅在政治体制、社会结构上要家国一体,而且在文化上也要家国一体,在精神上也要家国一体。要解决这样一个问题,比数学上的 1＋1＝2 要基本得多、重大得多!因为抓住了中国社会的最基本的课题,因为成功地解决了这个最基本的课题,所以儒家才成为主流。这是第一个原因。

（2）儒家"入世"的价值取向

第二个原因,与儒家对待世界的态度和认知取向有关。儒家和道家比较起来,有一种强烈的社会理想,要平天下。什么叫做平天下?这是一种伦理呀,其原理是"尽己知性,尽人知性","己欲立而立人,己欲达而达人","己所不欲,勿施于人"。我想要的,也要让你得到;我不想要的,你也不要给我。这叫推己及人。推广开来,"老吾老以及人之老,幼吾幼以及人之幼",把你的父亲当我的父亲一样尊重,把你的儿子当我的儿子一样爱护。这样一来天下就是一家了,所有的中国人就是一个人,天下如一家,中国如一人,这就叫做天下平。"平"这个概念是中国人非常重要的理想和理念,但它和我们现在所讲的公平还不是一个概念,它是一个伦理性的概念。简单说,大家在人性上的相通、人性上的同一叫做"平",它不是政治意义上的公平。儒家有一种强烈的"明知不可为而为之"的精神。你看,像孔子、孟子专去教训当时的当权者,当权者虽然不听,但是孔孟在他们面前表现了尊严。你们不听,我也不做官,你们不听,我就教育那些愿意听的人。于是,他们办学课徒,让他们的学生再去教化这个社会。这就是中国文化所推崇的教育理想。学校教育的文化真谛是什么?学校的基本特征之一是都有一堵围墙。为什么要有围墙?把学生收过来,让他们和这个社会保持一个相对的隔离,不要被世俗社会的喧嚣所感染,在实验的状态底下对他们进行理想化的教育,培养出理想化的社会人格。毕业以后,这些人再到社会上去改造社会,虽然他们也会被社会所同化,但是,他们同时也同化这个社会。由此社会就会进步。

只要看看当今某些知识分子对那些权贵是什么态度,我们就能够理解孔孟当初真是很了不起。他们到处去教训那些当官的,"明知不可为而为之",这就是中国的知识分子的气质。他们有这样的一种被称作"乌托邦"的精神,有"天下一家"的一种理想,虽然这种理想不能实现,但是他们执著地固持着,他们对这个社会采取一种批判的态度。所以,儒家不仅仅是要维护这个社会,他们还批判这个社会。但是,儒家批判并不是像佛家那样,把这个社会看作是一种"苦"——说我们出家吧,儒家没有走这个极端,儒家是一种建构性的批判、建设性的批判,它批判的目的是要把这个社会建设得更加美好,为此要先找到这个社会中存在的那些不合理的东西,先解构然后再建构。所以,它要用"君君,臣臣,父父,子子"这些东西对失序和失范的社会进行"正名",他们与这个社会存在一种乐观的紧张。这种人生态度和道家也不同。道家的人生态度是"明知不可为而安之若命",道家厌世、玩世。儒家不是这样的,虽然这个社会不美好,但是我要把它建设、改造得更美好。什么叫做乌托邦?从某种意义上说,人的家乡情结也具有乌托邦的色彩。我的家乡是多么的美好,虽然事实上并不美好,但也要把它想象得很美好。但乌托邦还有另一种表现。有一首流行歌和儒家的这种思想是相吻合的,歌词大意说"我的家乡并不美,贫穷的山同贫穷的水。"但是到了最后,歌词的立意是,要把我的家乡建设得更加美,山也美,水也美。这样一首歌,它体现了儒家的那种思想精神。它也存在一种紧张,但这种紧张很乐观,就是说我一定要把这个社会改造好。这是儒家人生观中一个很重要的东西,是它们乌托邦精神的重要特质。

(3)儒学体系的不断更生

当然,还有第三个原因,儒家有那样一种不断自我更新的能力。孔孟是古典儒家。孔子创立了儒家学说,孟子创造性地继承和发展了孔子的学说,到秦汉之际《礼记》出现(其中最重要的是《大学》、《中庸》两篇),

后来作为儒家经典的《四书》便形成了。到了汉代,儒家超子入经,成为官儒,实现了意识形态上的大一统。汉唐时期,儒家与道家、佛家等其他学派一起,经受了中国社会发展的历史选择。到了宋明的时候,儒家实现了所谓的第三期发展,把道家和佛家那些合理的东西都借鉴过来,形成所谓的新儒学。在宋明的时候出现了二程、朱熹、陆九渊和王阳明这些大儒,他们儒、道、佛无所不通,都是大家。再后来就是现代的新儒家,像刘述先、成中英、杜维明等等,他们都是现代新儒家,这些人都是学贯中西的。这一代新儒家的特点是什么?他们很多都是在台湾完成了他们的国学教育,而且一般都是有家学渊源的。有些人即使不是新儒家,但他们受儒家文化的影响很深。譬如美国匹兹堡大学的著名教授许倬云先生,他不是新儒家,他是搞历史学的。但是你很难想象,他的身体从小就是这样行动不便,甚至他小时候的身体状况还不如现在,开了十几次刀才是现在这个样子。可他还漂洋过海到美国去念书拿博士学位,学问做得那么大,在国内外有那么大影响。见过他的人,都很崇敬他。那次主持他的人文讲堂演讲,我反用康德的那句话"我向贵人鞠躬,但我的灵魂不鞠躬,"说,如果康德见了许先生的话,他的灵魂一定会鞠躬。像刘述先、成中英这些先生,他们的家境过去都是比较富有的,有家学渊源,所以从小就受到很好的国学教育。他们在西方又受到很好的西学教育。因为有这么一个国学根基,所以就动摇不了他们对中国文化的信念,于是他们善于用西方文化来观照中国文化,把中西打通,看清了很多问题。儒家在不断更新当中发展,薪火相传,这也是儒家成为主流、成为正宗的一个很重要的原因。

2. 道家为什么与中国传统文化相始终?

(1)道家文化的结构性意义

道家为什么没有成为主流,一个很重要的原因在于道家本身在中国文化当中就具有极端个性化的特征。道家是一种冷峻的智慧;儒家对这个社会比较乐观,它贴近于这个社会。儒家讲"修身齐家治国平天下",道家是旁观者,冷观这个世界,所以它的整个的思维方式是"推天道以明人事",它先谈天谈地,然后再谈人,讲到最后还是要讲一个人的问题,这就是道家。儒家直奔主题,直接讲人,"仁者,人也"!道家讲"道可道,非常道;名可名,非常名",从"道"和"德"这样一个最高的本体境界来讲人在文化上是如何来安身立命的。所以道家的精神历程是"明哲保身",先把这个"哲"搞清楚,然后再想办法来保身,这是道家的思维方式和价值取向,所以道家的思想是一种冷峻的智慧。

同时,他们又是失意的智者。道家的老子、庄子都是没落的贵族,他们也是士,但是他们都是失意的智者。他们是智者,但是失意了,于是,他们能够悟透人间的那样一种冷暖。这样的失意者在任何时代都是存在的。然而,中国文化又是一个入世的文化,在这样的环境当中,人一旦入世,就会感到不自由,受到各种各样的束缚。所以说,在入世以后它就要一种撤退机制,一种入世文化如果没有一种撤退机制的文化来调节的话,是非常危险的。为什么?打个比方,过去看武打小说,里面有各种各样的毒药,而在任何一种毒药产生的过程当中,都会有解药提供,比如有蒙汗药,下了蒙汗药,就要有把人唤醒的解药,否则的话这个药是不能够用的,万一把自己毒到了,那不完了。所以,入世文化一定要有一个撤退机制,就像我过去讲意义世界时提到的,人在走路的时候,怎么样才能前进,只能是一只脚悬在空中,一只脚踩在地上你才能走路,如果两只脚都踩在地上,你只能是稍息、立正,永远不能往前走。所以,儒家是一种入世的文化机制,而道家就是一种撤退的文化机制,儒家和道家结合起来才能够进退相济、出入自如,光有一个儒家的话,你只能进而不能退。这样一来,道家在中国文化上就有一种结构性的意义。

(2)道家为何不能成为主流

但是,道家又不能成为主流,因为道家这些玩意儿高则高,洁则洁,只能够用生,只能安顿人生,但是不能用世,不能救世济国。它对个人是有好处的,对这个世界是没有什么好处的。它能够保身而不能够济世,它只顾自己而不顾这个社会,只求个体的至善,只求个体的自由,不求这个社会的至善,是一种消极的个人主义。所以,虽然道家对社会的批判在所有学派当中是最深刻的,因为道家有智慧,但是它的批判没有引出积极的结论,到最后导致了一种玩世不恭的生活态度,它对这个社会的生活采取一种游戏的态度。现在动不动就讲游戏,讲生活就是游戏,就连讲科学也是从游戏讲起。游戏这个词已经被广泛引用甚至滥用了,这说明这个社会对人生的态度发生了一个很大的改变,叫做玩世不恭。演化到最后,会导致对生命不恭,对这个世界不恭,这是很令人担忧和警惕的。道家的玩世不恭,同时又导致了一种身和心分离的人格,它的身是不自由的,但是要追求心的自由。所以说,庄子要"逍遥游",他身体不能游,他家里粮食都没有了,还要向邻居借粮食,因此他身体怎么游得动?虽然身体不能游,但是他的心就游吧,要"大鹏高飞扶摇直上九千里"。

一个人怎么才能够绝对自由?庄子说要达到无待、无用。人为什么不能绝对自由?就是因为有待。大鹏高飞,要借助翅膀;列子御风而行,要借助大风。这都是"有待",都是有条件的,因而不可能达到绝对自由。同时,人因为有各种各样的功名利禄的追求,人才不自由。人怎么才能够绝对自由?要"无用",就是把自己当作对这个世界是完全无用的。既然我是无用的,我就不去做官了,我不做官我就自由了,这是道家的态度,它对这个世界采取一种不负责任的、玩世不恭的态度。虽然身不自由,但是心自由,叫做"形虽俗,而志清高;身处世,而心逍遥",身处于这个世界上我的心是逍遥的。林语堂曾经把老子的哲学概括为六个字:玩世、愚钝、潜隐,认为"老子最邪恶的'老滑'哲学却产生了和平、宽容、简朴和知足的最高理想,这似乎是矛盾的现象,这种教训包括愚者的智慧,隐者的利益,柔弱的力量,我真正熟识世故者的简朴。"[①]这一段话讲的就是,老子的智慧是一种玩世的智慧,是一种愚钝的智慧。大智若愚,它表面上看是很愚钝,而实际上是一个智者。老子骑着一头老牛,完全是一个愚者的形象,但是他是一个地地道道的智者。道家即是一个潜隐的智者,道家人物中隐士多,这些人历尽沧桑,饱尝世故,到最后返朴求真。所以道家在整个中国人的精神结构当中、在中国文化的结构当中是非常重要的。

3. 儒、道结合为何难以安身立命?

这样的一种儒、道结合的精神结构,对人的精神造就有很大的影响。在历史上,有士大夫这样的一种人格,士大夫的人格和先秦孔孟时期的士的人格还是不一样的。士就是知识分子,非农、非工、非官、非商。而士大夫就是士和大夫,是学者和官僚合为一体,而最重要的是他是一个士,是一个知识分子,或者说是因为学问做得好而去做官,这样一种人,叫做士大夫。在孔夫子那里就有这种端倪了,《论语》里就有一句话叫做"学而优则仕"。"学而优则仕"有两种解释:一种解释是一个人学习优秀了就去做官,做学问优秀了就去做官。还有一种解释为,做学问有闲暇了就去

---

① 林语堂:《人生的盛宴》,湖南文艺出版社 1988 年版,第 29 页。

做官,因为这个"优"在古时与"悠"相通,含有闲暇的意思。但无论怎么样,他都要先学习,要在学问上"优"。这样一来,"学"是"仕"的条件,"学"是"仕"的前提,这就构成了后来的士大夫传统。

而士大夫传统有一个基本的特征。到了汉朝之后就有一种"名士",用现在的话来讲叫做知名学者,而这些学者、文人有的是做官的,有的是不做官的,有这样两种。名士风度的士大夫人格到了魏晋时期有一种叫法——"魏晋风度",这个魏晋风度是什么呢? 魏晋风度就是把儒家和道家结合起来形成的那样一种人格特征。这个人格特征的表现就是,一方面他们探讨自然和名教,把自然和名教结合起来,道家的最高范畴是所谓"自然",道法自然,崇尚自然。而儒家的最高范畴是讲"名教",孔子儒家讲正名,讲礼,到了董仲舒那里是"罢黜百家,独尊儒术"。汉朝的时候儒家的东西变成经学,它已经不是一般意义上那样的"儒经"了,而是成了那样一种名教了。所以,在魏晋的时候探讨自然和名教的关系。自然和名教的关系问题涉及的就是个体的自由和社会的责任之间的关系问题。知识分子的本性,是非常率性的,强调个性自由,但是又要尊崇礼治的秩序,要履行一种社会责任。这样就产生了二者之间的对立和分裂,就是心的自由与身的不自由,构成二者之间的一种矛盾。所以,魏晋玄学它的人格特征是变态的,那些玄学家们和名士们,往往都是在外在的风度上有一种很强的道家的特点,而在骨子里又有儒家的"修身治国平天下"那样一种抱负。这样的一种人格的矛盾在"竹林七贤"当中有很明显的体现。

这样的儒、道合一的魏晋风度,带有双重人格,导致自然和名教、隐逸和处世、理性与世故、精神自由和社会责任的冲突和分裂。所以,魏晋风度的人格特征是什么? 就是嵇康的那样一种人格:"文明在中,见素抱朴;内不愧心,外不负俗;交不为利,仕不谋禄;鉴乎古今,涤情荡欲。""文明在中",就是说在内心里有各种礼教文明,但是"见素抱朴",又把那种最质朴、最简朴的一面表现出来。他"文明在中",内心是很有教养的,但是他的生活方式又很放荡,这叫"见素抱朴"。他的信条是:"内不愧心,外不负俗",他的内心是有原则的,他是严守礼教的,但是身体、外在行为又同流合污,叫"身处世而心逍遥"。"交不为利,仕不谋禄",这两句看来比较崇高,与人相交往不为利,当官不为谋禄,但实际是典型的士大夫的那种清高,而并不是崇高。"鉴乎古今,涤情荡欲",这里又有一点佛家的味道①。在汉朝的时候,佛家就有一定的影响了,佛家思想也影响了魏晋名士。嵇康是一个什么人呢?他喝了一辈子的酒,整天醉醺醺的,但是在临死之前,给他的儿子留下了一个遗言:不准喝酒!他喝酒是因为他太痛苦,他的人格是那么的矛盾、那么的冲突,他很痛苦啊!内在与外在、心和身之间分裂开来,追求心的自由而身不自由,他很痛苦。于是,他通过把酒吟诗来宣泄。

儒、道合一形成的这样的一种人格是变态的,经过历史的选择"魏晋风度"被抛弃了。所以说,只有儒、道不能解决这个问题,不能安身立命。因此,文化精神结构的发展就要从"魏晋风度"过渡到"圣贤气象"。圣贤气象是什么呢?就是宋明理学那个时候的人格特征,是儒、道、佛三位一体构成的那样一种人格特征。这个人格特征是什么呢?就是孔子讲的颜回的生活方式,叫"孔颜乐处"。什么叫"孔颜乐处"?孔子称颂他的大弟子颜回,"贤哉,回也,一箪食,一瓢饮,在陋巷,人不堪其忧,回也不改其乐。"②他说什么呢?他说颜回非常了不起,就是吃的是一筐饭,"箪"就是过去那个用竹子做的装饭的东西,喝的是用一个葫芦装的水,住在一个很简陋的巷子里面。对于一般人来说,这个已经是非常忧伤的了,"人不堪其忧",但是"回不改其乐",他也乐。你看,圣贤气象还强调一个乐,颜回他是乐在其中。所以说,还有一种洒脱的情怀,他的忧患意识和闲适心态结合得很好,这就形成了一种圣贤气象,也就是以圣贤的人格为理想人格。所以,后来的中国人崇尚的是儒、道、佛三位一体的那样的一种人格特征。在宋明理学当中,这样的一种人格特征,它的那样一种形态,它的人格特征叫"圣贤气象"。

二、儒、道、佛一体的文化精神形态与文化精神生态

1. "自给自足"的文化精神结构与文化精神生态

儒、道、佛三位一体所形成的中国文化的精神结构是什么?这一结构

---

① 关于魏晋玄学与魏晋名士的人格特征,参见拙著《中国伦理精神的历史建构》之"魏晋道心"部分。

② 《论语·雍也》

的逻辑形态是什么？就是自给自足,自给自足的文化精神生态。

先谈"自给"。自给就是自身具有意义世界的建构所需要的一切文化要素,也就是孟子所讲的那样一种"万物皆备于我,反身而诚,乐莫大焉"。我要建构一个精神文化的意义世界,这个世界的一切要素都在我的自身当中,我不需要外求,这就是自给。但是,还有"自足",自足是具有一种扬弃、克服人生矛盾,使自我达到平衡的那样一种文化结构。就是说,我不但拥有这样一种文化世界,不但拥有文化世界建构所需要的一切要素,我还能够超越人生大痛苦,即拥有能够超越生存困境的那样的一种精神要素和精神素质,这叫做自足。这种自给自足,我们不在文字上花太多的功夫谈,这个问题很复杂,我曾在几本书里面讨论过这个自给自足的精神形态的问题。这里我们着重从儒、道、佛文化精神结构来进行历史的分析。

自给自足的精神生态的一个重要特点就是用生、用世的结合。儒家是讲"用世"的,它讲"修齐治平",就是说你对这个世界要有所担当。大学之道就是内圣外王之道。前四个条目,具体说也就是"格物、至知、正心、诚意",这全部都是为了修身的,是内圣；到了另一个层次就是"修身、齐家、治国、平天下",是外王。大学之道的内圣外王,是一种用世的,一种经世济国的精神结构。道家讲"用生",追求如何来保身,如何尽其天年、安全地过一生,如何能保全自己的身。所以说它是"明哲保身"。但是,如何对待死,儒家和道家都没有直面它,佛家直面它了,佛家是"用死"的,人最后的理想就是成佛。这样一来,儒、道、佛三位一体,用世、用生、用死都具备了,这就使得中国人有了一个富有弹性的安身立命之地,它的逻辑形态说到底就是自给自足。

那么,这个自给自足的文化精神生态如何帮助人们安身立命？它好像是一个人生的锦囊袋,也好像是一个自我平衡的机制。你看传统的文学作品,常有军师给某人一个锦囊袋,在遇到难题的时候,你把这个袋子打开,妙计都在这个锦囊袋里面了。这个三维结构就像是这样的一个东西。在人生境遇当中,人往往在得意的时候是儒家,在失意的时候是道家,而在绝望的时候是佛家。得意的时候,"春风得意马蹄急,一日看尽长安花",你看陆游那个时候多么有进取心。到了失意的时候,是"退后一步天地宽"。到了彻底绝望的时候,中国人会看破红尘,四大皆空。人生在得意的时候,往往在文化上是个儒家,很是进取,就像你们考上了大学,立志要读硕士,读了硕士,又要读博士,读了博士又要当教授,做了教授又要当名教授。可是,现在的大学生一毕业,就被给了当头一棒——找不到工作了,即使找到了工作也不是什么理想的工作,一下子情绪就出问题了。在这种境遇下,中国人和西方人往往表现出的是完全不同的精神取向和行为选择。西方人会认为是出现心理问题了,就会做心理咨询,或者说破坏这个社会,以引起社会的重视,西方有很多恶性事件都是由此而来的。

举个例子。当年那个刺杀里根总统的人,做出过激行为的最直接的原因,就是他追求一个明星,追求不到,这个明星说,你这个人名不见经传,还来追求我!于是,他决心在短时间内让全世界的人知道他,他开了致命的一枪,差点将一位总统打死。对西方人来说,他失意,他就痛恨这个世界,他就试图破坏这个世界。像前一段时间,在美国的商场里面,一个人用枪打死了七个人,那个人也是失恋了,所以他要对整个世界泄愤,要改变这个世界。这是西方人的方式。而中国人的表现往往是"宁可改变自己的欲望,而不改变这个世界的秩序"(笛卡儿语)。中国人改变的是一种人生观,是一个"观"。在中国,如果一个人到了大学毕业,如果上了名牌大学都找不到工作,或者好不容易找到一份工作,却是在一个工厂里洗酒瓶,他也会骂娘,也会满腹牢骚,也会表现出情绪。但是一两个月以后,他就会安静下来,他就会想:我现在虽然不行,但后退一步天地宽,我虽然洗酒瓶,但比起我的某些同学来,他们还是"脸朝黄土背朝天",有的还下岗了,或找不到工作,无论如何我比他们强些。这就叫做"比上不足,比下有余",因此有这种心理,在一般情况下他不会去破坏这个社会,他想的是如何把自己给安顿下来。这时,道家文化的基因就在起作用了。

如果到最后彻底绝望了,那就是"四大皆空"了。在过去,常见的便是出家做和尚、做尼姑。我曾在南京的鸡鸣寺里,看到一些小女孩在那里,我就跟她们聊为什么要出家。有的小女孩很直率,就说是失恋了。失恋了就来做尼姑了,她没有试图改变这个世界,她觉得原来情也是空。这是佛家文化的因子。

可见,中国人在得意、失意的时候,甚至绝望的时候,都有一种文化机制来调节。这种文化机制在你的人生的各种境遇下能够自然不自然、自觉不自觉地表现出用生、用世、用死的各种能力。所以,中国人往往在年轻的时候,是一个儒家;中年的时候自觉不自觉地进入道家的状态;而到了老年,不知不觉又是一个佛家。人在不同的境遇之下,都需要安顿自己,而人又怎么来安顿自己?这个时候文化机制就起作用了。这就好像人感冒发烧,发烧是一个人抵抗力强的表现,你感冒来了,你体内的细胞奋起还击就会"硝烟弥漫",于是就出现发烧症状,如果不发烧反而是一种抵抗力弱的表现。人生也是这个样子。你遇到各种各样的境遇,那在不同时候,便从这个锦囊袋里掏出所需要的东西出来应对。所以,我们发现,有的人,境遇伤害了他;有的人,境遇伤害不了他。区别就在于他们不同的文化调节能力。其实,即便是农民,他们也知道"后退一步天地宽",只不过在农民的话语系统中叫"打倒算"。这样的境遇,这样的应对,人生时时刻刻都可能会遇到,只是我们作为本能的文化反映,处于一种日用而不知的状态。

2. 自给自足的文化精神形态与自给自足的自然经济形态

文化是要用生用世的,一种文化讲到最后如果不能够用生用世的话,就只能够是一种空理论。在痛苦的时候,在不能够安顿自己的时候,怎样才能够使得自己安顿下来?对一个传统的中国人来说,对一个经受中国文化洗礼,或者具有中国人的文化精神的人来说,要靠儒家、道家、佛家三家共同发挥作用才行——只是儒家不行,只是道家不行,只是佛家也不行。儒、道、佛三家的三位一体就好像一个三角形。三角形最大的特点是什么,就是它的稳定性,它在任何情况下都是稳定的。在儒、道、佛的三维结构中,儒家好像是一个钻头,它不断进取,但这个钻头一直往下钻的话,钻到一定程度它会起火,它会断裂的。道家是什么呢?在你钻不下去的这个时候,道家就给你浇点水、浇点油,给你冷却、润滑一下。道家是冷智慧,你冷了以后就不会拼命地钻了,或者再钻也不会起火了。佛家在什么时候起作用?当你钻不动的时候,你就不要再钻了,四大皆空,这个底下没有什么好玩意儿,你钻它干什么?实在钻不动,我就不钻了,不仅这个世界是空,我的目标也是空,于是也就想通了,这就是佛家。

这就是儒、道、佛三位一体的文化精神结构,但是,在这个结构中,主要的还是儒家,还是以儒家为中心,还是要你进取。打一个简单的比方,这个三位一体的结构就好像一根电线杆,竖在那里的电线杆就是儒家,但是电线杆的两边有两条线把它给固定下来,这两根线一个是道家,一个是佛家,如果没有这两根线,这个电线杆肯定是要倒下来的,是会砸死人的。一个不断进取的人,可能是一个有进取心的人,也可能是一个野心家,也可能是一个狂妄之徒。你看谁最有进取心,希特勒最有进取心,他想把日耳曼民族变成世界上最优秀的民族。你很难想象希特勒一开始是一个什么样的人,他是在德国边境上一个以讨饭为生的人,一开始是讨饭,只是讨饭讨得文明一点了,他把帽子放在地上,画一幅画,你来买画,我换一顿饭吃。希特勒就是这样起家的,后来慢慢的,他成了德国的一名士兵,最后成了德国的一个元首。曾几何时,他把德意志民族推向了荣誉的巅峰——"德意志民族是世界上最伟大的民族",但一夜之间又把德意志民族推向了罪恶的深渊——二次大战后,德国解体了。

人生是一种大智慧,只知进不知退,人生是会夭折的。所以每一个人在文化精神上既要有一个进的机制,又要有一个退的机制,进退相继,才能够安身立命。但是,必须注意,这样的自给自足的传统的三位一体的精神结构的本质,是只求改变自己的欲望,不求改变世界的秩序,它的最后的结果是顺世。道家玩世不恭,玩世不恭也是一种顺世。儒家"明知不可为而为之",是一种积极的顺世;道家"明知不可为而安之若命",这是消极的顺世,他们到了最后都是顺世啊,所以它显得保守。但是,这样一个自给自足的三维结构,和中国传统的经济结构的特征是相吻合的。中国传统经济形态是自给自足的自然经济,中国传统的文化精神结构是儒、道、佛三位一体的自给自足结构。现在,自给自足的自然经济结构虽然解体了,但每种文化的精神结构,还仍然具有重要的文化资源意义。

三、"入世中求出世"的文化境界与人格追求

以上我们讲的都是理论,把它落到实处,自给自足的文化表现是什么?

在文化上表现自给自足的生态、进退相继的境界,最突出的是传统艺术。中国的传统艺术当中有一种文人画,古代文人喜欢画松、竹、梅、兰"四君子",还有荷花。松竹梅兰与荷花为什么是文人所喜欢的?就是因为它们具有入世和出世、进与退相结合的品格。青松的品质是陈毅一首

诗中所写的,"大雪压青松,青松挺且直。欲知松高洁,待到雪化时"。青松既是入世的,和其他的树木一样,但是青松又是出世的,因为其它的树木不能够承受的,青松能够承受。还有竹子,郑板桥喜欢画竹子,竹子最大的特点是既瘦又空又挺,瘦、空、挺,它非常的入世,又非常的出世。它瘦、它空,因为它有节。所以,中国人有一个概念,竹子因为有节,它虽然空,但是它挺拔。人也是有节的,所以人争一口气,最重要的是节和气结合,就成了气节,这便是入世当中的出世。还有梅花,到了冬天,其它的花都凋谢了,唯有梅花还在芳香四溢,从出世当中入世。文人都喜欢兰花,因为兰花不像牡丹那样富贵,也不像菊花那样醉人,但是它幽幽清香,沁人肺腑,如果把兰花放到书房里面,它的清香一丝一丝的,似有若无,那样一种感觉,就是既出世又入世的境界。荷花最典型,它出淤泥而不染,它入世,虽然长在淤泥当中,但是开出来的花是洁白的,这是既入世又出世。

　　这样的文人画,非常典型地体现出了中国人的文化结构当中的既入世又出世这样一种精神特征。中国人的人格结构是进退相继,中国人安身立命的机制非常富有弹性,儒、道、佛三位一体的结构使得中国人进退相继、刚柔并用,在任何境遇底下都不会丧失安身立命的基地。进退相济的经典表述之一,就是:"穷则独善其身,达则兼济天下";"居庙堂之高则忧其民,处江湖之远则忧其君"。大家所熟悉的诸葛亮的那句名言,"淡泊明志,宁静致远",也体现了这样一种精神气质。"淡泊"是道家,"明志"是儒家;"宁静"是道家,"致远"是儒家。中国历史上有一种隐士人格,那些隐士表面上和社会不合作、遁世出世,实际上,出世是为了入世,隐士们往往以自己怪诞的行为来吸引世人的注意。历史上很多人都是这样的啊。诸葛亮住在小茅屋,整天骑着小毛驴"瞎转悠"。刘备请他出山,前两次他都不肯出来相见,第三次终于相见了,于是便有著名的"隆中对","天下大势合久必分,分久必合",讲得那么头头是道。原来,他整天骑着那头小毛驴,不是优哉游哉地去追求自由,而是勘察地形去了(笑),他表面上是出世,实际上是以这样一种出世的方式来入世。这就是中国传统知识分子的人格,他们淡泊是为了明志,宁静是为了致远。所以,理解一个中国的传统知识分子,比理解一个西方人要难得多。

　　现在的大学生动不动就要效法道家,我看破红尘,我玩世不恭,我明哲保身。实际上,效法道家是要有条件的。现在的大学生之所以对道家感兴趣,是因为道家崇尚绝对自由,尤其是精神上的绝对自由。你看庄子多么自由,想干嘛就干嘛,想骂人就骂人,还骂出千古绝唱。但做道家是要有条件的,最起码的条件是要能生活下去。道家的老庄虽然穷,但是瘦死的骆驼比马大:老子虽然落魄了,但他还是贵族;庄子确实向别人借过粮,但是如果他是整天靠借粮食维生,他还能够写出那么好的文章吗?哪里有什么大鹏高飞,他早就飞不动了,逍遥不了了,可见他即使借粮的话,也是偶尔为之,借粮遇挫便骂人,还骂出了千古绝唱。所以,陶渊明曾"不为五斗米而折腰",但是,陶渊明也是一个中等地主,据说陶渊明"不为五斗米折腰"回家时,就受到他家的佣仆们的热烈欢迎,足见他的富有。所以,鲁迅嘲讽陶渊明,说你陶渊明"采菊东篱下,悠然见南山",如果没有书童为你磨墨,没有厨子为你烧饭,你早就饿死在篱笆底下了,哪能"悠然见南山",你根本就看不到南山了!所以,要做道家,首先要具备这样一个条件,如果自己饭都吃不饱,还说我不跟你合作,我玩世不恭,那么你只能是自绝于这个社会。

另外,做道家还要有第二个条件,你必须有绝世的才华。那些隐士们,像姜太公,那是有经世济国之才呀!姜太公本事大到他可以封神啊,他把所有的神都封掉了,到最后没有他自己的位置了,忽然发现缺一个看门人,于是就做了一个门神。可见,姜太公当时很了不起,相当于现在的中央组织部部长哩!刘备请了诸葛亮两次都不见,到第三次才见,但人家后来辅佐刘备创造了三国鼎立之势啊。反过来,如果你自己才华没有多少,还自命不凡、自命清高,说自己跟这个社会不合作,即便有伯乐请你,你却说不出什么东西,那是什么道家?所以,我奉劝大家,千万别动不动就要效法道家,很多人喜欢道家是因为喜欢他们那样一种生活方式,但道家的生活方式至少必须具备这两个条件,这两个条件你少了哪一个都成不了道家。

儒、道、佛的三元素,及其由此形成的三维结构,各有特点,也有很大的缺陷。儒家有进取精神,但历史上不少人成了封建卫道士,非常保守。道家有一种人生豁达的大智慧,但它在现实生活当中的不恰当运用,很容易成为一种权术,也容易形成一种阿Q精神。阿Q精神就是道家的一种变种。不错,人有时候是要有点阿Q,但是不能够总是阿Q。什么叫阿Q精神?在西方的语言环境当中,吃不到葡萄说葡萄是酸的人就是阿Q。

他认同一个价值,但是又不能实现这个价值,就通过否定这种价值存在的方式来达到一种心理平衡,这就是阿Q精神。鲁迅笔下的那个阿Q,想做赵四老爷的老子却遭到了赵四老爷的一顿痛打,只能求其次,"好,好,好,我不做你的老子,你是我老子"。但阿Q并没有放弃这个愿望,当赵四老爷走了以后,他在心里面狠狠地高呼一声"我是你老子!"想做人家老子没有做成,却被人家打了一通,他的身是不自由的,但是他的心是自由的,所以他在心里面高喊了一声"我是你老子",他还是顽强地保持了这样一种价值认同。传统的中国人尤其是中国文人,常有这样一种情况,得意的时候拜孔,失意的时候读庄。得意了就拜孔子,崇尚孔子那一套;而在失意的时候就去读《庄子》,读《老子》,以此求得安顿。这种轨迹几乎成为传统社会中文人精神演变的一种规律。

(2008年10月10日)

人道和自由：社会治理的最高道德原则

■ 王海明

[演讲者小传]

王海明1950年生，北京大学哲学系教授，代表作为150余万字的《新伦理学》（修订版，全三册，商务印书馆2008年版）；曾在《中国社会科学》、《哲学研究》、《哲学与文化月刊》（台北）、《中国社会科学季刊》（香港）等刊物发表伦理学论文170余篇；著有《新伦理学》（商务印书馆，2001年）、《伦理学方法》（商务印书馆，2003年）、《人性论》（商务印书馆，2005年）和北京大学哲学教材《伦理学原理》（2001年）等。

一、他真是一位好父亲吗？

2000年的一个冬夜，我晚饭后习惯地打开电视，看到的是这样的一位父亲。他的女儿学习特别好，极其优秀，以致有位记者采访她，问她为什么学习这么好？她父亲春风满面地回答道："我的乖女儿做什么事都是我给设计的，她是最听话最好的孩子呀！"她妈妈也不无骄傲地补充说："孩子她爸恐怕是这个世界上最好的父亲！他对女儿的关怀无微不至，真是含在嘴里怕化了，拿在手里怕吓着啊！这就是她为什么学习这么好的根本原因。"女孩儿也洋洋自得地说："我一切都听我爸爸的，我是最乖的女孩儿。"我想问问大家，这位父亲果然是这个世界上最好的父亲吗？不！他不但不是最好的父亲，而且根本就不是什么好父亲；他是一个极不人道的父亲！这个道理说来话长，让我们从人道概念开始讲起吧。

所谓人道，顾名思义，就是"人之道"，就是人的行为所应当遵循的

"道",就是人的行为所应当遵循的规范。所以,人道,从它的词源意义来看,包括了一切行为规范既包括道德也包括法律。这样,从词义来看,人道构不成科学研究的对象。因为它既包括道德又包括法律,这就违背了科学的分门别类研究的本性。因此,随着人道作为科学研究对象,人道的概念含义逐渐与其词源含义有所不同,外延开始狭窄化,亦即不再指法律,而仅仅指道德。这个时候,人道就仅仅指人道主义原则,人道和人道主义原则是一个概念。人道主义原则显然不是法律,而属于道德范畴。那么,人道或人道主义道德原则,它的含义究竟是什么呢?

这就要探讨什么是人道主义。文艺复兴以来,历代都有学者对人道主义进行研究。但是,究竟什么是人道主义?直到现在也是说不清楚。在前几年,我曾经问一个中国的人道主义专家,他想一想,说不知道。他说,人道主义是一个极其复杂、非常难下定义的概念。但是,就像说什么是猪你不知道,这并不妨碍你对猪进行研究。你不知道什么是人道主义,也并不妨碍你对人道主义进行研究。确实,对于什么是猪,我也说不清,动物学家也说不清。你说怎么给猪下定义啊?你说猪是四条腿的,两个耳朵,一个大肚子,还有一个尾巴。这样的动物多了,不只是猪。不知道猪的定义,并不怎么妨碍对猪的研究。然而,不知道人道主义的定义,恐怕很难科学地精确地研究人道主义。

仔细考究古往今来的人道主义研究,或许可以看到,人道主义有两个含义。一个是广义的人道主义,亦即博爱的人道主义。这种人道主义存在于中国传统文化和西方基督教以及各种宗教之中。这种人道主义极其广泛,也极其肤浅,在某种意义上说没有什么真正的科学研究价值。另一种人道主义就是文艺复兴时期以来兴起的人道主义,亦即自我实现的人道主义,这种人道主义是中国传统文化所没有的,我们把它叫做狭义的人道主义。这种人道主义是极其深刻、高级的、重要的,是亟需科学研究的人道主义。

我们首先来研究传统和宗教的那种博爱的人道主义。这种人道主义的根本特点就是把人当作最高价值,人具有最高的价值,从而主张应该把人作为最高价值来善待。那么,为什么说人是最高价值?博爱的人道主义主要从两个方面进行论证。

一方面,人是最高的价值,因为人是最有用的,人最需要的就是人。

每个人最需要的就是人,霍尔巴赫和斯宾诺莎早就说过的。确实,人最需要的、对他最有用的东西,就是人。在座诸位,大家想一想,你最需要的东西是什么?你最需要的是钱?最需要的是其它的什么衣服或者住房?都不是。人最需要的就是人。因为每个人的一切说到底都是他人给予的。"人是一根脆弱的芦苇",他自己是不能生存的,他要生存,他必须缔结社会。他的一切都是社会给予的,社会对每个人具有最大效用,具有最大价值。社会是两个以上的人因一定联系所结成的共同体,是每个个人的总和。所以,社会是最高价值,就意味着每个人都是最高价值。比如说,我王海明,我今天穿的红毛衣,手里拿的笔,所用的杯子,这些都不是自己弄来的,都是社会和他人给予的,就是王海明的身体、肤发,就连我的生命也不是我自己的,也是我最邻近的他人——父母——给予的。父母和我自己还是两回事,他们也属于他人的范畴,只不过是离我最近的他人罢了。所以,每个人的一切都是社会和他人给予的,说到底,都是他人给的。因此,对于每个人来说,最有用最有价值的东西,就是人。这就是人之为最高价值的第一方面根据。

另一方面,为什么说人是最高价值?因为人是目的,社会是手段,社会的一切都是手段,都是为了每个人的利益和幸福服务的手段。所以个人是本位的。近来,有些肤浅的集体主义者,他们强调社会是本位,每个人是为社会服务的,说得还振振有词。"社会"是个什么东西?它能吃能喝吗?饭店,它是一个社会,它不是为每个人的口腹之需服务的吗?你能说每个人是为"饭店"服务的吗?饭店能吃吗?鞋厂,它是一个社会,它是为每个人的双足之需服务的;相反,你能说每个人是为鞋厂服务的吗?所以,个人是真正的本位,他是真正的目的,社会是为每个人服务的一种手段。人是目的,社会是手段,就意味着人是评价社会等一切事物的价值的标准。因为目的、需要是万物的尺度,是事物应该不应该、好不好、坏不坏、有没有价值的标准。你仔细想一想,你为什么说蚊子是害虫、不是好东西,应该消灭,而青蛙是一个好东西?还不就是因为青蛙符合人的需要而蚊子不符合人的需要。所以,人的需要、欲望、目的是一切东西应该不应该、好不好的价值标准。这样,人是目的,是社会等一切事物的价值标准,这就意味着:人不仅是最高价值,而且超越了一切价值,高高在一切价值之上。这就是为什么康德说人是目的因而超越一切价值而具有尊严的缘故。

这就是人具有最高价值的两个方面的依据。这是人之事实如何,人的本性就是如此。从人的本性、从这个事实出发,你能推演出什么道德的结论呢?人既然是最高价值,那么,我们对待每个人就应该把他当作人、当作最高价值来善待。这就是人道主义的原则。"人是最高价值"是人道主义的事实方面,是它的"事实如何";"应当把每一个人都当作人来善待"这是人道主义的"应该如何",是人道主义的原则。从这种人道主义的原则来看,一个人,不管他是杀人犯也好,还是吃喝嫖赌或者干尽了坏事是人类的蟊贼也罢,你对待这样的人,你也首先应该把它当成最高价值来善待。

举例说,按照人道主义,应该如何对待杀人犯呢?借债还钱、杀人者偿命。按照公正的原则,应该处死他。但是,另一方面他又是最高价值。所以,你又应该把他当人、当作最高价值来善待。要使他能够最大限度地舒服地死,而不能像中国古代那样实施残刑酷法,如点天灯、车裂、腰斩。腰斩,那难受哇!他当时还没有死,他还能活一会。托尔斯泰写的那个哈哲穆拉特,脑袋被砍掉的时候,他还能想一会,他能知道自己的脑袋是掉了,非常之痛苦。但死刑这个东西还是要有的,没有死刑就不公正,违背了公正的原则,因为"杀人偿命、借债还钱",这叫做等害交换,符合公正原则。但是你处死他要让他最舒服地死去,最好是给他打一针氰化钾,一针毙命。这就是真正的博爱的人道主义精神,死得痛快一点、舒服一点。

可见,人道主义堪为颠扑不灭的真理。因为一方面,人道主义是视人本身为最高价值的思想体系,这是真理,这是人道主义"事实如何"方面的根本特征;另一方面,人道主义是把"将人当作人看"奉为善待他人最高原则的思想体系,这也是真理,这是人道主义"应该如何"方面的根本特征。合而言之,人道主义便是视人本身为最高价值从而将"善待一切人、爱一切人、把一切人都当作人来看待"奉为善待他人最高原则的思想体系;简言之,便是视人本身为最高价值从而将"把人当人看"奉为善待他人最高原则的思想体系。

然而,这只是人道主义的一种,亦即博爱的人道主义。这种人道主义到文艺复兴时期遭到了另类人道主义——亦即文艺复兴人道主义——思想家们的质疑。文艺复兴时期的思想家发现博爱的人道主义浅陋,不精确,至多是一种皮相的真理。为什么?文艺复兴时期的思想家经过仔细推究,认为断言人是最高价值极不准确。所谓"人是最高价值",无疑是指一切人的那种共通的东西——人性——是最高价值。因为它指的是一切人,不是指王海明,它是指那种一切人的那种共同的固有的东西。像我王海明长的很多东西,它不具有最高价值。比如眼睛长得挺圆,脑袋长得挺大,个子小、脖子细,这些东西不是最高价值,这些东西不是博爱的人道主义所主张的最高价值。博爱的人道主义主张的是一切人所固有的那些东西,是最高价值。这种观点对不对呢?不完全对。因为,嫉妒心和疾病也是一切人所共同的、固有的。你要说人是最高价值,那就意味着嫉妒心和疾病等这些人性的弱点、缺点和坏的东西也是最高价值。这些东西显然绝不是最高价值,而是一种具有负价值的东西。所以断言人是最高价值,是很不精确的。这是一种肤浅的皮相的初级的真理。那么,深刻的、高级的、准确的真理是什么呢?

文艺复兴时期思想家们一个最伟大的贡献就是回答了这个问题:人本身不都是最高价值,而只有人本身的自我实现——亦即实现自己的创造性潜能从而成为一个可能成为的最有价值的人——才是最高价值。这是最有价值的一个见解,是文艺复兴时期思想家们最闪光、最重要的思想,是文艺复兴时期思想的核心。可是,为什么说自我实现具有最高价值?《论美国的民主》的作者托克维尔曾探讨过这个问题。他说,为什么自我实现具有最高价值呢?因为,自我实现是人之所以为人的根本特征,它把人和动物区别开来了。狗再聪明,也不可能有自我实现的需要,它行动的目的不可能是为了实现自己的创造潜能,成为可能成为的最有价值的狗。它甚至也不会想到要成为一个好狗,没有狗立志要成为好狗,或者是成为大狗、狗王、狗司令。通通不可能有。猫也不会,熊瞎子更不会。它们可以争斗成王,但是它不可能把"争斗成王"作为自我实现的一种途径。

不过,每个人的一切行为并不都是自我实现。一个人,他当官、发财、做大商人,不一定是自我实现。只有他的行为目的是实现自己的创造性潜能,这个时候他当官、发财,才是自我实现。拜伦说:"一觉醒来,名声传遍天下"。他这种思想,仔细分析起来,不是追求自我实现的幸福,而是追求成名成家之社会幸福,是争名夺利,是一种社会需要的满足。但是,同样的成名成家,如果你不是为了成名成家,而是为了实现你自己的创造性潜能;同样是发财,你不是为了发财,而是为了实现自己的创造性潜能,成为一个大企业家,成为你可能成为的最有价值的人。这就是自我实现了。这一点,确实是一切动物没有的。但是,仔细分析起来,托克维尔这种观点还不够精确。

那么,究竟为什么自我实现是最高价值?一方面,乃是因为,自我实现是人的最高需要,是每个人的最高需要。因此,你这种需要的满足,就意味着你获得了最高幸福。马斯洛讲,人有五大需要,最低的是生理需要,然后依次是安全需要、爱的需要、自尊的需要和自我实现的需要,自我实现是最高的需要。人在社会中只要你重大的需要得到了满足,你就是一个幸福的人。比如我的重大的生理需要得到了满足,我发财了,我想吃什么就吃什么,想喝什么就是什么,想吃山珍就吃山珍,想吃海味就吃海味,我的重大的物质需要得到了满足,我就享有物质幸福。但这是低级的幸福。人最令人羡慕的幸福不是这些,而是实现自己的创造性潜能,成为可能成为的最有价值的人。这才是最高的、最令人羡慕的幸福。

人生在世最高的幸福就是自我实现,就是实现他的创造性潜能,成为可能成为最有价值的人。大款,有人说,穷得除了钱什么都没有了。你要那么多钱有啥意思?你能吃多少东西?你敢吃那些穷人买不起的山珍海味吗?岂不闻肥厚美味,烂肠之食,明眸皓齿,伐性之斧乎?我的一位大款朋友最常吃的仍然是小葱拌豆腐。确实,发财致富,味同嚼蜡,弄的这些钱,生不带来,死不带走,何用之有?那么,人生真谛究竟何在?自我实现!一个人自我实现,那才是大家所羡慕的!你有钱,谁羡慕你啊?除非是我需要钱,给你溜溜须,说你"伟大",其实我看中的是你的钱包!钱包得到了,就没别的了,没价值。真正令人羡慕的乃是自我实现。所以,自我实现是每个人的最高需要。一个人如果能够自我实现,他的最高需要得到了满足,就是他的最高幸福,他是一个最高幸福的人。所以,为什么说,自我实现是最高价值,因为它满足的是人的最高需要,因此,它就具有最高价值。

另一方面,自我实现之所以具有最高价值,是因为自我实现能够最大限度地满足全社会和每个人的一切需要。任何社会的财富,不论是物质财富还是精神财富,统统不过是人的活动的产物,不过是人的能力之发挥、潜能之实现的结果。所以,人本身的自我实现越充分、人的创造性潜能实现得越多,社会的物质财富和精神财富便越丰富,社会便越繁荣进步,而每个人的需要也就会越加充分地得到满足。反之,人本身的自我实现越不充分、人的创造性潜能实现得越少,社会的物质财富和精神财富便越贫乏,社会便越萧条退步,而每个人的需要的满足也就越不充分。所以,人本身的自我实现乃是一切财富的源泉,是最根本、最重要、最伟大的财富,因而也就能够最大限度地满足全社会和每个人的需要,从而具有最高价值。

文艺复兴时期的思想家高瞻远瞩,最早看到这一点,从而为西方世界迅猛发展,奠定了基础,提供了思想的指导。为什么西方自文艺复兴时期以来,突飞猛进地发展起来了?就是因为它们击败了中世纪的专制主义传统,从而倡导自由,倡导自我实现;中国近代以来为什么落后了,就是因为它仍然束缚于专制主义传统,仍然压抑自我实现和自由。两千年来中国为什么发展一直十分缓慢,就是因为——正如北大第一任校长严复所说的——"夫自由一言真中古圣贤所深畏而未尝立以为教者也。"自由这个东西真是中国历代圣贤所深深害怕而没有一个敢于把它确立为道德原则来规范、指导人的行为的。这就是中国近代以来落后于西方的最根本的原因。你要想自我实现,你必须拥有自由,因为自我实现是实现自我的创造潜能,而每个人的创造潜能的实现是以每个人能够按照自己的意志、每个人能够赢得自由为前提的。所以,一个社会要想真正迅猛发展,每个人就得拥有自由,从而使每个人能够自我实现,他的创造性潜能实现得越多,这个社会就越繁荣兴旺。

其实,在西方社会,每个人的努力并没有我们多,中国的学子到了国外,往往都是尖子。那里的中学生、高中生,顶尖的都是中国人。哪里有中国人,哪里就有尖子。中国人最刻苦。我的同学何包刚,从澳大利亚给我来信,叫我别累着。他说,这里的人都显得很年轻,他们都懂得爱惜自己,别像咱们北大历史系先后有四个49岁的学者累死了。我王海明虽然也很重视养生,但是就是继承了中国人的那份勤奋,写一本书要用16年。我没有累死,就因为我天天下午去冬泳,冬泳十六年了。中国人这么努力!你能说中国人不是一个勤劳的民族?但是,它为什么就发展的慢呢?根本讲来,就是因为从大禹开创家天下的专制主义制度直至清朝,四千年来,每个人的创造性的潜能实现得最不充分,四千年来它是人类最不自由最压抑个性的国度之一。

自我潜能的实现是一切财富的源泉。一切财富无非是人的活动的结果,是劳动的结果,无非是人的创造潜能、人的潜能的实现的结果,因此,在某种意义上说它无不以自由为必要条件。所以,哪里有自由,哪里有自我实现,那里的社会就蓬蓬勃勃地发展。离开自我实现,社会发展不起来,昌盛不起来。改革开放以来,中国为什么比以往有大幅度的突飞猛进?就是因为我们现在更自由了,社会更宽容了,每个人实现自己创造潜能更加充分了。说来说去,原因就在于此。自我实现是社会和每个人的财富的最根本的源泉,是最大的财富,因此它就具有最大的价值,具有最高的价值。所以,人的自我实现具有最高价值,这是精确的、深刻的、高级的真理。

可见,说包含着诸多负价值(缺点、残忍、病痛、嫉妒、不幸等等)的人本身是最高价值,实乃浅层的、外在的、初级的真理;而内在的、深层的、本质的高级的真理则是:人本身的自我实现是最高价值。根据这个事实,你应该怎么办?显然应该使人自我实现,使人发展、实现自己的创造性潜能进而成为可能成为的最有价值的、最完善的人。这就是所谓"使人成其为人",这就是善待他人的最高原则。有人嘲笑这个命题说:人已经就是人了,怎么还要你使人成为人?这是肤浅的质疑。因为"使人成为人",第一个"人"是仅仅具有创造性潜能的人,是创造性潜能尚未得到实现的人,用存在主义的话来说,是一个虚无,是一个零。第二个"人"是实现了创造性潜能的人。人道主义的原则就是"使人成为人",就是使第一个"人"成为第二个"人",使每个人实现自己的创造性潜能从而成为一个可能成为的最有价值的人。因此,人道主义论者大都把"使人成其为人"与"人本身的自我实现是最高价值"并列,一起作为人道主义的根本特征来界定人道主义。人道主义便是认为人本身的自我实现是最高价值从而把"使人自我实现而成为可能成为的最有价值的人"奉为善待他人最高道德原则的思想体系,简言之,便是将"使人成为人"奉为善待他人最高道德原则的思想体系。

这样,我们终于弄清了人道和人道主义之双重含义。广义的、浅层的、初级的人道主义是视人本身为最高价值从而将"善待一切人、爱一切

人、把一切人都当作人来看待"当作善待他人最高原则的思想体系;广义的、浅层的、初级的人道则是视人本身为最高价值而善待一切人、爱一切人、把任何人都当人看待的行为,是把人当人看的行为。反之,狭义的、深层的、高级的人道主义则是认为人本身的自我实现是最高价值从而把"使人自我实现而成为可能成为的最有价值的人"奉为善待他人最高道德原则的思想体系;狭义的、深层的、高级的人道则是视人的自我实现为最高价值而使人自我实现的行为,是使人实现自己创造性潜能的行为,是使人成其为人的行为。

从这个观点来看,比如说,如果一位父亲,他爱他的子女,就像我父亲爱我们那样,尊重我们自己的选择,那么,他才是一个真正的人道主义者。我父亲爱我们,是真正爱我们,太爱我们了。我父亲为了我们上学,把自行车和手表全卖了,吃了多少苦啊!五十多块钱的工资,要养活我妈、六个孩子和爷爷。他非常爱我们,但是他给我们这些儿女们自由,非常尊重我们自己的选择,我们干什么他都不强迫我们,这就是好父亲!真正的好父亲。他之所为就是狭义的、深层的、高级的人道行为。你按照自己幼稚的想法干的时候吃了亏,鼻子碰扁了,那不要紧,因为你的脖子上长着自己脑袋啊!

如果父母处处都给你设计好,怕你凉,怕你热,含在嘴里怕化了,拿在手里怕吓着,在某种意义上这样的父母是最残忍的。他的孩子虽然鼻子没有被踫扁,脸也长得好看,但是他没有自己的脑子,缺乏创造性。这种父母之所为,便属于狭义的、深层的、高级的非人道行为。那位我在电视里面看到的便是这样的一位父亲。我们说,这位父亲是位博爱的人道主义者,他的行为符合博爱的、广义的人道主义。但是,根本讲来,他父亲是一个不人道的人!因为他剥夺了女儿的自由,使她失去自我选择的自由。这样一来,她女儿再好也决不会成为一个有创造性的人!她处处都是在实现她父亲的意志,她最多只是一个学习好的人,而毫无创造。

二、令我不由得挺起腰杆的一首诗

我有的时候真是不太理解,我们现在一听到自由,就都很害怕。其实,只有专制社会才会有这种害怕。古往今来,没有思想家是不讴歌自由的,没有思想家真正反对自由,就连主张君主可以不择手段地维护统治的马基雅维利,在他的名著《李维论》里也曾盛赞自由啊!我酷爱诗歌,直到今日还能够一句不落地背诵张若虚的《春江花月夜》和陶渊明的这《归去来兮辞》。但我一直念念不忘、每次想起都不由得挺起腰杆的,是匈牙利诗人裴多菲的那首诗:"生命诚可贵,爱情价更高,若为自由故,二者皆可抛。"这首诗脍炙人口,在中国也是广为流传。然而,我是讲究逻辑思维的,不免怀疑:生命诚可贵,爱情价更高?我看未必!在某种意义上那是傻子。命都没有了,你还谈什么恋爱啊?当然,有的人为恋爱往往不要命。普希金就为了爱情不要命,他和情敌丹特士决斗,结果饮弹而亡。我们当中有些人也是,因为恋爱而走向深渊,甚至丢了自己的性命。这个嘛,我不太赞成。"若为自由故,二者皆可抛",这两句我很欣赏。很多的志士仁人是为了自由而牺牲爱情和生命的。你看车尔尼雪夫斯基有一个非常美丽、善良、贤惠的恋人,但是他为了自由事业,就给她写信,要求解除订婚。因为他觉得自己随时都有可能被流放。果然,后来他被流放到西伯利亚30年。古往今来,为了自由而牺牲爱情和生命的自由的斗士,不胜枚举。但最感动我的还是美国独立战争前夜那句名言:"不自由,毋宁死!"所以,裴多菲的这首诗,还是描述了事实的;就这一点来说,它堪称真理。

诚然,自由这个东西,从表面上看来,不是一个好东西。比如说,我现在就想杀伊雷,你给我自由,我就把他杀了,不给我自由就杀不了。因此,好像自由不是一个好东西。但是,真正的讲来,自由具有莫大的正价值,而杀伊雷只是它的一种负价值。一切东西都没有真正的十全十美,有一利就有一弊。自由固然有其弊与负价值,但就其利与正价值来看,是莫大的、至高无上的。为什么?主要有两点。

第一点,自由具有内在价值,自由本身就是目的,这是真理。巴甫洛夫讲,一切事物要想保持存在,都必须保持自身要素的平衡及其与外在环境的平衡。没有这种内外平衡,它就会崩溃瓦解、不复存在。一个石头是这样,人是这样,什么东西都是这样的。石头风化了,就是因为它的内外平衡保持不住了,它就不再成为石头了。巴甫洛夫发现,物质形态越高级,就越娇嫩,它要保持平衡就越艰难,它保持平衡的条件就越高级、越复杂,就越细腻多样。例如,你看那个猪崽子,生下来毛就是非常齐全的,没过几天就可以到处跑,就可以吃苞米。人比猪高级多了,结果生下来就软弱无能像一条虫子,趴在那里,需要父母一年多的照顾才能站起来和行走。你看那石头是最低级的,非生物里面最低级的,它的存在基本上不需要什么条件,石头存在需要什么条件?放在哪里都能存在。但是生物,它的存在就艰难了,因为它高级了。生物的存在至少需要空气、阳光和水。向日葵,或者是椰子树,不是放在哪里都能活的,把它连根掘起放在那里,你看它还能不能活了?它需要水分、需要阳光。到了动物这个层次就更高级了。你说那个猪蠢——人们都在骂蠢猪——可是猪再蠢、再低级,它也比美丽的花和椰子树高级,所以你要是把它像花和树一样固定在一个地方,不让它走,不让它跑,它就会伤风感冒、发烧,必死无疑!它能够活就是因为它拥有自由,它能够在风雨来了的时候跑到一个好的地方躲起来。

因此,自由是物质形态进化到动物这个高级阶段维持内外平衡保持存在的根本的条件和手段。动物是什么呢?我特意找了各种动物学书刊,但都没有动物的定义。其实,顾名思义,动物就是能够自由运动的一种生物。动物的本性就是自由,没有自由动物就不能活。所以一切动物都热爱自由;越是高级的动物,就越爱自由!你不热爱自由,你拿面包换自由,那表明你沦落为低级的生物了。一切动物都热爱自由,这一点,巴甫洛夫做了一个实验。他有一只狗,没有拴起来,就是在桌子旁边,整天就是趴在那里,蹲在那里,它也非常高兴。但是巴甫洛夫做了一个实验,把它用一根长长的绳子拴起来,它的活动范围与它原来的范围一样。结果这条狗就整天要挣脱这条绳子。给它吃它也不愿意吃,给它喝它也不愿意喝;就像辛弃疾说过的:"衣带渐宽终不悔,为伊消得人憔悴"。为了自由,它憔悴了,毛也不光亮了,这个时候吃什么东西都无味。就像我们人类失恋了那个样子。

遗憾的是,我们为失去自由的时候还没有那样痛苦过,为爱情我们是那样痛苦过的。这条狗对自由的热爱比人还厉害啊!几天后,巴甫洛夫把这条狗放开了。结果发现,这条狗就不像原来那样躁动不安了,它又不动弹了,还像它原来那样,静静地趴在那儿,也愿意吃了,也愿意喝了,也摇尾巴了,毛也渐渐地亮起来了,也光洁了,容光焕发了,又开始胖起来了,身材健壮起来了。巴甫洛夫由此得出一个结论:自由是动物的最内在最深刻的需要。动物追求自由可以是为自由而追求自由的。自由就是动物活动的一种目的。为什么呢？因为自由就是动物的一种需要。而为了实现的需要就是目的。所以，你有什么需要，你就会以什么为目的。自由是一切动物的内在需要，所以对于一切动物来说，自由就是一种目的。对于动物来说，自由可以是一种目的，因而具有内在价值。

人类是最高级的动物。因此，人对于自由的需要就最强烈。自由是物质发展到一定的高级阶段，亦即发展到动物阶段，才有的一种特性。因此我们说，自由是一种高级的属性。那么，越是高级的人，越是高级的动物就越需要和渴望自由。人是最需要和渴望自由的。那么在人当中，越是欲望和追求多的人，他就越需要和渴望自由；越是欲望和追求少的人，对于自由的需要和渴望就越不强烈。说老实话，一个人如果没有知识，一个人如果连字也认不了几个，他肯定不怎么热爱自由；有面包，吃喝玩乐，那就行了。相反的，对于高级知识分子，对于裴多菲，你光给他面包，你光给他吃好了，甚至你使他有最美丽的爱人，你给他选来仙女，但要是丧失自由，他也痛苦不堪。所以，知识分子是最需要和渴望自由的，他们代表了人性的一种高级阶段。

所以，我的结论是：自由是人性的最深刻的需要，可以自成目的，因而具有内在价值。人可以是为自由而求自由的，人求自由往往就是为了自由，目的就是自由。这也是存在主义的命题。萨特说，什么叫做"老实人"？"老实人"就是符合道德的人，就是为自由而求自由。为自由而求自由才是道德的，为他物而求自由是不道德的。他甚至认为人的一切行为目的都是自由，从这一点看来，未免偏狭。自由是人类的最基本的需要，它是一个基本的目的，它具有最基本的内在价值。这一点是不成问题的。但是，自由不是人的唯一的需要和目的。生理需要、面包的需要，比自由更重要、更根本。在人需要的层次上，正如马斯洛所言，最根本的还是生理需要，是面包。所以，人，当他进行两难选择——是要自由还是要面包——的时候，要面包的人是明智的，是聪明的，是道德的，因为面包的价值确实大于自由。反之，要自由而舍弃面包，其净余额是负价值，因而是不应该、不符合道德的。所以，我们为了面包抛弃了自由那是不得已的，是我们悲惨的命运；应该谴责的并不是我们，而是使我们沦于这种悲惨境界的那个专制制度。

所以，伯林说得对：面包比自由更重要，医药比自由更重要；对穷困的埃及农民，他宁要医药，宁要面包，他不要自由。自由，它在人的需要的层次上，它是一种次于生理需要的基本需要。但是马斯洛的需要层次里面没有自由。那么，自由相当属于哪一种基本需要？我们说，它比生理需要更不基本，但比自尊的需要要基本：它相当于爱和安全的需要。因为，人，如果不自尊，丧失自尊，"没脸没皮"，还能够照样活着。你是一个癞皮狗，你不要脸了，你到处要饭，当奴才，你夹着尾巴，摇尾乞怜，但你还能活啊；然而，你要是自由丧尽，毫无自由，那你就不能活了！人要是真正没有自由，像汤因比说的，那么，他就不能活。所以，自由比自尊更加根本，它是人类的一种介乎生理需要和自尊需要之间的基本需要、基本目的和内在价值。

三、原创性青睐难以相处的怪人

大约17岁左右，我就迷上古今中外那些伟大人物的传记。我喜欢读哲学家、文学家、政治家、艺术家、发明家和学者们的奋斗史。然而，我不喜欢商人，即使他是最伟大的商人的传记，我也读不下去。读这些人物的传记，就好象与他们生活在一起，十分亲切快乐。我更是将他们作为榜样，渴望成为像他们那样的人。即使达不到，也心向往之。但是，有一个问题困扰我多年，那就是，为什么古今中外那些大学者、大发明家、大艺术家、大文豪们，大都是些独立特行难以相处的怪物？待到我研究自由的价值的时候，我才明白个中缘由。

原来，自由不仅具有内在的、目的的价值，而且具有外在的、手段的价值；并且自由最重要的价值是它的外在的手段的价值。因为自由不仅是人的行为目的，而且还是达成人的众多的行为目的的手段。自由作为手段所能够达成的目的不胜枚举，最根本最重要的有两个：一个是每个人的自我实现——亦即实现每个人创造性潜能——的最根本的必要条件和手段；二是自由又是社会繁荣兴旺的最根本的必要条件和手段。

我们首先来看，为什么说自由是自我实现的必要条件？自我实现，按照现在一般的理解，是指人的潜能的实现。这不准确。因为人的潜能的实现不都配享有自我实现的美名。比如说，我王海明就有抱着笤帚扫大街的潜能。那么,一会儿,下课了,我就拿把笤帚去扫大街,一边扫,一边想:我王海明自我实现了!这岂不荒唐?我有偷盗的冲动,得不到的东西,谁不想得到?我小时候,家里非常穷,就想偷书,做梦都梦见床底下都是书,都是偷来的。那么,这种潜能要是实现了,王海明要是真的偷书,你能说这就是我的自我实现吗?不是。自我实现显然并不是任何的潜能的实现,而是指创造潜能的实现;一个人只有当其创造潜能得到实现,才能说他是自我实现。

然而,毫无意义,每个人都有自我实现的需要,有个自我实现的问题。如果说自我实现是创造性潜能的实现,那么这就意味着:每个人都具有创造性潜能。实际上,每个人确实都与生俱来而具有创造潜能。这一点,冯友兰讲过,很多思想家也都讲过。每个人都有创造性潜能,只不过有两点不同:质的不同和量的不同。从质上看,每个人固然都具有创造性,但各个人的创造性是不一样的。人的创造性潜能表现在多方面,比如有的人就表现在他的那张嘴特别好使,能有各种口技,那嘴简直是神了,他的创造性天才就表现在那两片嘴唇上。想想我自己呢,我的小脑可能不发达,因为我做什么动作都是特别笨的。我当兵的时候,练习卧式装子弹,我怎么也不行。其实那个很简单,拿了枪,在那里一下子趴下,然后将枪伸出去就完了。可是我怎么学也学不会。不过,我也有创造性,只不过不在动作方面,而在思想方面。我善于思想,善于刨根问底,从小就非常独特,富有创造性。我妻子的创造性潜能恰恰在动作方面。她从来没有学过裁缝,但有一次,她心血来潮,照着一张图纸剪裁出一条裙子,非常合身漂亮,结果凉在外面就叫小偷给偷走了。她有做裁缝的天赋,有这样的创造性潜能。每个人,你没有这样的创造性潜能,总有那样的创造性潜能。这个道理,冯有兰反复讲过。所以,每个人都有创造性潜能,只不过类型不同、性质各异罢了。

另一个不同,就是量上面的多少的不同。所谓"天才",和庸才其实并没有是否有无创造性的不同,通通都有创造性。但是呢,天才稍微高一点,稍微高于常人。马克思无疑是人类顶级大天才,但是他写《资本论》,写了四十年还没有写完。这说明了什么呢?说明他的天才并不像我们想象的那么高,而是仅仅比我们高一点;否则,他就不会写写改改四十年还没有写完。当然,天才高出常人的这"一点点儿"创造性潜能,实在极为重要。天才就是凭着"高那么一点点"而鹤立鸡群,从而与常人区别开来。冯友兰说得好,天才与常人的区别,就像高个子与矮个子的区别。你说,那个高个子比我矮个子究竟高多少? 也就高那么一点点,高人半头那就是大高个子了,矮半头就是个矮子。我就矮那么一点点。但就是这么一点点,就使高个子与矮个子区别开来。人都有创造性,就是量的多少有所不同。高那么一点点,你就是天才;矮那么一点点,就是常人。

可是,实际上,我们大多数人都没有什么创造性。为什么呢? 因为你没有个性! 因为创造性潜能的实现与个性的实现程度成正比。因为创造性是一种独创性,创造性是独一无二、绝无仅有、只有你一个人有的,否则就不叫创造性。你要是和别人共同的,那就不叫创造,那叫模仿,学习,是不是啊? 所以,一切创造性都是独特的,因而必然与你个性的实现程度成正比。你的个性的实现,就是你的创造性潜能实现的最根本的必要的条件。你要是没有个性,你就没有创造性;你的个性实现得多,那么你的创造性潜能实现得就多。

这就是为什么古今中外那些富有原创性的伟大人物,大都是些独立特行难以相处的怪物的缘故。想一想,我们这么多年来为什么没有了创造性? 以至于江泽民在任时一再号召我们要创新,胡锦涛总书记也号召我们构建创新型社会。为什么? 因为我们没有创造性精神,我们缺乏创造性潜能的实现,我们缺乏创造性。为什么我们缺乏创造性? 因为我们丧失了个性。你说我们现在最缺乏的是什么? 我们最缺乏的是个性。你看,我们想的、说的都一样,千篇一律。你看我们现在的伦理学原理书籍,二十多个版本,实际上一模一样。可以肯定,哪里有创造性,哪里就有个性,哪里就有怪人。真正的创造性天才往往都怪到什么程度? 怪到是一个精神病人! 哈佛大学有一个搞生物学的博士后说,上帝给你开一个门,就会给你关上一扇窗。天才的基因既富有创造性同时又多病态。一个人的基因越有创造性就越类似精神病患者的基因,精神病的基因与天才的基因是不可分的,如果去掉其精神病成分,它就失去了创造性。所以,古往今来那些大思想家、大科学家、大文学家、大艺术家,几乎个个都是怪物!

他们都怪到什么程度呢? 怪到终身不娶,光棍一生。他不是不娶,谁不想找媳妇? 谁不想谈恋爱? 没人敢和他谈! 谁敢和贝多芬谈恋爱啊?

贝多芬一辈子找不到老婆！从很小的时候,就万人仰慕,但是没有一个女人敢嫁给他。爱他的人最后也没有敢嫁给他,他光棍一辈子,谁敢嫁给他？他太怪了。你看莱布尼兹、牛顿、康德、尼采、伽利略,都是光棍。尼采、牛顿、莫泊桑、马雅可夫斯基还是疯子。是的,牛顿有很长时间患精神分裂症,是个真正的精神病人。所以穆勒说,一个社会越是具有宽容精神,越能容忍个性和怪癖,这个社会就越是生机勃勃,越有创造性。一个社会的创造性是和这个社会的个性和怪人成正比的！北大为什么还有点创造性？因为北大的怪人不少。我刚来北大的时候,因为有点和别人处不来,领导找我谈话说,你不算怪,北大的怪人那才多呢！这就是北大还有一点创造性的真正的原因之所在。所以,个性的实现程度是一个人的创造性潜能的实现的最根本的必要条件,二者成正比。

那么,一个人怎么样才能有个性呢？我们的个性为什么就没了呢？你必须拥有自由,自由是形成个性的最根本的必要条件。存在主义反复讲了这一点。你干什么你就是什么：这是存在主义大师海德格尔的名言。存在主义最根本的命题就是"存在先于本质"。人生来是虚无,是一个零,啥也不是。你究竟是一个哲学家,还是一个小偷、恶棍,还是一个坏蛋,那就是要看你长大之后干什么,你干什么,你然后才是什么,你先有存在,然后才有本质。"大丈夫棺盖事论定",人总是处于一种"悬欠"的状态。就是说,你是什么,总是没有确定的。因为活着你就得干事,你干什么你就是什么。你的个性就是你的行为的结果,就是你"做"的结果。你说这个人为什么成为小偷了？谁想当小偷啊？还不就是因为好吃懒做、贪图便宜,偷了一次东西,再偷一次,再偷一次,偷来偷去,他就把自己造就成小偷了。亚里士多德早就说过,你怎么样才能够成为一个好人？只有干好事。就是你干一次好事,再干一次好事,干来干去,好事干多了你就成了好人了。所以,亚里士多德比喻说,美德是一种技艺。你怎么成为竖琴手的？就是因为你弹琴,你今天弹一次、明天弹一次,后天弹一次,不断地弹,弹来弹去,你就成为竖琴手了。好事干来干去,你就成为好人了。所以,你干什么你就是什么。

这样一来,非常明显,一个人只有拥有自由,能够按照自己的意志去行动,他所造成的自我,才能是具有自己独特个性的自我；反之,他若丧失自由、听任别人摆布,按照别人的意志去行动,那么,他所造就的便是别人替自己选择的、因而也就不可能具有自己独特个性的自我。胡适说的对：自由就是顺从自己，就是按照自己的意志去做。没有外在的强制，按照自己的意志去做，这就叫做自由。因此，你要是没有了自由，你被剥夺了自由，你把自由换了面包，换了做官，换教授去了，那么，你做事情的时候就不再按照自己的意志去做了，你得按照长官的意志去做，按社会和他人的意志去做。那么你的行为，你这个"干"，所造就出来的那个"是"，那个"是什么"，那个"自我"，就不是你的本真的自我，就不是你的自我，就不是一个有自己个性的自我；而是一个没有自己个性的社会的自我、他人的自我、长官的自我。我们现在为什么缺乏个性？就是因为我们都是按照社会的要求、按照他人的意志、按照长官和众人意志去做的结果。你没有了自由，你按照别人的意志去做，那么，你的个性和自我就沦丧了，就迷失了、沉沦了。我们现在不是总讲自我沉沦吗？怎么沉沦的？为什么会自我沉沦、自我遗忘？为什么本真的有个性的自我没了？我们现在怎么都没有脑子了呢？确实，我们没有脑子，别看我们每个人都长得这样有个性，但是我们却没有自己的脑子，我们的脑子都不是自己的。

一个人越自由，他的个性发挥得便越充分，他的创造潜能便越能得到实现，他的自我实现的程度便越高；一个人越不自由，他的个性发挥便越不充分，他的创造潜能便越得不到实现，他的自我实现程度便越低。因此，文艺复兴时期的思想家皮科一再说：上帝啊，没有给人坚牙利齿，没有给人力量。是的，我王海明能斗过一头野猪吗？肯定斗不过。但是，皮科说，亚当给了人自由，因而人可以通过自我选择、自我实现而成为他想成为的东西。这样，你不是老虎，但是你可以把你"实现"成老虎；你不是龙，但是你可以把你"实现"成龙；你想成为什么你就能成为什么。上帝给了人自由，这胜于使你成为老虎、胜于使你成为龙，因为你想成为什么就成为什么，上帝给了你最尊贵、最宝贵的具有最高价值的东西，这就是两个字：自由！

最近我看了一个电影，感触很深，就是《霸王别姬》，不知道你们看没有看。扮演霸王和虞姬的那两个演员，在清朝，够专制的了，但是，专制的程度还没有后来专制，还没有国民党专制，他俩还有个性、人格和创造性。到了国民党时期，那挺黑暗、挺专制的了，你要是不老实特务就枪杀你，闻一多、李公仆不是都被枪杀了吗？但是他俩，还能够有个性、人格和创造性。但是,到了"文化大革命"时期,他们的个性、人格和创造性就都没有了,彻底的没有了,都是和社会上所有的人一样的人了。为什么?因为自由丧失得干干净净!

因此,穆勒说得对,自由是个性和自我实现的最根本的必要条件;没有自由,你就不可能拥有个性和自我实现,你就不可能实现你的创造潜能。但是,同样的自由主义论者伯林却对穆勒提出一个质疑,认为自由未必是自我实现、创造性潜能的实现的必要条件。因为古往今来,有文字记载的人类社会多数时间都是处于专制社会而没有自由,但是我们却看到历代专制社会都不乏大思想家、科学的泰斗、才华横溢者。所以自由不是人自我实现的必要条件!其实错的不是穆勒,而是伯林。因为人在任何社会,不管多么专制,他总能够挣得自由从而实现他的创造潜能,成为大思想家、大科学家。但是有一点区别非常重要,就是在民主社会,你要得到自由,你不需要反抗统治者。因为民主社会每个人都同等地是最高权力的掌握者,都同等地是统治者。民主社会,说到底,就是一个政治自由的社会,就是一个自由的社会。所以,在民主的社会,你要得到自由不需要反抗统治者,因此不需要什么牺牲,不需要牺牲爱情、生命和幸福。所以,在民主社会,每个人都可以得到自由。

反之,在专制社会,你也能挣得自由,不过你要想挣得自由,就必须反抗专制统治,那么你就得牺牲幸福,牺牲爱情,牺牲生命:你不得好死啊!因为你反抗专制统治,是与专制君主和专制国家的机器——利维坦——来搏斗,你个人的力量,何等的渺小,它能不弄死你吗?自由的斗士在专制社会哪一个能得好啊?自由的斗士注定贫穷,"自古圣贤尽贫贱",你穷得叮当响,谁爱你啊?你穷,你就没有健康了。曹雪芹,"举家喝粥酒常赊",能有健康吗?47岁不就死了吗?斯宾诺莎,你要自由,你能活得长吗?你被开除了教籍,最后,你整天的磨那个眼镜片,光学眼镜片,你得了矽肺病,四十二岁就一命呜呼了。所以,在专制的社会,一切自由的斗士都不得好死。因此,在专制国家,只有极少的人勇于争得自由。这种人,就是海德格尔和萨特所盛赞的那些入世孤独者,就是尼采、道家所盛赞的那种"出世隐居"者,就是马克思所盛赞的那种"走自己的路,让别人去说"的独立特行者。但是这种人能有几个啊?

可见,不自由的社会虽然也不乏才华横溢之士,但这些人之所以能够发挥自己的才能,决不是因为他们听任他人摆布而失去自由;恰恰相反,乃是因为他们勇于反抗而争得自由。因此,伯林以不自由社会常有才华充分发挥者为根据,否定每个人才能充分发挥系以自由为必要条件,是不能成立的。任何社会,都存在才华横溢者,只是因为任何社会人们都有可能得到自由。只不过,在自由社会,人们得到自由无须反抗和牺牲,因而人人都有自由,于是也就人人都有可能发挥自己的创造潜能而自我实现。反之,在不自由社会,人们要得到自由,便必须反抗和牺牲,如牺牲健康、幸福、人格、爱情乃至生命。因而在这种社会,也就只有极少数人才可能争得自由而自我实现——这极少数人便是那可歌可泣的裴多菲式的自由斗士,他们能以自己的行动证明:生命诚可贵,爱情价更高,若为自由故,二者皆可抛。

自由是每个人自我实现、发挥创造潜能的根本条件,同时也就是社会繁荣进步的根本条件。一个社会真正地繁荣昌盛,说来说去,就在于自我实现,就在于每个人创造性潜能的实现。每个人的创造潜能实现得越多,社会岂不就越富有创造性?每个人的能力发挥得越充分,社会岂不就越繁荣昌盛?每个人的自我实现越完善,社会岂不就越进步?所以,杜威说:"自由之所以重要,是因为它是发挥个人潜力和促进社会发展的条件。"①美国二百多年就由当时世界最落后的国家一跃而成为世界第一强国。原因何在?最根本的原因,岂不就在于它是最倡导自我实现的?倡导自我实现、实现自己的创造性潜能,二百多年来是美国主流意识形态。美国主流意识形态主张自我实现,每个人最主要的就是要实现他的创造潜能。你这个创造潜能实现了,你这个社会就极其巨大的发展起来了。对不对?

相反地,我们只是强调,要为社会多做贡献,"小车不倒只管推",得了肝病,你用什么顶着,用椅子顶着,推啊干哪,你能把国家干得繁荣富强吗?不能。你这个国家就是繁荣富强不起来,在"文化大革命"时期,越干就越穷!那个时候不是不干,那个时候干得很苦,我都干过。那个时候不仅是抓革命,而且促生产,都得拼命地生产。那时候生产经验都是整天在总结。我还记得,在东北,我有一次去总结,因为那个时候我在宣传部,

---

① 张品兴主编:《人生哲学宝库》中国广播电视出版社1992年版,第237页。

就连那个打庄稼用的"场院"都必须"干、大、平、光、硬"。那就是一个场院,就是打粮食的那个平地,都得要总结出如何经营的经验:第一要干,第二要大,第三要平,第四还要硬,不硬不行。那时候人都必须鼓足干劲,半夜都在深翻地。但是,不管你怎么干,就是干不上去。就像恶魔缠身,就像恶魔缠身一样,你就是跑不动。我就常常做梦自己跑不动,怎么跑也跑不动。我们不但干不上去,而且反倒干得经济濒临崩溃。你知道为什么吗?没有自由、没有个性,就没有自我实现,就没有创造性潜能的实现;没有自我实现,你这个社会注定是停滞萧条。西方中世纪为什么停滞萧条?因为人类那时丧失了自由,无论是东方还是西方。你没有了个性、没有了自由,你就没有了自我实现,你就丧失了社会发展、飞跃的源泉,你无论怎么干都注定是发展缓慢。

因此,社会并不是你想让它发展它就能发展的,它的发展有一个客观规律。这个规律就是:自我实现是社会繁荣兴盛的最根本的必要条件。社会的一切财富说来说去都是人的活动的结果,说到底,都是人的创造性潜能实现的结果,无不以自由为必要条件。我是信仰马克思的,我是马克思主义者。我相信,生产力是社会发展的根本动力,没有问题。是不是?我相信马克思的话,石器创造了奴隶社会,笨重的生产工具;手推磨创建了封建社会;蒸汽磨创建了资本主义社会。这是没有问题的。生产力的发展、生产工具的改善是社会前进的根本动力。但是,生产工具是怎么改善发展的?怎么创造的?是人的创造性潜能实现的结果,因此无不以自由为必要条件。所以,穆勒说得很对:自由是社会前进的精神,是社会前进的最根本的源泉。你要想使社会繁荣富强,你就要让人们拥有自由。一个不自由的专制社会之所以还能前进,是因为有那些自由的斗士。这些人,不要幸福,不要爱情,这些人就是马克思盛赞的那种"走自己的路,让人们去说吧!"就是存在主义所颂扬的、所盛赞的那种独立特行的人,就是尼采所说的查拉图斯特拉。从根本上讲,就是因为有这些人,专制社会才能有所前进,有所发展。所以我们说,自由、自我实现,其实是社会繁荣发展的最根本的必要条件。

一个人如此,一个国家,要是奉行了自由原则,就注定会迅猛地发展起来;相反,要是否定了自由原则而奉行专制原则,那么这个国家注定是死水一潭,怎么搞也搞不起来。哪个国家的领导人不愿意把国家繁荣兴

盛起来？它是不以人的意志为转移的。一个国家是否繁荣昌盛，就看奉行不奉行自由原则。近些年来，中西文化，中西思想比较，十分盛行。我在前几年，开校选课，也是开中外文化比较。那么，为什么西方腾飞而中国停滞和落后？我逐渐发现并且确信，中西的区别，说来说去，就在"自由"二字。

你看，中国的古代和西方同样的繁荣昌盛，这是没有人否认的。中国古代没有落后，为什么呢，就是因为，中西同样奉行自由的原则。中国的古代思想是完全自由的，春秋战国时代，思想是完全自由的，毫无限制，那么，中国古代和西方同样的繁荣昌盛——西方有亚里士多德，有苏格拉底，有柏拉图，有普罗泰戈拉；中国同样百家竞起，有孔子、孟子、庄子、老子，韩非子等。你看这些大思想家，完全可以和西方那些大思想家匹敌，甚至有过之而无不及。为什么呢？就是因为同样地推行了自由原则。中世纪中国也没有落后于西方，因为中西中世纪同样萧条停滞。为什么中世纪中西同样萧条停滞？岂不是因为中西同样专制而丧失了自由？

近代以来，中国落后了。这个是公认的。毛泽东也讲，中国近代以来只有一个东西可以骄傲一下，这就是《红楼梦》。而西方近代以来却突飞猛进，一日千里，把中国远远地甩在后面，原因何在？就是因为西方近代发生了文艺复兴运动，文艺复兴是西方腾飞的思想基础，也是它真正的根源。因为行动是受思想支配的，社会的发展是被人的行动造就的、铸就的，归根结底，是被你的思想来推动的，更具体地说，主要是被一种道德原则理论来推动的。文艺复兴以来，西方自我实现的人道主义兴起，也就是自由原则兴起，打碎了千年的专制统治。所以，西方就靠着自由繁荣昌盛。诚然，中国也发生了类似于西方的文艺复兴运动，就是五四运动。陈独秀说得对，五四精神，说到底，就是伦理的觉悟，就是"打倒孔家店"，就是否定儒家和传统道德，就是否定儒家和传统道德的专制主义，就是高举民主和科学大旗。但是，五四运动很快就退出历史舞台，五四精神从来就没有成为中国主流意识形态。这就是中国近代以来为什么落后的真正的原因。

综观自由价值可知，一方面，自由是可欲的，因为它本身就是可欲的，它是人类的一种基本需要、基本欲望、基本目的，这是自由的内在价值；另一方面，自由是可欲的，因为它是达成自我实现和社会进步的根本条件，这是自由的外在价值。从自由的价值——特别是其外在价值——我们可以得出一个结论:自由是人道的根本原则。因为所谓人道,我们说过了,最终它的深层总原则可以归结为"使人成为人",亦即使人自我实现,实现自己的创造潜能,从而成为可能成为的最有价值的人。而这一点是靠自由来实现的,自由是自我实现的最根本的必要条件。那么,我们由此就可以说:自由是人道的根本条件;使人自由则是人道的根本原则,简言之,自由是人道的根本原则。人道,如前所述,乃是社会治理的最高原则。所以,自由是人道根本原则,这便意味着,自由是社会治理的最高原则。人道主义大师但丁已经发现了伦理学的这个至关重要的原理,他一再说:"好的国家是以自由为宗旨的"[①]。

(2009 年 4 月 11 日)

[①] 周辅成编:《从文艺复兴到十九世纪资产阶级哲学家政治思想家有关人道主义人性论言论选辑》,商务印书馆 1973 年版,第 21 页。

俄国十月革命后孙中山对辛亥革命的反思

■徐万民

[演讲者小传]

徐万民,男,1943年生。1964年9月考入北京大学历史学系学习。1969年7月毕业,留校工作,历任助教、讲师、副教授、教授。长期从事中国近代史的教学与研究,主要研究近代的中外关系史。担任过中国中俄关系史学会的常务理事、副会长,北京大学孙中山思想国际研究中心主任等职。

我们都知道,中、俄两国互为最大的邻国,在19世纪末,还是世界上两个最大的君主专制帝国。地理位置的接近与革命任务的相似,使中、俄两国的革命运动不仅有很强的可比性,而且有一种互相影响、互相促进的关系。

辛亥革命前,孙中山就认识到这一点。1897年,他与流亡西欧的俄国革命党人交往,讨论有关中俄两国革命前途的种种问题。他估计中国革命30年成功,俄国人估计他们的革命100年成功。孙中山由此钦佩俄国革命党人的"计划稳健,气魄雄大"。同盟会成立后,孙中山和他的战友与1905年革命后流亡国外的俄国革命党人频繁往来。俄国革命党人反对沙皇专制的英雄气概令中国革命党人神往。盛极一时的暗杀风潮就有仿效俄国社会民主党人的成分。1910年2月28日,孙中山在美国发表演讲,论及俄国革命有三难,中国革命有四易,"俄人革命虽有种种之难,然俄国志士有百折不回之志,欲以百年之时期而摧倒俄国之专制政体,而达政治、社会两革命之目的;中国之革命有此种种之易,革命直一反掌之事耳。惟惜中国人民尚未有此思想，尚未发此志愿。是中国革命之难，不在清政府之强，而在吾人之志未决。望诸君速立志以实行革命，则中国可救，身家性命可保矣！"1911年的辛亥革命，推翻了清朝，创建了亚洲第一个民主共和国——中华民国。但是，南京临时政府北迁后，中华民国政府被北洋军阀把持，历经二次革命、护国战争、张勋复辟、护法运动而不变，中华民国成了一块空招牌。

先进的中国革命走了下坡路，后起的俄国革命却高潮迭起。1917年二月革命，推翻了三百年诺曼诺夫王朝，建立了共和国性质的临时政府。十月革命，又推翻临时政府，建立了苏维埃政权。经过三年血战，苏维埃政权战胜了国内反革命叛乱和十四国武装干涉，重整破碎的山河，建立了一个令世人刮目相看的强大的苏俄。

孙中山密切关注俄国革命，捕捉来自俄国的每一条消息。他将俄国革命视作中国革命的参照物，比较研究中俄两国革命，反思辛亥革命，探索新的救国道路。其研究的成果，丰富、发展了三民主义，直接推动了上世纪20年代的国民革命运动，成了孙中山晚年政治思想的重要组成部分。

当然，由于孙中山从事革命的南中国与俄国距离遥远，西方列强和北洋政府为防过激主义蔓延，刻意封锁来自俄国的消息，歪曲俄国革命的真相，孙中山很难对俄国革命有一个全面真切的了解，其比较研究难免有失之偏颇的方面，这是我们在探讨时不能不注意的。

一、对辛亥革命成果的评估

1913年二次革命后，关于辛亥革命成果的判断发生了种种歧见。一些人认为辛亥革命来得太早了，一些人认为共和制度不合中国国情，应该倒退到君主专制制度。

孙中山从来没有怀疑过辛亥革命的必要性，但辛亥革命的成果到底是什么，他的认识却是动摇不定的。

1912年3月31日，孙中山出席南京同盟会会员之饯别会时说："今日满清退位，中华民国成立，民族、民权两主义俱达到，惟有民生主义尚未著手，今后吾人所当致力的即在此事。"4月1日，孙中山正式解除临时大总统职务。4月4日，孙中山在上海答《文汇报》记者问时说："政治革命今已告成,余更拟发起一更巨大之社会革命,此社会革命之事业不用兵力而用和平办法。"对社会革命的进行,即平均地权,发展实业。在30年后,使中国人民之幸福超过欧美诸国,孙中山也是满怀信心的。这不只是孙中山个人的认识,也是大多数同盟会会员的共识。

但是,袁世凯的独裁专制统治,使孙中山认识到政治革命的任务并没有完成。1914年,孙中山组织了反袁的中华革命党。《中华革命党章程》规定:"本党以实行民权、民生的主义为宗旨。""本党以扫除专制政治、建设完全民国为目的。"此时,孙中山认为辛亥革命的成果只剩下了一项,即推翻清朝,实现民族主义。

第一次世界大战期间,受民族自决思潮的影响,孙中山更对辛亥革命后民族主义是否完全实现产生了疑问。辛亥革命推翻了清朝,并没有推翻帝国主义对中国的压迫。

因为有以上种种歧见,对辛亥革命成果的研究就成了中国思想界的一大课题。当然,作为辛亥革命的领导者和中华民国的缔造者的孙中山,是最有发言权的。

就在孙中山最感困惑的时候,俄国革命爆发了。孙中山一向视俄国革命党为同道。俄国革命像一面镜子,使孙中山对辛亥革命的政治成果与精神遗产有了一种崭新的感悟。

1923年1月29日,孙中山完成《中国革命史》一书。全书分七部分,概述革命主义、革命方略、革命运动、辛亥之役、讨袁之役、护法之役,总结了中国革命33年的历程。孙中山称辛亥之役"为中国之大事,其得失利害,实影响于以后全体国民之祸福,不可以不深论也。此役所得之结果,一为荡涤二百六十余年之耻辱,使国内诸民族一切平等,无复轧轹凌制之象。二为铲除四千余年君主专制之迹,使民主政治于以开始。自经此役,中国民族独立之性质与能力屹然于世界,不可动摇。自经此役,中国民主政治已为国人所公认,此后复辟帝制诸幻想,皆为得罪于国人而不能存在。此其结果之伟大,洵足于中国历史上大书特书,而百世皆蒙其利者也。"

这是孙中山晚年对辛亥革命成果的最全面的论述。

在评估辛亥革命的政治历史价值的同时,孙中山从来没有忘记总结辛亥革命的丰富的精神遗产,那就是革命党人英勇奋斗、不怕牺牲的革命精神。他希望后继者能继承这种革命精神,为完成先烈未竟的革命事业而奋斗。

武昌起义前,同盟会领导过十次武装起义,最大、牺牲最惨烈的一次武装起义是1911年春的广州起义。1912年5月15日是广州起义一周年纪念日,刚刚辞去中华民国临时大总统的孙中山先生率各界人士十余万至黄花岗烈士墓祭悼。先生主祭并致祭文,于墓前亲种松柏十棵。以后六七年间,孙中山为国事奔走海内外,始终没有忘记七十二烈士的英雄业绩。1919年4月14日,孙中山布告海内外国人,募捐修建黄花岗纪功石坊。9月上旬复致函海外同志,希望赞助纪功石坊建筑工程。1921年12月,先生为邹鲁所辑《黄花岗烈士事略》作序。序言首先赞颂广州起义的历史功绩:"是役也,碧血横飞,浩气四塞,草木为之含悲,风云因而变色,全国久蛰之人心,乃大兴奋,怨愤所积,如怒涛排壑,不可遏抑,不半载而武昌大革命以成,则斯役之价值,直可惊天地,泣鬼神,与武昌之役并寿。"孙中山慨叹诸烈士不惜牺牲生命争取之三民主义五权宪法始终不获实行,深感责任重大,而"倘国人皆以诸先烈之牺牲精神为国奋斗,助予完成此重大之责任,实现吾人理想之真正中华民国,则此一部开国血史,可传世而不朽;否则不能继述先烈遗志而光大之,而徒感慨于其遗事,斯诚后死者之羞也"。

孙中山目击辛亥革命后,许多同盟会会员心灰意懒,失却原来的革命精神,有些人只想当大官,不想为党为主义牺牲的现状,深感振奋党员革命精神的重要。他在很多场合强调这一问题。如1923年10月15日在广州国民党恳亲大会演说:"要大家从今天起,把从前的牺牲精神再恢复起来。如果大家恢复了从前的牺牲精神,便不怕有什么难事,便不愁现在的革命做不成功。我们无论做什么事,只要问心无愧,凭真理去做,就是牺牲了,还是很荣耀,像黄花岗七十二烈士,打死孚琦的温生才,为主义去革命,成仁取义,留名千古,至今谁人不敬仰他们呢?就是千载之后,谁人不去纪念他们呢?"

孙中山每次对军人讲话,都勉励官兵要向辛亥革命先烈学习,继承他们为革命牺牲的精神。1924年6月16日,孙中山在黄埔军官学校开学典礼上发表演说,追述广州起义时,几百名革命党人敢于进攻五六万清军。武昌起义时,革命党只用几十个人去打两万多清军。"这种奋斗,是古今中外各国兵法中所没有的,只有革命历史中才有这种创例。""这种用一个人去打一百个人的本领,是靠什么为主呢?当革命军的资格,是要用什么人做标准呢?简单的说,就是要用先烈做标准,要学先烈的行为,像他们一样舍身成仁,牺牲一切权利,专心去救国。"

二、关于以党治国的思考

中国由几千年的君主专制制度向民主共和制度转型,必然引发剧烈的社会动荡。需要一个能顺应历史潮流的强有力的领导中心,来尽量缩短社会动荡的时间和减轻转型期的痛苦。同盟会和由同盟会改组的国民党是当时中国最先进的政党,但它不够强大,没有能够形成引导中国社会转型的权威中心。袁世凯的北洋集团是一股落后保守的力量,但它是强大的,又伪装拥护共和,因而能够取代孙中山,填补清朝垮台后中央权力的真空。

二次革命后,孙中山思考两次革命失败的原因,就是从探寻革命党自身的弱点入手的。

1914年4月18日,孙中山向南洋革命党人论述重新组党设想:"因鉴于前此之散漫不统一之病,此次立党,特主服从党魁命令,并须各具誓约,誓愿牺牲生命、自由权利,服从命令,尽忠职守,誓共生死。"为什么要党员宣誓服从党魁个人?孙中山解释说:"原第一次革命之际及第二次革命之时,党员皆独断独行,各为其是,无复统一,因而失势力、误时机者不少,识者论吾党之败,无不归于涣散,诚为确当。即如南京政府之际,弟忝为总统,乃同木偶,一切皆不由弟主张。"孙中山的组党主张,沿袭中国旧式秘密结社的一些习惯做法,引起了黄兴等一大批原同盟会骨干的反对,也削弱了孙中山对国内政局的影响力。1916年护国战争结束后,孙中山集中精力维护约法和国会,中华革命党的组织益形涣散。1918年,第一次护法运动失败。1919年10月10日,中华革命党正式改组为中国国民党,孙中山的建党活动由此进入了一个新的历史时期。中国国民党的建设总结自身发展经验的同时,还借鉴了俄国布尔什维克党的建党理论。

在中华革命党改组为中国国民党的同一天,孙中山发表了《八年今日》一文,纪念武昌起义八周年。文章回忆南京临时政府时期,"官僚之势力渐涨,而党人之朝气渐馁,只图保守既得之地位,而骤减冒险之精神,又多喜官僚之逢迎将顺,而渐被同化矣!以是对于开国之进行,多附官僚之主张,而不顾入党之信誓。三民主义、五权宪法,悉置之脑后,视为理想难行。甚至国民党二十年以先烈之血所沃成之青天白日国旗,亦不得采用,乃改为海军旗,而反以清朝一品武官之五色旗为国旗矣。此又何怪今日之民国,竟变成亡国士大夫之天下也。当时予以服从民意,迫而牺牲革命之主张,不期竟以此而种成今日之奇祸大乱也。呜呼!此诚予信道不笃,自知不明之罪也。倘能排除众议,独行其志,岂有今日哉!"

1920年5月16日,孙中山在上海国民党本部演说,论及武昌起义后说,"十二月间我到上海,有一种很可怪的空气,此空气为何,即是一般(班)官僚某某及革命党某某等人所倡言的革命军起,革命党消是也。当时这种言论的空气充塞四围,一倡百和,牢不可破。我实是莫名其妙,无论如何大声疾呼,总唤不醒。所以后来国民党的失败,都是在这句话上面"。孙中山认为革命党的作用是最重要的,"无论何时,革命军起了,革命党总万不可消,必将反对党完全消灭,使全国的人都化为革命党,然后始有真中华民国"。"诸君须知党事为革命源起事业,革命未成功时要以党为生命,成功后仍绝对用党来维持。所以办党比无论何事都要重要。"

11月4日,孙中山召集在沪同志,说明修改中国国民党总章及海外总支部的意义。他认为,建党的目的是为将革命的主义贯彻到底。"当初创造同盟会,我也抱着三民主义。不过当时同志鼓吹革命,全凭着一腔热血,未曾计划革命成功以后怎样的继续进行,怎样的完全达到我们的目的和主义。所以武昌起义成功以后,同盟会的同志就不能再往前做去,以致失败。武昌革命成功的快,原来也是出人意料的。一般同志都匆卒跑到政界去了,所以这革命的进行就未免半途而废。"同盟会改组成国民党后,"因一时拼命去罗致人才,以致内部十分复杂,中坚人物又冷了心,原来的革命党都退缩出来,所以结果就大大的失败了!"二次革命失败的原因,也是由于"袁氏统一,民党不统一"。

孙中山对同盟会、国民党、中华革命党的批评,切中要害。他要仿效俄国布尔什维克党,建立一个高度集中统一的革命党。1921年8月28日,孙中山致函苏俄外交人民委员齐切林,简要介绍了辛亥革命失败的情形:"1911—1912年,当时我的政治事业,在1911年10月开始并迅速普及全国的革命中获得了自己决定性的表现。革命的结果,是推翻了满清并建立了中华民国。我当时被选为总统。在我就职后不久,我便辞职让位于袁世凯,因为我所完全信赖的一些朋友们,在当时比我对中国内部关系有更确切的知识,他们以袁世凯得外国列强信任,能统一全国和确保民国的巩固来说服我。现在我的朋友们都承认,我的辞职是一个巨大的政治错误,它的政治后果,正像在俄国如果让高尔察克、尤登尼奇或弗兰格尔跑到莫斯科去代替列宁就会发生的一样。"孙中山在信中表示:"我希望与您及莫斯科的其他友人获得私人的接触。我非常注意你们的事业,特别是你们苏维埃的组织,你们军队和教育组织。我希望知道您和其他友人在这些事情方面,特别是在教育方面所能告诉我的一切。像莫斯科一样,我希望在青年一代——明天的劳动者们的头脑中深深地打下中华民国的基础。"

1923年1月26日《孙文越飞联合宣言》发表,孙中山开始实施联俄政策。在苏联顾问的指导下,改组国民党的各项工作加速进行。10月16日,孙中山在党务会议发表演说:"俄国革命六年,其成功既如此伟大,吾国革命十二年,成绩无甚可述。故此后欲以党治国,应效法俄人,首须立远大之眼光,不可斤斤于目前之小利。"

12月9日,孙中山在广州大本营对国民党党员演讲:"吾党此次改组,乃以苏俄为模范,企图根本的革命成功,改用党员协同军队来奋斗。"

1924年1月,中国国民党第一次全国代表大会在广州举行。《一大宣言》说:辛亥革命"虽号成功,而革命政府所能实际实现者,仅仅为民族解放主义。曾几何时,已为情势所迫,不得已而与反革命的专制阶级谋妥协。此种妥协,实间接与帝国主义相调和,遂为革命第一次失败之根源。夫代表当时反革命的专制阶级者实为袁世凯,其所挟持之势力初非甚强。而革命党人乃不能胜之者,则为当时欲竭力避免国内战争之延长,且尚未能获一有组织、有纪律、能了解本身之职任与目的之政党故也。使当时有此政党,则必能抵制袁世凯之阴谋,以取得胜利,而必不致为其所乘"。

第一次全国代表大会仿照俄国布尔什维克党的榜样,将中国国民党改组成为有统一纲领、统一章程、统一组织、统一纪律的,用民主集权制原则组织起来的革命党。

三、关于党军体制的建立

对革命党与军队的关系的认识,孙中山一生经历了几次大的转折。

辛亥革命前,孙中山为同盟会拟定的革命方略,将军队定位为实行三民主义的工具和巩固民国政权的支柱。辛亥革命南北统一后,孙中山主张建立以对外为主的统一的强大的国防军,强调军人不干政。南京临时政府所辖军队大部遣散,存留部分则交给北京政府陆军部统一编制。二次革命,孙中山只能利用受国民党影响的少量军队。护国战争结束后,孙中山以破坏既终,建设方始,革命名义,已不复存,命中华革命党停止一切党务,中华革命党组织的反袁武装力量则予以遣散。护法战争开始后,孙中山依靠军阀武装,屡遭失败。对比十月革命成功的经验,总结历次失败的惨痛教训,孙中山深感军队的重要。

孙中山以为,俄国革命之所以能迅速成功,是因为布尔什维克党建立了一支强大的革命军。俄国军人皆有主义,有目的,故能与工农联合改造国家。三数年内,卒将内乱外患次第戡定者,因军队全属党人故也。中国辛亥革命后,没有革命军继续革命党的志愿。虽然破坏成功,建设是不能成功。以后要建设成功,便要有革命军发生。

孙中山接受苏俄之建议与帮助,创建了有名的黄埔军官学校。1924年6月16日,黄埔军校举行开学典礼。孙中山讲演,再次阐述俄国革命成功的重要原因,是有革命军做革命党的后援。中国革命屡遭失败,"就是由于我们革命,只有革命党的奋斗,没有革命军的奋斗,所以一般官僚便把持民国,我们的革命便不能完全成功。"孙中山说,开办黄埔军校的目的,"就是要从今天起,把革命事业重新来创造,要用这个学校的学生做根本,成立革命军。诸位学生就是将来革命军的骨干。有了这种好骨干,成了革命军,我们的革命事业便可以成功。如果没有革命军,中国的革命永远还是要失败。所以,今天在这地开这个军官学校,独一无二的希望,就是创造革命军,来挽救中国的危亡"。

为了从制度上保证党军的性质,孙中山在苏联军事顾问的帮助下,为黄埔军校引进了苏俄红军的政治委员制度,任命了党代表,还在黄埔军校建立了国民党的基层党组织,组建了政治部,开设了政治课程。党代表和政治部是中国军队建设史上前所未有的新事物,是革命军区别于其他一切旧式军队的最根本的标志。这里培养的学生成了组建党军的骨干。

四、政治动员方法的改进

辛亥革命前,孙中山十分重视政治动员,亲自领导了革命党与保皇党的论战。三民主义成了最有力的动员口号。同盟会成立未久,发刊《民报》鼓吹三民主义,遂使革命思潮弥漫全国。武昌起义,全国响应,不数月而十五省光复,革命宣传功不可没。

孙中山总结国民党宣传工作的成败得失,他说:辛亥革命未成功以前,"吾等非不从事于宣传,但当时宣传方法,皆是个人的宣传,既无组织,又无系统,故收效仍小,故可谓之'人自为战'的宣传。至武昌起义以后,则连人自为战的宣传,亦皆放弃而不肯做。人人皆以为革命已经成功,皆停止奋斗。"国民党只靠少数上层领导周旋于政客与军阀之间,靠单纯的军事行动与政治密谋推动革命,完全无视工农大众的革命潜力,只将他们视作无知无识的群氓。

1923年12月2日,孙中山在邓泽如等人的上书上批示:"俄国革命之所以能成功,我革命之所以不成功,则各党员至今仍不明三民主义之过也。"为了使广大党员和工农兵群众明白三民主义的道理,为三民主义而奋斗,孙中山进行了巨大的动员与组织工作,以宣传革命主义。

孙中山说:"党的进行,当以宣传为重。宣传的结果,便要招致很多好人来和本党做事。宣传的效力,大抵比军队还大。古人说:'攻心为上,攻城为下。'宣传便是攻心。又说:'得其民者,得其心也!'我们能够宣传,使中国四万万人的心都倾向我党,那便是大成功了。我们从前本手无寸铁,何以会革命成功呢?就由于宣传得力。革命以后,大家有了军队,有了政权,以为事在实行,不必注意宣传。岂知革命成功,就只有宣传一道。可惜大家都忘记了,现在我们要反省才好。"

孙中山注重主义的宣传,得自于辛亥革命的历史,也得自于俄国革命的启发。"俄国五六年来,革命成功,也就是宣传得力。它的力量不但及于国内,并且推及国外。前回英国与俄国订约,约内有一条订明不准在英国内宣传,足见宣传之力无可抵制,只好订为条件。英国军力、财力均可对付俄国有余,只有宣传无法对付,足见宣传这种武器比军队还强。"

为了加强宣传工作,中国国民党第一次全国代表大会专案审议出版及宣传问题,成立了宣传审查委员会,并在中央执行委员会下设宣传部,部长为中央执行委员戴季陶,代部长为候补中央执行委员毛泽东。1924年6月29日,中国国民党宣传讲习所开学。孙中山在开学典礼上发表演说:"如果我们没有宣传的奋斗,那末,我们用枪炮奋斗的结果便不能够保持,这就是十三年来革命失败的重要原因。我们这一次革命,想要补足从前的缺憾和从前的过失,故今晚便开这个宣传讲习所,想各位同志在这个讲习所学得多少知识,然后更将所学的心得,向民众去宣传。"

孙中山先生本人就是一个伟大的革命宣传家,他走遍大半个地球和大半个中国,所到之处,都要利用各种场合,不厌其倦地宣传三民主义、五权宪法。到了晚年,他又从苏俄引进了许多动员群众的方法,用革命主义武装党员和工农兵,对推动国民革命运动的高涨起了难以估量的作用。

(2009年4月7日)

成长·成才·成功

■孙祁祥

[演讲者小传]

孙祁祥,女,北京大学教授,博士生导师,享受国务院政府特殊津贴专家。现任北京大学经济学院副院长兼风险管理与保险学系主任、北京大学学位委员会应用经济学分会副主席、北京大学中国保险与社会保障研究中心主任、中国金融学会学术委员会委员、中国保险学会常务理事、教育部高等学校经济学类学科专业教学指导委员会委员、美国国际保险学会学术主持人、亚太风险与保险学会副主席、美国哈佛大学访问学者。曾经获得"北京大学最受学生爱戴的十佳教师"称号。

主持人:

各位同学晚上好,欢迎大家参加这场由团委讲座中心主办的"燕园韶华"迎新系列第一场讲座。今天我们很荣幸地请到了经济学院的孙祁祥老师做一场以"成长、成功、成才"为题的讲座。孙老师是我校经济学院的博士生导师,享受国家特殊津贴,是"北京大学最受学生爱戴的十佳教师"之一,现任北京大学经济学院副院长兼风险管理与保险学系主任。现在就让我们以热烈的掌声欢迎孙祁祥老师为我们演讲。

孙祁祥老师:

说实话,作为一名老师,能够受到学生的真挚邀请来做演讲,我感觉是一个很大的荣幸。虽然很忙,但在绝大多数情况下,我还是很乐意接受邀请来和同学们进行交流的。

我听校团委的同学说,我们这一场讲座主要是针对新生的,因为你们刚进入燕园,可能对这个新的环境有些陌生,想听一听"过来人"是怎么过来的,有些什么体会。我是一个从学生到老师的"过来人",特别是在北大待了也快二十年了,教了很多届的北大学生。从自己做学生、当老师的体验中间,以及在我跟北大这么多届学生的交往中间,也有一些体会、一些感想。我想校团委主办这场讲座的目的,也是想给同学们这样一个机会,让同学们感受一下校园的氛围,特别是听"过来人"讲一下切身体会,这样可能会少走一些弯路,减少一些迷茫。我不知道今晚的讲座能不能达到这样的目的,我试着来。

我想利用这个时间,结合自己的亲身体验和经验,给大家讲三个方面的问题。因为我是经济学院的老师,是学经济学出身的,那我在讲体验的时候,可能会更多地与经济学联系起来。

第一,打好三个基础。

作为一个学习经济学的学生,或者是将来想转入经济学的学生,这三个基础非常重要。

第一个就是经济史学。经济史学我们知道有两条主线,就是经济发展本身的历史,还有就是研究经济的思想学说史,这两个方面在我们经济学院都有课程。那么,为什么要学习经济史学,而经济史学在我们经济学中间为什么这么重要呢?经济学大师熊彼特曾精辟地说过,经济学的内容实际上是历史长河中的一个独特的过程,如果一个人不掌握历史事实,不具有适当的历史感,或者是所谓的历史经验,他就不可能指望理解任何时代包括当前的经济现象。他还说:"我相信目前经济中如果犯了根本性错误,大部分是由于缺乏历史的根基。而经济学家在其他方面的欠缺倒是次要的。"

我们经常会讲到历史是惊人的相似,那既然是惊人的相似,了解历史上出现的一些现象,对于我们了解当前的经济现象都会很有帮助。我们也知道"以史为鉴,可以知兴衰";历史之流,现实之源。可见,学好经济史学,对学经济学的学生非常重要。

第二个是数学。在经济学院学习的学生,将来也要学很多数学的课程,包括高等数学、线性代数、概率论与数理统计等。如今经济学的现象分析会用到很多数学知识。当然,在历史上,我们去翻阅经济史,关于数学在经济学上的利用是有很大的分歧和争论的。因为有很多的经济学家实际上并不看重数学。记得我们当时学经济学的时候，虽然也开了数学课程，但没有现在这么多。在马克思的《资本论》中，他主要是运用质的分析比较多，量化的东西相对来说比较少。传统的马克思主义经典经济学中，人们把当时专门用数学或者是数学的分析方法来研究经济的学者称作庸俗经济学家，认为他们搞些模型，只会用数学分析工具。

现代经济发展这么多年以来，我们可以看到，数学的确是一种分析工具，我们常常用数学的方法来研究经济学，使分析的过程和分析的结论更加直观、更加精确。当然，现在也有一种为人们所诟病的现象，那就是为模型而模型，为数学而数学，有些人擅长或者喜欢写一些很多人都看不懂的经济数理分析文章，这也是需要防止的一种倾向。但是总的来说，数学方法在经济学中的应用是大趋势，是一个非常重要的基础分析工具。

第三就是英文。我想可能大家都会觉得：孙老师，英文这个不用你来强调。我们从小学甚至从幼儿园开始就已经知道英文的重要性了。你们的父母可能在你们还咿呀学语的时候就把你们送到了某一个班，你们从那时开始就学 ABC，就学很多很多的词汇。但实际上也有一些同学，他们并不了解，一种语言的学习，特别是英语学习对于我们而言是非常重要的。

我记得有一年迎新的时候，作为系主任，我致完欢迎辞后，请学生们用英文做自我介绍。大约十几位同学介绍完之后，有一个男生站起来说："孙老师，我们都是中国人，为什么要说英文呢？"他很坦率。我说，英文很重要，我是想用这样一种方式告诉你。之后，他很不情愿地用英文作了介绍。等到四年后的毕业晚会上，这位男生说："我还记得四年前进入北大，孙老师让我们用英文介绍我们自己，我当时说的那些话让我特别内疚。我现在要特别感谢孙老师。因为我觉得英文真的是太重要了。"他后来读了研究生，之后进入一家很著名的外企工作。他通过他的亲身实践和体验由衷地感受到了在全球化的今天，无论是对外经贸往来还是学习交往，乃至接人待物，英文都非常重要。

为什么英文重要？大家知道，现在世界上大概百分之七八十的文献或者是其他的信息载体都是用英文来进行的。如果你英文的程度、能力和水平好的话，那么在其他条件相同的情况下，你获得机会的概率就比别人要高。前两天有一个老总给我打电话，说他现在想招一个秘书，问我能不能给他物色一个。我问有什么条件,他说男性。我说你这不是性别歧视么?他说:"你也知道,我经常出差,带一个女秘书多不方便啊?"我说,对的,我理解。他说第二就是身高这些方面都好一点,这也是歧视,但是这也涉及公司对外形象,没有办法。第三,英文要好。他说:"因为我这是个外企,每天接触的所有文件都是英文的,电话、邮件也全都是英文的。我说我非常理解。这就是实例。

以上是我讲的三个基础,根据经济学专业的要求要打好的三个基础。一个是经济史学,一个是数学,一个是英文。下面我讲第二个大问题,就是要坚持的五个原则。

第一,学会放弃。如果在座各位在高中期间学过经济学基础知识,你们就知道,经济学是一门关于选择的学科。人的欲望是无限的,但资源是有限的,所以我们要在无限的欲望中间通过某种方式做出一个合理的、最有效率的选择。经济学有个很重要的概念叫"机会成本",你做这件事情,你就不能同时做另外一件事情,因为时间是有限的。比如说今天晚上你到这来听孙老师这个讲座,你是不是就不能去看一场电影,或者不能去和朋友聊天,或者不能去教室里去上自习啦?你不可能在同一个时间段里面去做无数的事情。也就是说你做这件事情,你就不能同时做另外一件事情,那么做另一件事情可能获得的收益也就是你做这件事情的成本。对不对?如果说你觉得孙老师这场讲座对你来说有意义,而你放弃的那件事情收益是很小的,那么你的机会成本就是很小的。但如果说你放弃的那件事,比如今天晚上一个男孩要和一个女孩子约会,那女孩子说:"你要是今天晚上不来和我约会,咱俩吹!"(笑声)那这件事就很重要了。你来听这场讲座,但那边吹了,那你的机会成本就很大。不过还是要看你怎么去想了。比如你觉得孙老师这场讲座对我今后四年特别有意义,能改变你的人生,能找到一个比她更好的女朋友,(大笑)可能你的机会成本就是很小的。机会成本实际上是衡量你本人的一个价值取向,也就是你的偏好,受你所具有的信息等诸多因素的影响。

那么,为什么要学会放弃呢?因为事情很多呀!你考到北大来,从某一个城市到了北京,才知道北京原来这么大,到了北大才知道原来北大的燕园这么美,到了经济学院或者其他学院才发现原来有这么多的事情可以做,那就开始做吧。于是你就又上课,又做学生工作,又做志愿者,又做家教,还有其他许多事情。一年以后发现,我做了很多很多事情,但一件事情都没做好。看课程,GPA很低;做学生工作,同学们抱怨服务不到家;做志愿者,人家说心不诚,因为该你去做的工作你老说事情多做不了;做家教,让你七点钟到,八点半才到,因为又被别的事情耽误了。你会发现很多事情你想做都没有做好,因为太多了,你什么都不想放弃,结果呢?你可能什么事情都没有做好。

当然有的人可能效率特别高。我们经常发现这样的一个情况,比如说两个人同时做事情,并且做相同的事情,有的人所有的事情都能做得很好,有的人可能每件事情都没做好。这就有能力方面的问题。但总的来说,人的精力、时间是有限的,你一定要学会选择,学会放弃,这一点对于刚入校的学生来说特别重要。因为很多在北大待了一年两年甚至三年的学生,他们后来跟我说到这个事情的时候,会非常悔恨地说:"我当时进入燕园,不知道我应该选择做什么,因此就什么都做,做了以后我才发现什么都没做好。"这是我们许多过来的同学的体会。

第二个原则,不轻易随大流。这个事情说起来容易,做起来可能不容易。这些年有很多学生,包括我自己带的研究生,他们说我考G,考托,考这考那。我问你是想出国吗?他们说也不是,没想好。我说那你为什么考呢?他们会说,因为别人都在考。我说别人都在考,你就一定要考么?他们说,别人都有这个成绩我要没有的话就觉得好像我挺傻的。我说,傻就傻呗,你干吗一定要人家说你聪明呢?你自己感觉怎么样是最重要的,对吧?我发现很多学生,特别是我们北大的学生,在做一件事情的时候,未必是他自己想做的,但是因为我周围的人在做,我宿舍的同学在做,我们班的同学在做,所以我就要去做,至于做完以后,效果怎么样,结果怎么样,对我的学习和职业生涯的成长重要与否倒在其次。

我是想结合我自己的亲身经历来说这件事。我从小到大,基本上是一个不随大流的人,当然,不敢说所有时刻都是这样。我也跟同学们一样,有个天真烂漫的童年。(笑声)那个时代,我们小姑娘都喜欢买那种勾花,小伙伴都在勾,一个勾得比一个好看。我就对我妈说:"妈,你也给我买钩子和线吧。她问我"你喜欢么"?说实话,我在这方面没有太多天赋,我并不太喜欢。我妈说那你为什么要勾呢?我说人家都在勾啊。她说人家都在勾,你不喜欢,你干吗要去做那个呢?我父母都是军人出身,属于严父严母那种类型,对我的要求很严格,但是却很开明,我们兄妹想学什么他们都非常支持。但是,如果你做某事的原因是因为别人在做,那他们就劝我们别做。我妈妈对我影响最大的一句话就是"不要去跟别人比"。因此,我这个人的优点之一是不跟别人比。有人说谁有钱了,谁做官了,你应该怎么样,你应该超过谁谁谁,我根本就不去想那些事。有些同学总来问我年轻的秘诀,我说不跟别人比是一个重要的秘诀,因为别人成功有他客观和主观的原因,有机遇和准备,而你的自我估价不一定准确,别人成功的事情你做未必很成功,你非要和人家比活着就很累了。你应该去做你喜欢做、经过努力能够做到的事情,这样你会很潇洒地学习和工作,感觉学习和工作是美好的。我是一直坚持这样一个原则来做人做事的。

我上研究生的时候,也有很多同学出国、考托等等。但实际上呢,你说我想不想出国?也没有说不想。你说我喜不喜欢英文?喜欢,实际上我是很喜欢语言的。别人就问我那你怎么都不考?我说考试的机会成本太大,考试要花很多时间去做那些应试的东西,没什么太多用的。

我上博士的时候有个美国人教我们英文写作。有次上完课后她问我,你们同学好多都跟我来说他们想出国,但是你从来没和我说过,你不想出国么?我说倒也不是。我说到国外去看看、长长见识也挺好的。她说你从来没跟我谈过,我说是,我不但没和你谈过,我也没考过任何这样的试。她说,那为什么呢?我说如果要是有机会我还是非常愿意出去的。她说你要是愿意出去,我非常愿意给你写推荐信。她后来回到美国。即使这样,我也一直没有考过试,没有考过任何的英文方面的这种资格考试,但实际上直到现在,我仍然很认真地、持之以恒地在学习英语。我的同事经常开玩笑地对我说,你从来没有参加过英文考试,但你现在恐怕是出国交流最多的学者之一了。再比如,有人跟我说,孙老师啊,现在像你这样年龄资历的人都会开车,你不想学学车啊?你看开车多帅啊!不开车多土啊!你看将来到哪里去别人都开车去,你只能打车去,多掉价。我说我不怕掉价。我真的不会觉得打个车会掉什么价,而我想学车的原因是因为别人都在开车。我干吗要按照别人的都有的东西来要求我自己呢?将来别人都有驾照,我没有还显得我特立独行呢(笑)。

我讲这些例子的目的就是说,做事情千万不要说别人做什么你就跟着去做，应做你自己喜欢做的事。我在儿时，没有去学勾花，我妈妈说你喜欢干什么我支持你。我想学音乐我妈就去买二胡，学了没两年不想学了，就买了把小提琴。后来我哥对我妈说你别给妹妹买这些东西了，她只有三分钟的热度，干什么事情都没有一些持之以恒的精神，多浪费钱。我爸妈说小孩学一些什么东西去玩，又不一定要成为什么家，喜欢就好，做自己喜欢做的事情。不过，二胡我早就不知道扔到哪里去了，小提琴还在，但琴弦二三十年前就没了（笑声），可能作为一个古董，还是有纪念意义的。这就是我想讲的第二个问题，不轻易随大流。

第三个原则就是开阔视野。视野这个东西，我觉得特别特别重要。比如很多新生到了学校以后，他会很迷茫地说我不知道该怎么学习，坐在课堂上听老师讲课，与同学交流，在图书馆、上网查资料……这就叫学习么？这只是学习的一种方式，学习是多方位的，有多种途径的。在北大，我觉得拓展你思维的最重要的一个途径，就是听各种有益的讲座。

我一直跟我的学生说，你一定要学会利用讲座这种方式去提高你的综合水平，拓展你的知识面，开阔你的视野。据我的观察，有深厚理论功底的或者是有实践基础的这样一些大师级的人物，他们在一两个小时的时间里，用简洁的语言展示他们丰富的人生经历，向你传递他们的人生智慧和深邃思想，你想想这是多么好多么快捷的接受知识、开阔视野的方式啊？可是我们很多同学不知道利用这个方式和途径。我经常和经济学院的同学说，我们也组织了一些很好的讲座，比如外国大使眼中的中国经济等。但有的学生你让他去听讲座，他觉得用处不大，因为可能与GPA没有直接关系。但事后听他的同学说了以后感到真后悔。那个时候他在干吗呢？可能在未名湖旁边拿着一本书在念单词，可是这场讲座可能正好是用外语讲的。你要是听两个小时的讲座不比你在未名湖旁边背两个小时的单词效率高得多吗？因此，我经常跟同学说：要选择性地多听听讲座。

我前两年看了一个电视节目"挑战主持人"。当时看的时候是两个挑战者最后进入PK阶段，主持人马东说：你们这一场的题目是"世界烹饪大赛"，作为主持人，你们现在要介绍这个烹饪大赛的嘉宾以及厨师和端出来的各种菜的菜名。等马东把这个题目布置下去以后，这两个主持人就开始了。他们的做派非常好，因为他们经过这种训练，他们的举手投足也有点像主持人的样子，满脸带笑，手势也非常规范，但是他们说的是什么呢？一位主持人说，"你看现在五号厨师出来了，他手里端着一盆京酱肉丝"。另一位主持人说，"你看六号厨师现在也出来了，他端着一盆猪肉炖粉条"。她们所说的许多菜名都跟我们学校餐厅里提供的是一样的（笑声）。马东开玩笑说："这可是世界厨艺大赛呀，怎么都是这个'猪肉粉条'、'京酱肉丝'之类的餐食呀。"我当时就在想，这些学生没有吃过鲍鱼、鱼翅等高档菜肴啊。既然如此，她们当然报不出这些菜名了。这就是一个眼界问题。为什么我们说刘姥姥进大观园，她看什么都新鲜，贾府的那些东西我们在座的同学可能不稀罕看，可是刘姥姥没有看过呀。这就是为什么说眼界非常重要的理由。而眼界这个东西就是靠平常各种机会，包括讲座等各种获取各方面知识的渠道来积累的。我们讲"见多识广"，见多识广以后，对于你的学业、你的人生经历等都是非常有帮助的。所以大家要利用、抓住机会增长你的见识，开阔你的视野。

第四个原则是要掌握正确的学习方法。学习方法是非常重要的。我们平常讲"事半功倍""事倍功半"等这些话。有些人可能效率非常高，有些人效率非常低，有的是和他的智商水平有关，有的是和学习方法有关，当然也跟我们老师传道授业解惑的方式有关。我现在在经济学院负责教学这块工作有六年了。这六年我非常非常强调我们老师在传授给学生知识这方面运用正确方法的重要性。前两年，我们北大搞教学改革，我也代表经济学院去讲了我对教学改革的一些看法和认识。

外面也有很多公司跟我抱怨过学生的能力问题。比如说，他们抱怨我们学校的学生走向社会以后，动手能力很差，好高骛远，眼高手低等等。在这种情况下，我往往要在合适的场合，一方面检讨我们教学方面的问题，另一方面要强调大学教育的特点。大学教育与公司培训是两个不同的层次，也就是说我们在大学里所学习的一些东西不能跟我们在公司培训中学到的东西是一样的。如果这样的话就没有必要办大学了嘛。大学强调的是一个 why 的问题，而公司培训强调的是一个 how 的问题。

我强调在给学生传授知识的时候，更重要的是传授一种学习方法。"授人以鱼，不如授人以渔。"大家都知道这样一个道理。你教给他一种学习方法，就如同给他一把钥匙，他自己就能够在他的岗位上继续学习。

第五是日积月累，这很重要。你们千万不要认为学习就是我只要把课堂上老师给我讲授的那本书学完就好了。因为教科书上讲到的很多东西,在现实的经济生活中会有对应的一些案例及对应的很多宏观的数据,这些东西也需要你有意识地去记一下。如果你脑子空空如也,就那几个模型,没有任何鲜活的数据和鲜活的经济事实,就很难让你对一些问题产生联想和思考。而这些东西是怎么来的呢?就是靠日积月累。所以,这一点很重要,我希望同学们在今后的学习中特别注意。当然我讲的是经济学,你学其他的学科也一样有这个特点。

这是我从学科的角度讲的要坚持的五个原则。

第三个大问题,我想讲一下培养六个方面的素质和品德。我觉得这对于你们成长、成才、成功非常重要。

今天讲座的题目叫做:成长、成才、成功。当校团委请我做这场讲座时,我就给了这么一个题目,这也是去年剑桥大学跟国内的几所大学联合举办的一个讲座上我给出的题目。结合我自己的体会和生活感悟,我认为以下六个方面的素质和品德对于成就你们的人生非常重要。

第一,要有一颗感恩的心,感激生活。

我们都有父母、朋友,都有亲人、同学。我不知道你们在成长的过程中间,你们对父母的付出持一种什么态度。我接触过很多小孩,特别是现在的孩子,他们中有一些对父母的付出抱着一种理所当然的态度。他们觉得父母生养我是他们要生我,又不是我自己要出生的。(笑声)他们生了我就有养我的义务。但想想看,我们对父母真的应当持有一颗感恩的心。没有他们,我们不可能来到这个世界,来享受这一切。当然在享受的过程中间,我们肯定会有一些挫折甚至苦难。

讲讲我自己的经历吧。在"文革"期间,我父亲是走资派,加上爷爷还是地主,当时很受歧视。小朋友在一起一吵架,别人就会说你出身不好。上中学的时候,我最怕受表扬,为什么呢?因为班主任很喜欢我,但她也是地主出身,她怕表扬我别人会说她,所以每次表扬我的时候,她都会说"孙祁祥同学虽然出身地主,但是,怎么怎么地"。我上学时,个子比同龄人都高一些,总是坐在最后一排。每到这时,同学们就都回过头来看着我,这种"表扬"其实很让我受伤。实际上,我出生于革命家庭,父亲是三八年参加革命的老干部,但那个年代是特别讲究阶级出身的,讲祖宗三代。我那个时候年纪小,这种心灵上的创伤感觉还是非常大的,恨不得自己也是工农子弟。说是这么说,从小到大,我都非常感谢父母对我的教育和关怀,尽管军人出身的他们是很严厉的。

对我周围的人,包括我们家的小时工我都特别感谢。有人就说那你为什么这么感谢她?我说没有她的话,很多事情就得自己做啊。那你不是支付她工资么?我说是支付她工资,但她也帮我做了很多事情,节省了我大量的时间。如果没有她的话,我还得去做这些事。所以说我希望我们同学也要有一种感恩的心,对你的父母,对你的家人,对你的朋友,对你的同学,都要心存感激。这是我讲的第一个品质。

第二,懂得欣赏,长于学习。

"三人行,必有我师焉。"大家都知道孔子的这句话。我不知道你们会怎么看待你们的同学的长处。我看别人优点的时候会比自己的优点看得多。看别人优点的时候你应发自内心地欣赏并努力把这个优点学下来。你看别人的时候如觉得哪些是缺点,是你不喜欢的,那你也可以反思这在我身上存不存在,如存在就想法把它给克服掉,这样不就能够很快地成长进步吗?

我常说,我们要懂得学习,学习我们周围的人的长处。我们北大的学生都非常优秀,但山外有山,天外有天,你不要拿你的长处去跟别人的短处比,而要看别人的长处,这样你会像海绵一样去吸收别人的长处,不断地充实自己,不断地完善自己。我讲的这一点,就是说"尺有所短,寸有所长",要善于向别人学习。在看到别人短处的时候,则告诫自己,尽力克服它。

第三,坚忍不拔,持之以恒。

我看过一个有关比尔·盖茨的故事。讲他十三岁的时候,有一次一位牧师到他们那儿讲学,牧师就让那些小朋友背诵《圣经》里面的几段话,其中有一段连牧师布道的时候都背不下来,只能念下来。他给了这些学生一个星期,说你们去看一看,看看能不能背下来。一个星期以后,牧师再回到这个学校,盖茨说:"我来试试吧,看能不能背出来。"他背出来了,一字不落地背出来了。牧师感到非常奇怪,他说:"我这一生中讲《圣经》讲了这么长时间了,没有见过一个人能把这一段背下来。你怎么做到的呢?"比尔·盖茨说:"我竭尽全力。"比尔·盖茨成为世界首富已经连续十五年了,他辍学经商的经历大家都知道,他是怎么创造如此大的一个商业帝国?这跟他的个人品质中间的坚忍不拔这一点是有直接的关系的。坚忍不拔这个品质在成就人的事业中非常的重要,这点可以从比尔·盖茨或者更多成功人士的成长经历中看到。

有人说过快车和慢车的区别,很有些道理。说慢车为什么慢?并不是速度上不去,而是因为它老停靠站。而快车为什么快,倒不是因为它的速度快,而是它停的站少。那么,"停站太多"在我们人生的追求中就是指,我们心有旁骛了。我们做事情要心无旁骛,不要有太多的杂念,一心一意地去做一件事情,就能把事情做好,做到极致。所以,我希望我们的同学在学习和未来的职业生涯中间都具有这样一种品质。

第四,关注细节,追求卓越。

"细节决定成败"这句话我想大家都知道。但是怎么决定成败大家不一定都清楚。可能你们人生阅历中这方面的经验还是少一些。我给大家举几个例子,就是从我个人的性格或者说处事的方式上来说明。今天下午有一个学生来看我,他问我在忙什么,我说准备给新生做一个讲座,他说:"太好了,孙老师。你去做讲座,一定要给他们讲你当接线生的故事,因为这个故事不仅激励了我也激励了很多人。"这故事表明了什么呢?就是说我这人做事比较认真,追求细节,我希望在我的能力范围内,把事情做到最好。

这个故事就是说我当年下乡四年后抽调回城,在我们那个地方的电信局当电话接线员。我们话务班的女孩子比我幸运,因为她们没有下乡,而是直接招工就进入了话务班。她们对这份工作可能没有很觉得是一回事,但我当了四年知青,有了这个工作我很珍惜。当然,也是我的一个特点,就是希望做什么事情都尽量能做得很好。我发现我师傅(当时都有师傅带着)接线的动作特别地优雅,所以我就特意观察并学习我师傅的规范动作。还有就是我在很短的时间里就把市区各个单位的电话号码都背下来了,因为这样就不用每次都去查电话号码了,由此提高了接线效率。结果是,没想到我在话务班工作了不到一年,就因工作优秀而被抽调到电信科以工代干。一年以后,又因工作出色而到局里的政工处以工代干。

但我还是想上大学,于是 1979 年我考到了兰州大学。我上大学的时候别人都说:你为什么要上大学?你有那么好的工作,别人都是梦寐以求的,你还要辞掉这么一份工作去上大学。我说:没别的,就是想读书。现在回过头来说,我那个学生为什么说接线生的故事那么激励他呢?他说就是因为你认真工作不是为别的,而是要把这份工作做好,在做好的不经意中,便"无心插柳柳成荫"。因为在一开始,我得到一份接线生的工作已经非常满意了,根本没指望到科里后来到局里的政治处去做干部。这一切完全是因为我努力做好了这份工作,追求完满所带来的结果。

  我的同事、朋友说我做事很认真,我感觉这是一种本性,也就是说做事认真不是因为有人在看。我再给大家举个例子。我当时上大学的时候,两节课以后做课间操,你做不做都无所谓。大部分同学在做操,但都很随便,而我做的时候则特认真。有一天,做完操以后,一个女生突然走过来问我,"同学,你是哪个系的?"她可能觉得这么问有些冒昧,于是主动说:"我是外语系的,我观察你好多天了,你做操好认真哪!你是不是体育系的?"(笑声)我说不是,我是经济系的。她说:"这么多人在做操,我没见一个人像你那么认真。"我说:"既然做操就是为了锻炼身体,做得不好就达不到锻炼效果呀?"(笑声)。我下乡的时候,不管是插秧还是割稻子,我都希望我的动作像农民一样。

  有些同学看到我的简历知道,我去哈佛学习过一年。之前真没有梦想过,但我遇到了一个天赐良机,幸运地进入哈佛这所神圣殿堂。而这个机会则完全来自偶然。那天我应邀参加北大中国经济研究中心的一个会议,中午吃饭的时候,恰好与美国国家经济研究局的局长马丁·费尔得斯坦先生坐在一起,边吃边聊,聊着聊着就进入我们俩都关注的社会保障和保险问题。这是我的专业,而又是马丁来中国想着重考察和研究的问题。在此之前我并不认识马丁,那是第一次和他交谈,他问我中国市场怎么样,保险和社会保障情况等,我都一一做了回答。之后,他好像很不经意地问了我一句:你英文很好,出过国吗?我说我曾经在印第安纳大学商学院做过一年的访问学者。当然,有机会的话,我也非常希望能够去哈佛学习。他说,那我邀请你。很快,他真的就给我发来了邀请函,就这样我去美国经济研究局和哈佛大学做了一年的访问学者。之后我才知道,费尔得斯坦先生是哈佛大学的著名教授,曾做过里根总统经济顾问委员会的主席,兼任美国国家经济研究局的主席,是当时社保界的一个旗帜性的人物。得到这位大人物的邀请,是我的幸运。但就像我的许多朋友说的,如果你英语尤其是口语不突出、专业不精通,自己没有这个能力,幸运之神也不会降临到你的头上的。

第五个方面我想说的是,履约责任,一诺千金。做人一定要有责任感,你承诺的事情一定要去做,不管代价是什么。有时候说实话,我感到我们有一些学生,有一些人在这方面不是很注意。但是如果你做事没有责任感,让人不放心的话,你很难交到真正的朋友,你也会丧失掉许多机会。因此我觉得这一点特别的重要。

给大家举一个例子,有人甚至说我很傻。大家都知道好多年前张艺谋曾经导演过一个歌剧,叫《图兰朵》。我有一个朋友在国外的一家大公司工作,她说她的老板和她请我看这场歌剧。我一听说时间就说我不能去,她问为什么。我说我事先跟别人约了一个事情,就在同一天的晚上。她说,你要知道,这可是最后一场,今后不会再有了。我说我真的特别想去看,可是我跟人家约了一个事情。一个什么事情呢?实际上说起来呢,也不是多么大的事情,就是当时有一家美国公司在我们系刚成立的时候给了我们很大的支持。公司的首席代表是一个香港人,他在北京任期结束了,要回香港去。我在一个星期前约好那天晚上请他吃顿饭,第二天他就回香港。就是这么一个事情。最后真没有去看这场歌剧,但说实话我自己也觉得有些遗憾。

但正因为我有这个特点,我在与人合作的过程中,很容易获得别人的信任。很多人说"孙老师,和您合作特别愉快,你是一个特别守信的人,承诺的事情一定做到。我们特别愿意与您再合作"。同学们,这一点非常重要,在今后与人交往,与同学交往,与朋友交往的过程中,一定要信守承诺。

第六个方面的素质和品德就是心态平和,善于合作。

歌德曾经说过:"人生是由无数小烦恼组成的念珠,达观者是微笑着数完这串念珠的。"我们现在的年轻一代人其实是非常幸福的。现在的年轻人没有经历过我们这一代人所经历的许多挫折,更别说我们的父辈了。在这种情况下,他们一旦遇到了一些挫折,就感觉到不得了了。其实只是因为他们没有经历过更大的挫折而已。挫折少一方面可能是好事,因为不用像我们这一代人因为客观原因而浪费很多时间和机会,你们可以用你们最好的那段时光去学习。像我进大学的时候已经二十三岁了,而你们大多在二十二岁就大学毕业了,我是在工作七年以后才上的大学。后来很多人问我,"孙老师,你们那一代人上大学的可能都不多,何况读博士,当教授的,为什么你能走到这一步呢?"我说,这倒不是因为我有多大的宏伟目标,我这个人就是做一件事情习惯把它做好,也比较持之以恒。但是同时,我们的心态也应当很平和,不要患得患失,不要想着一定要达到多大的宏伟目标。我不知道我这样讲会不会让大家失望,我对我的学生讲得最多的就是你们不要设远大目标,而很多的老师,很多的成功人士都跟你们说,你们要设远大目标。我不知道我这样讲会不会误人子弟,会让人觉得老师是在害我们。没准四年后有同学说,就是因为入学时听孙老师的讲座,老师说不要设远大目标,搞得我四年来碌碌无为。其实我的意思是什么呢?"千里之行,始于足下",始于足下很重要。要踏踏实实、认认真真地去做事情,你设不设目标,至少从我的成长经历来看,关系不大。可能我们那一代人就是这样的。我当研究生也不是事先设了目标的,纯粹因为偶然;我上博士生也不是事先设立目标的,也是个偶然的事情。出国也是挺偶然的,事先没有立过志,真的,我连托福等各种英语测试都没有考过。可能人家说我这个人运气好,但我也特别相信,机会只偏爱有准备的人。我说的不是要设立多大的目标,而是说你要先做好你手头的事,等有机会来的时候,你就能抓住这个机会。

我说这句话一点也不带什么虚伪、造作的成分,真的是这么经历的。千万不要以为孙老师你现在走到这一步了才这么说的。之前看的那个《挑战主持人》节目,我说我绝对没有勇气自荐去做主持人的。有人问过我,你不是做过主持人么?是的,我曾经做过中央电视台不到一年的专家主持人,但也是一个偶然的事情。1993年,当时的《经济半小时》设计了一个栏目叫经济专家论坛,当时很多著名的经济学家都去做过访谈。大概是十月份的时候,他们请我和另外一个学者去谈税制改革的问题。讲完以后,栏目的负责人对我说:"孙老师,我们栏目正在物色专家主持,大家都觉得您特合适,您来行不?"我一听,第一个反应是不行。很多人都觉得我很自信的,其实我不是的。我说我没做过,不行。他给我作了半天思想工作,说了许多诸如国外的经济学家如何在业务时间兼做此类工作,做这类工作又如何能够对自己的专业有帮助之类的话。回来以后,我跟家人、朋友都商量了一下,大家都觉得是一件挺好的事情,很支持,因此最后我还是去做了,效果也还不错,就这样走上了主持之路。节目做了大约不到一年的时间,我去了美国。回来以后栏目又找了我,但我觉得我的时间已经不允许我再兼这个职了,因此坚决地放弃了。

我就说很多事情,并不是我主动去追求的,但当机会来了的时候,我可能抓住了这些机会,而抓住机会的前提是你得有这个准备和素质才行。所以,我说同学们大可不必设太高的目标,但是要认真做好手头的事情,这样才会使你的心态特别平和,不会很浮躁。如果得到了一些机会,你会觉得这是"额外"的收获,因此会感到很高兴,而如果没得到的话,你也就不会失望了。

再一个,我特别要强调的,就是善于合作。要知道,现代社会是一个高度讲究合作的社会,很多事情是不可能一个人完成的。这就是我为什么前面强调感激我身边的所有人,因为我们所做的许多事情,往往是团队里的成员大家共同努力完成的。你们在跟你们的同事、你们的同学、你们的朋友交往合作的过程中一定要抱着这样一种心态,要善于观察别人的长处,这样就容易跟别人合作,这将对你事业的成长、对你的人生、对你的家庭、对你的幸福都是非常重要的。

以上简要谈了我所认为的一个人在成长、成才和成功的过程中应当具备的品质和素质。总结起来,其中很多方面是属于情商的东西。以往我们认为,一个人的成功很大程度是与智力有关的。但实际上,现代研究表明,情商在一个人的成长过程中间非常重要。在智力程度大致相等的情况下,情商越高的人,成功的概率越高,获取机会的可能性越大。有人曾经做过统计,在同等智力的情况下,情商高的人,成功的概率要高出九倍,在获取一个职位,或者获取一个工作机会以及跟别人合作等方面都能胜人一筹。

心理学家认为,情商水平高的人具有以下几个特点:社交能力强,性格外向而能带给人愉快,不易陷入恐惧或伤感,对事业较投入,为人正直,富于同情心,情感丰富,无论独处还是与许多人在一起都怡然自得。所以我特别希望我们的同学能注重情商的培养。

亚里士多德曾经说过"优秀是一种习惯",我非常希望同学们在平常的生活和学习中间去发现这些好的习惯,让它成为一种自然,成为你的一种标签。如果这样的话,你不但能在事业上取得良好的成绩,而且你还能够生活得非常愉快。我非常欣赏并身体力行人们常说的"三乐"准则,"知足常乐、自得其乐和助人为乐",希望让欢乐伴随我们一生。谢谢大家!

现场答问

主持人：
非常感谢孙老师的精彩演讲，下面进入交流互动环节。

问：孙老师，您好！您刚才说的不用特意去建立远大目标，而是先做好手头的每一件事，那么动力何在？

答：这个问题问得非常好。做好每件事情的动力何在？我是一个教师，作为一个教师的话，有一个基本的责任，就是我们讲的"传道授业解惑也"。既然你是教师，就要履行好教师的职责，比如说给同学们认真讲课，给同学们认真指导，做好自己的科研等等。简而言之，我的动力基于本职工作的责任要求，很简单。

再比如说，我曾经是下乡知青，我就是一个农民，而农民的基本职责就是把田种好。那个时候我不会想着二十年、三十年后我到北大去读书，去当一个教授，我真的没想过，也不敢想这件事情。我在那片田里的时候，就想着把这片田种好。

问：孙老师，您好！您刚才提到过一个原则是要学会放弃，学会选择，要考虑机会成本，但是你也提到过要履行承诺，要一诺千金。就是说在某些时候这两个原则会有冲突，比如说当时那场歌剧，你计算过成本吗？

答：决定要做什么事情之前一定要认真考虑，不要什么都答应，都承诺，也就是说，要学会放弃。但一旦答应了，承诺了，就要坚守你的承诺，而不管成本是什么。

比如说，今天下午正好有一个人来找我，说是一家公司想请我做一个课题。我答复他说做不了。正好当时我的一个学生也在场，就说现在好多人拉课题都拉不来，人家主动找上门来你都不做。我说这是因为我的精力、时间不够。如果接下来的话，这个课题的质量可能就没有保证。这就叫学会放弃。

但是承诺的事情就必须去做。比如说我当年第一次出国，那是1994年，我到学校的人事处去办手续，人事处的老师当时特别不高兴，他说：

"又是经济学院的,你们之前好多人出国都不回来,又来一个!"我对他说,我会按时回来的。他说,"每个人出去的时候都这样说"。我听他这样说就特生气了。有句话叫做"无欲则刚",我心想大不了他不给我办手续,那我就不出去了。以前有机会我都没有出去,拉倒吧!因此,我对那个人说,"谁没回来你跟那个没回来的人说去"。他一看我火了,赶紧嘟囔了一句,你们学院是有很多人没有回来啊,但还是给我办了。

我到美国大概半年的时候,当时的院长晏智杰教授给我写了一封信,他信里面只字未提你要按时回来这些话,只是说经济学院现在多么好,前途多么好。我明白他的意思,他怕我也不回来。当我完成访学任务回国以后,院长对我说,"孙祁祥啊,你按时回来太好了,因为当时很多人跟我说不应当让你出去,说你条件挺好的,肯定不回来了。我跟他们说,你不会的,但我心里没底,你按时回来了我非常高兴。"其实,对我来说,按时回国只是一个最基本的承诺。

问:孙老师,您刚刚说要学会放弃,因为我已经听到很多您已放弃的东西,我想问到目前为止您觉得您最大的放弃是什么?

答:今年学校学工部编写了一本给新生的书,里面有一部分是"师长赠言",我也很荣幸作为师长写了一个赠言。我在里面提到,经常有人问我为什么愿意在学校当老师,许多人说,你有机会去公司当老板,当总裁,也有机会去从政。我说我就喜欢当老师,为什么呢?因为当你变得越来越老的时候,你脸上的皱纹越来越多的时候,你永远面对的是一些二十岁左右,永远充满青春活力、非常聪慧的学生的时候,做老师的那种幸福感就会油然而来。这种与学生真诚的、坦诚的交流,与学生的这样一种交流,使我放弃了许多可能按别的标准来看更好的机会。比如,1995年我刚从美国回来时,北京有一家外国大公司想挖我去,给我开的年薪是三十万。当时我在学校拿的就是几百块钱的基本工资,住的是燕东园的老房子,四十多平方米。但我说我不想去,猎头公司的人问为什么,我说我出国回来的主要的目的就是把这个专业建起来。我当时放弃了可以说是很好的一个职位。当时也有去政府部门的比较好的机会,但没有去,我喜欢做老师,那种精神上的享受可能是做别的工作得不到的。

问：我想问一下，就是您刚才说的欣赏别人的优点。如果我信心不强或者社交能力不够的话，与别人交往我难免会感到有点自卑，但是如果与别人交往对比的话，是不是我就不能提高自己的能力了呢？

答：我说的比是比什么呢？不是荣誉、地位这些东西。比这些会让你心烦，会让你觉得怎么这么不顺。自我评价，我是一个随遇而安的人，一个很知足的人，从小到大都是这样。最近看了残奥会以后这种感觉更加强烈。看看那些运动员做着一些健康人都很难做到的事情，你在佩服他们的刚强之外，更得珍惜你现有的一切。许多事情都是当你拥有时并不觉得珍贵，而当失去时则突然感到太可惜了。对比这些，你不觉得你太幸福了吗？我觉得我没有任何东西可以抱怨，我说的是什么意思呢？就是说不要去比荣誉、钱财、地位这些身外之物，但是你要去观察、学习别人的品质、那些能够成功塑造你的优秀习惯的这些东西，去学这些东西，这是两个不同的概念。不知道我讲清楚了没有？

问：孙老师，您好，您刚才谈到了一个与人合作的重要性，我想请教孙老师的是怎样在我的生活和学习当中或者是在以后的工作当中与别人建立一种良好的信赖及长久的合作关系以及在这种合作当中如果出现了利益方面的冲突，我们怎样去克服？

答：我刚才强调了合作的重要性，特别是当今社会，合作对于一个人成长成功成才是非常重要的。首先，你在跟别人合作的时候一定要非常谦逊，你一定要很诚恳地、忠诚地对待你的合作方，一定不要以为你什么都比人家行，你一定要想人家在很多方面是比你行的，你跟别人合作的话你能够获取你的利益。你也知道你的长处能给对方带来收益，这样的合作才能带来双赢。还有一点，我讲到的就是要信守诺言，你如果有这样一个信誉的话，别人是很愿意与你合作的。

我再给大家讲一个例子是怎么去建立一个合作关系，怎么样保持长久合作。三五年前，国家发改委搞了一批社科的招标项目，向全国社科界招标，做"十一五"规划。当时我带了我的团队去申请这个项目，申请完了以后当时做得非常不错，全国中标有五十多项，北大除了我这个项目以外，还有林毅夫老师的一个。我们非常认真地做完一项以后交上去了。过了不久，发改委那边的人打电话过来，说项目做得特别好，我们还想请

你们再做一个项目。我当时听到这个电话,第一个反应就是,我们做的东西让人家认可了,然后人家主动找上你。如果你随随便便应付差事,下次人家就不找你了,有了第一次就没有第二次了,所以我现在每接一个东西,我都会非常认真地带着我的团队做。在这期间,可能会有很多人来找我,我一般都不会去接,不管你给我多少课题费。因为我的精力、时间和能力有限,只能是把手头的东西做好。做好以后你的信誉就建立起来了,下次就会有人来找你继续合作。包括我们做过很多项目都是如此。例如,我承担过韩国三星委托的一个项目。当时三星中国区的人找我做这个项目,我说我做不了,因为时间特别短,后来他们请示了总部,说还是希望让孙老师做。我说要我做就必须延长一些时间才行,他说我们同意延长时间。从以上的例子你可以看到,一旦你在别人那里建立了一种信誉,你反而可以获得许多东西,所以不要急功近利。否则的话,从短期看,你可能获得了一些东西,但从长期来看则是得不偿失的。

问:孙老师,我觉得您其实是一个最有远大目标的人,因为我觉得可能你在某一个时刻还不能确认确实要追求一个实际的东西,但是您一直在追求一种品质,对于外界的诱惑您一直在抵御。您一直在坚守自己内心的一种东西,并且在这样一种主体的追求当中最终选择了老师的职业并可以为此付出终生。我觉得您一直以来都有着这样一种远大的目标。

答:谢谢你!从小到大,总有人问我,什么是你的远大理想和远大目标,我说我特别不幸地告诉你,没有。在你们这代人小的时候,可能说想做科学家,想做艺术家。你知道我小时候想做什么吗?最开始的时候,我说我想当农民。后来到我上中学的时候,看到学生打队鼓,特羡慕,就希望做个鼓手。小的时候真的没有像这位同学今天总结出来的那样,将做老师作为我追求的远大目标,但我很庆幸我现在在教师这个岗位上。

谢谢同学们!

主持人:由于时间的关系,今天的讲座就到此结束,最后让我们以热烈的掌声向孙老师表示感谢!

(2008 年 9 月 25 日)